Beziehung als Therapie – Therapie als Beziehung
Michael Balints Beitrag zur heilenden Begegnung

VERBINDUNG VON EINST UND JETZT
VERBINDUNG VON HIER UND DORT
VERBINDUNG VON ICH UND DU

Beziehung als Therapie
Therapie als Beziehung

Michael Balints Beitrag zur heilenden Begegnung

Herausgegeben von Franz Sedlak und Gisela Gerber

Mit Beiträgen von

Gerhard S. Barolin   Günther Bartl   Ernst Falzeder
Peter Fürstenau   Gisela Gerber   Boris Luban-Plozza
Friedrich Pesendorfer   Ilse Rechenberger   Ulrich Rosin
Franz Sedlak   Hubert Speidel   Werner Stucke
Wolfgang Wesiack

Ernst Reinhardt Verlag München Basel

Bildnachweis

Titelfoto: Gisela Gerber. „Brücke in Straßburg"
Seite 8: Michael Balint in Ascona 1968. Das Foto wurde uns freundlicherweise von
  Prof. Luban-Plozza zur Verfügung gestellt.
Zeichnung Frontispiz: Prof. Elfi Witt, Wien.

Die Deutsche Bibliothek – CIP-Einheitsaufnahme

Beziehung als Therapie, Therapie als Beziehung: Michael
Balints Beitrag zur heilenden Begegnung / hrsg. von Franz
Sedlak und Gisela Gerber. Mit Beitr. von Gerhard S. Barolin
... – München; Basel: E. Reinhardt, 1992
  ISBN 3-497-01257-2
NE: Sedlak, Franz [Hrsg.]; Barolin, Gerhard S.

Printed in Germany

Vorwort

Dieses Buch ist kein Memorial für einen der großen Innovatoren auf dem Gebiet der Tiefenpsychologie. Unser Anliegen geht, wie schon beim ersten Band dieser Grundlagenreihe, der dem umfassenden Ansatz des Autogenen Trainings nach I. H. Schulz und psychotherapeutischen Implikationen gewidmet war, über das einer „Denkmalpflege" weit hinaus.

Wir wollen zeigen, daß ein kreativer und integrativer Ansatz der Balint-Arbeit lebendiger und notwendiger denn je ist. Es ist Balints Vermächtnis, die Kennzeichen heilsamer Begegnung weit über die klassische Psychotherapie-Situation hinaus gesteckt zu haben. Der Titel „Beziehung als Therapie – Therapie als Beziehung" war – anläßlich des 20. Todestages Michael Balints – das Leitthema des 21. Internationalen Seminars für Autogenes Training und Allgemeine Psychotherapie 1990 in Badgastein.

Die ersten vier Beiträge gruppieren sich um Person und Wirken Michael Balints. Der nächste Abschnitt befaßt sich mit der Basis der Balint-Arbeit in Forschung und Praxis. Das folgende Kapitel beleuchtet spezifische Anwendungsbereiche des Balint-Ansatzes. Den Abschluß bilden zwei Beispiele für weitere – zu Balint ergänzende oder kontrastierende – Wege im Kontext der dialogischen Therapie.

Die verschiedenen Beiträge in diesem Buch sind ein Beispiel für das farbige Spektrum von Anwendungen, die sich im Licht Balintscher Dialogik ergeben. Von diesen Grundgedanken sind alle Artikel dieses Buches inspiriert, auch wenn die beiden letzten Beiträge in ihrer Eigenständigkeit und teilweise abweichenden Positionen einen reizvollen und reflexionswürdigen Kontrast bilden.

Wir sind überzeugt, daß die Balint-Arbeit in Gruppen jenes Modell darstellt, dem in einer überwiegend institutionalisierten, durchorganisierten, verbürokratisierten und dennoch nach mehr Bewußtheit und nach kreativen Freiräumen suchenden Öffentlichkeit immer mehr Bedeutung zukommen wird. Daß darüber hinaus viele Einsichten Balints auch allen therapeutisch und beratend Tätigen, im Sinne einer präventiven und kurativen Gesundheitsfürsorge, zugute kommen und die Wohldosiertheit der Balintschen Ideen zu einer „Homöopathie der heilsamen Begegnung" wird, bezeugen die folgenden Ausführungen.

Wien-Greifenstein 1992   Die Herausgeber
                                      Franz Sedlak   Gisela Gerber

Inhalt

**Beispiele aus dem Spektrum
spezifischer Anwendungsbereiche des Balint-Ansatzes**

Weitere Wege im Kontext der dialogischen Therapie

MICHAEL BALINT
(1896–1970)

Michael Balint – Person und Wirken

Wer war Michael Balint?

Von Ernst Falzeder, Salzburg/Genf

In der österreichischen Fernsehserie „Club 2" war vor einigen Jahren eine Diskussionsrunde mit Krankenschwestern, Ärzten und Pflegern versammelt. Eine Diskutantin beklagte die belastenden Umstände der Arbeit mit kranken Menschen und forderte die Einrichtung von sogenannten Balint-Gruppen. Als sie jedoch vom Diskussionsleiter befragt wurde, was das denn sei, konnte sie nicht antworten, ja weder sie noch irgendein anderer Teilnehmer wußten, daß Balint ein Name ist.

Mihály Maurice Bergsmann wurde am 3. Dezember 1896 in Budapest geboren. Sein Vater war praktischer Arzt („ein recht heller Kopf, aber kein Wissenschaftler", wie Balint in einem Interview[1] meinte), seine Mutter „eine sehr einfache Frau" (ib.). „Unter Joseph II. (1765–1790) wurden die Juden des ganzen habsburgischen Reiches", wie Balint später an Ernest Jones schrieb[2], „zum erstenmal gezwungen, Familiennamen anzunehmen, und natürlich wählten die meisten deutsche Namen.Während der nationalistischen Epoche des 19. Jahrhunderts wandelten sehr viele von ihnen – als Reaktionen auf die ungerechtfertigte Germanisierung der absolutistischen Periode – ihre deutschen in ungarische Namen um." Das tat Mihály Bergsmann auch, und der Name „Bergsmann" wurde zu Balint – was übrigens zu Konflikten zwischen Vater und Sohn führte. Balint wechselte auch die Religion und wurde Unitarier[3], wie viele ungarische Juden des damaligen Bürgertums.

Seine Schwester Emmi, eineinhalb Jahre jünger als er, studierte Mathematik; ihre Klassenkameradinnen waren Margaret Mahler und Alice Székely-Kovács, Michaels spätere Ehefrau.Obwohl es nicht seinen ursprünglichen Interessen entsprach, studierte Mihály auf Wunsch seines Vaters Medizin. Während des Ersten Weltkriegs wurde er an die Front eingezogen, zuerst in Rußland, dann in

---

[1] Interview von Bluma Swerdloff mit Michael Balint, 6. und 7. August 1965. Oral History Research Office der Columbia University, New York. Teilabdruck in: Falzeder (1987).
[2] Brief vom 10. 5. 1954 (Archives Balint, Genf); deutsche Übersetzung nach Haynal (1987), 107), dem die folgenden biographischen Angaben zum Teil entnommen sind.
[3] Seit dem Ende des 16. Jahrhunderts Bezeichnung für die Gegner des Trinitätsdogmas; Vertreter eines liberalen rationalistischen Christentums.

den Dolomiten. Nach seiner Rückkehr beschäftigte er sich mit Physik, Biochemie, analytischer Chemie und Mathematik. Sein Medizinstudium beendete er im
Oktober 1918. Kurz vorher, im Alter von 21 Jahren, war er das erste Mal mit
Psychoanalyse in Berührung gekommen: auf Anregung von Alice hatte er Freuds
Drei Abhandlungen zur Sexualtheorie (1905) und *Totem und Tabu* (1912–13)
gelesen; er war davon begeistert und süchtig nach Psychoanalyse geworden. „Was
mich am meisten interessiert, ist Analyse. Ich bin ein unverbesserlicher Süchti-
ger, und ich kann es nicht ändern. Mein Leben wäre nicht mein Leben ohne Analyse" (Falzeder 1987, 91). In der Folge besuchte er die Vorlesungen Sándor Ferenczis, der 1919, in der kurzlebigen ungarischen Räterepublik, der Welt erster
Universitätsprofessor für Psychoanalyse war.

Während der Konterrevolution gingen die Balints nach Berlin, wo Michael im
biochemischen Labor des späteren Nobelpreisträgers Otto Warburg, Alice im
Museum für Völkerkunde arbeitete. Balint machte daneben sein Doktorat in Biochemie und arbeitete halbtags am Berliner Institut für Psychoanalyse. Am Cha-
rité-Krankenhaus in Berlin behandelte er psychosomatische Patienten und führte dort „die allerersten Psychoanalysen solcher Fälle durch" (Haynal 1987, 109).
Ihre analytische Ausbildung machten Alice und Michael bei Hanns Sachs am
Berliner Institut.

Balint: Wir [Alice und Michael Balint] fingen … mit den Analysen an … wir beide, am
    Berliner Institut, bei Hanns Sachs. … Das war damals normal. Heute würde jeder sa-
    gen, um Gottes willen! … Ich war sehr unzufrieden damit [mit der Analyse bei Sachs].
    … Sie war ziemlich theoretisch. Ziemlich theoretisch. Man hat seine Träume diskutiert.
    Sie war sehr interessant und aufschlußreich.
Swerdloff: Half Sie Ihnen bei Ihren Problemen? Nicht sehr?
Balint: Ich war nicht sehr krank. Nicht sehr krank. Ich war ein normaler Neurotiker. […]
Swerdloff: Womit waren Sie am Ende Ihrer Analyse unzufrieden?
Balint: Es war keine Analyse.
Swerdloff: Sie hatten eine Ahnung, wie es sein sollte?
Balint: Ja, selbstverständlich. Also beschlossen wir, Alice und ich, daß wir ohnehin genug
    von Berlin hatten (Falzeder 1987, 84).

Die Balints kehrten also 1924 nach Budapest zurück, wo Michael zwei weitere
Jahre bei Ferenczi in Analyse war und bald eine führende Rolle in der ungarischen Psychoanalyse spielte. Im ersten Quartal 1926 wurde er zum ordentlichen
Mitglied der Budapester Psychoanalytischen Vereinigung gewählt, 1931 wurde
er bereits ihr Vizepräsident und Mitglied der Unterrichtskommission, 1935 Direktor des Budapester Psychoanalytischen Instituts. Balint war auch federführend
bei der Gründung der Psychoanalytischen Poliklinik, die von privaten Mäzenen
subventioniert wurde.

Wie bereits angedeutet, interessierte sich Balint sehr früh für psychosomatische Krankheiten. Seine ersten beiden Vorträge in der Budapester Psychoana-

lytischen Vereinigung behandelten unter anderem die Themen „Analytische Deutung von Magensymptomen", „Ein Fall von psychischer Impotenz" oder „Fälle aus einem Ambulatorium für Magenkranke". Konsequenterweise begann er nach Wegen zu suchen, Ärzten ein angemessenes psychologisches Verständnis zu vermitteln – damit übrigens einer von Ferenczi ausgehenden Tradition folgend, der seit seinen Anfängen als Psychoanalytiker Kurse und Vorträge für Ärzte gehalten und 1923 eine Arbeit über „Die Psychoanalyse im Dienste des praktizierenden Arztes" veröffentlicht hatte. Balint hielt Vorträge vor Ärzten (z. B. 1927 in der ungarischen Provinzstadt Kescemét), und er initiierte schließlich in den 30er Jahren ein Seminar, in dem er mit praktischen Ärzten die psychotherapeutischen Möglichkeiten der täglichen Praxis studierte. Unter den herrschenden politischen Bedingungen – so mußten der Polizei die Namen der Teilnehmer der Versammlungen angegeben werden, und bei jeder Sitzung war ein Polizist in Zivil dabei, der sich eifrig notierte, was gesprochen wurde – war aber eine fruchtbare Diskussion nicht möglich und das Seminar wurde aufgelöst. „Das war eine sehr unangenehme Zeit. Man kam sich wirklich vor wie in einer Presse, die auf einen niedergeht. ... Jeder, der seine Augen offenhielt, wußte, was los war" (Falzeder 1987, 86).

Nach dem Anschluß emigrierten Balint, seine Frau Alice und ihr Sohn John mit Hilfe von Ernest Jones und John Rickman nach England, wo sie eine Aufenthaltsgenehmigung für Manchester bekamen. Kurz danach starb Alice ganz plötzlich am 29. August 1939, im Alter von 40 Jahren. Balint blieb vorerst in Manchester und wurde psychiatrischer Berater am Northern Royal Hospital und Direktor zweier Erziehungsberatungsstellen. Da sein medizinisches Doktorat in England nicht anerkannt wurde, mußte er die britischen Qualifikationen nachholen; zusätzlich legte er den „Master of Science" für Psychologie mit einer Dissertation über „Individual differences of behaviour in early infancy" (Balint 1945 und 1948) ab. In dieser empirischen Arbeit untersuchte er das Saugverhalten von Säuglingen und fand u. a. heraus, daß sich jedes Kind von den anderen durch einen charakteristischen und konstanten Rhythmus unterscheidet.

Im Juli 1944 heiratete Balint Frau Edna Oakeshott. Diese Beziehung endete bald, die Ehe wurde aber erst 1952 geschieden. 1945 erfuhr Balint vom Tod seiner Eltern – sie hatten Selbstmord begangen, als sie von den ungarischen Nazis verhaftet werden sollten. 1953 heiratete er Enid Flora Eichholz, geborene Albu.

1945 übersiedelte Balint von Manchester nach London und setzte dort seine Arbeit mit praktischen Ärzten in Gruppen fort. In Zusammenarbeit mit seiner Frau Enid entwickelte er das Konzept der sogenannten Balint-Gruppen.

„Balint-Gruppen fingen an, als Michael und ich uns im Jahr 1949 kennenlernten. Damals arbeitete ich bereits am Tavistock Institute of Human Relations mit einer Gruppe von Fachleuten – darunter Sozialarbeiter und Psychologen, keine Ärzte – mit der Idee, Untersuchungen über Eheschwierigkeiten anzustellen. … Ich bat Michael, die Leitung der Gruppe, die ich gerade, 1948, gegründet hatte, zu übernehmen, und wir begannen in jener Art zu arbeiten, die später als Balint-Gruppen-Arbeit bekannt wurde. Die erste Gruppe für praktische Ärzte begannen wir 1950. Unsere Arbeitsweise beruhte auf Michaels Ideen …" (Enid Balint 1984).

Neben seiner Arbeit mit Gruppen führte Balint aber auch immer – mindestens sechs Stunden pro Tag – Einzelanalysen durch. Die therapeutischen Experimente Ferenczis (1985) weiterentwickelnd, setzte er theoretisch dessen interaktionellen Ansatz (Ferenczi 1933) fort. Allen seinen Arbeiten ist gemeinsam, daß er psychische und auch somatische Phänomene unter dem Gesichtspunkt der „Zwei-Personen-Psychologie" (Rickman 1951) studierte. Michael Balint reiht sich damit, wenn auch durchaus auf eigenständige Weise, in die Reihe der sogenannten Objektbeziehungs-Theoretiker ein.

Bereits in den 30er Jahren hatten er und Alice Balint ihre Kritik am Konzept des primären Narzißmus formuliert, also an der Auffassung, daß der Säugling ein von den Reizen der Außenwelt weitgehend abgeschirmtes System darstelle. Im Gegensatz dazu meinte Balint: so „tief wir auch mit unserer analytischen Technik bzw. mit unseren Beobachtungen in die Geschichte eines Menschenlebens vordringen können, haben wir immer, ohne Ausnahme, Objektbeziehungen vorgefunden" (Balint 1935, 56). Die Form dieser frühesten Beziehung mit der Umwelt hat er „primäre Liebe" genannt. „Diese Form der Objektbeziehung … ist etwas für sich, wie die anderen Formen der Liebe es sind, wie Autoerotik, Narzißmus, Objektliebe. Ich halte diesen Umstand für äußerst wichtig …" (Balint 1937, 94). Diesen Gedankengang hat Balint u. a. mit Überlegungen über die Rolle der Beziehung für Theoriebildung (Balint 1956), über „Trauma und Objektbeziehung" (Balint 1969) und mit seinem Konzept der *Grundstörung* weiterentwickelt (Balint 1968; vgl. auch Falzeder 1985, 1986 und Haynal 1987, 1991).

„Der Ursprung dieser Grundstörung kann vielleicht zurückverfolgt werden bis zu beträchtlichen Unstimmigkeiten zwischen den Bedürfnissen des Individuums in seinen ersten, entwicklungsbestimmenden Jahren (oder auch nur Monaten) und der ihm zuteil gewordenen Pflege und Zuwendung. Dies kann zu einem Mangelzustand geführt haben, dessen Folgen nur zum Teil reversibel sind. … Die Ursache dieser frühen Unstimmigkeit kann angeboren sein – z. B. überfordernde Bedürfnisse des Säuglings – oder umweltbedingt, wie eine ungenügende, lieblose, unregelmäßige, überängstliche, über-beschützende oder auch einfach verständnislose Pflege. Wenn sich diese theoretische Annahme als richtig erweisen sollte, so würden alle pathologischen Zustände der späteren Lebensjahre, die ‚klinischen Krankheiten' als Symptome oder Exacerbationen jener ‚Grundstörung' angesehen werden müssen …" (Balint 1957, 342f.).

Als Vertreter der sogenannten Middle Group in der Britischen Psychoanalytischen Vereinigung verfolgte Balint in den Konflikten der Gruppen um Anna

Freud und Melanie Klein (King u. Steiner 1991) – sei es in der Institution, sei es in seiner Theorie – seinen individuellen und kreativen Weg. Sichtbares Zeichen, daß dieser Weg – wenn auch spät – gewürdigt wurde, war das Amt des Präsidenten der Britischen Psychoanalytischen Vereinigung, das Balint von 1968 bis zu seinem unerwarteten Tod am 31. Dezember 1970 innehatte. Seine Beiträge zur Psychoanalyse – und jene Ferenczis, auf denen sie fußen – werden heute zunehmend als außerordentlich wichtig angesehen und langsam kritisch aufgearbeitet.

Seine Witwe Enid Balint, Psychoanalytikerin in London, hat den Nachlaß Michael Balints, bestehend aus unveröffentlichten Texten, Protokollen, Briefen, Filmen usw., den Archives Balint an der Universität Genf (Leiter: Prof. André Haynal) überlassen, wo diese Materialien für Forschungszwecke zugänglich sind. Weiteres Material befindet sich in einer Dokumentation in Ascona, die von Prof. Boris Luban-Plozza eingerichtet wurde. Enid Balint und Judith Dupont (Paris) haben außerdem mit Mark Paterson, dem Direktor von Sigmund Freud Copyrights, Kontakt aufgenommen, um ein Projekt zu realisieren, das noch von Michael Balint und Anna Freud eingeleitet worden war: die Publikation des Freud-Ferenczi-Briefwechsels.

Literatur

Balint, Enid: Brief an den Autor, 9. 5. 1984. (Übersetzung aus dem Englischen von Ernst Falzeder.)
Balint, Michael (1935): Zur Kritik der Lehre von den prägenitalen Libidoorganisationen. In: Ders. (1965). Die Urformen der Liebe und die Technik der Psychoanalyse. Frankfurt/M., Fischer, 1969.
– (1937): Frühe Entwicklungsstadien des Ichs. Primäre Objektliebe. In: Ders. (1965).
– Individual differences of behaviour in early infancy. M. Sc. Thesis, Manchester, 1945.
– Individual differences of behaviour in early infancy, and an objective method for recording them. (Gekürzte Fassung von Balint 1945) Journal of Genetic Psychology, 1948, Vol. 73, 57–79 und 81–117.
– Pleasure, object, and libido. Some reflexions on Fairbairn's modifications of psychoanalytic theory. British Journal of Medical Psychology, 1956, Vol. 29, 162–167.
– (1957): Der Arzt, sein Patient und die Krankheit. Stuttgart, Klett, 5. Auflage 1980.
– (1968): Therapeutische Aspekte der Regression. Die Theorie der Grundstörung. Reinbek, Rowohlt, 1973.
– (1969): Trauma und Objektbeziehung. Psyche, 1970, Vol. 24, 346–358.
Falzeder, Ernst: Primäre Liebe und die Grundstörung. Die Untersuchungen Michael Balints über frühe Objektbeziehungen. Werkblatt, Zeitschrift für Psychoanalyse und Gesellschaftskritik, 1985, Vol. 2, Nr. 3/4, 51–66.
– Die „Sprachverwirrung" und die „Grundstörung". Die Untersuchungen Sándor Ferenczis und Michael Balints über Entstehung und Auswirkungen früher Objektbeziehungen. Salzburger Sozialisationsstudien, 1986.

– Michael Balint im Gespräch. *Werkblatt, Zeitschrift für Psychoanalyse und Gesellschaftskritik,* 1987, Vol. 4, Nr. 3/4, 81–94.

Ferenczi, Sándor: A psychoanalysis a gyakorló orvos szolgálatában. *Gyógyászat,* 1923, Nr. 23–24.

– (1933): Sprachverwirrung zwischen den Erwachsenen und dem Kind. Die Sprache der Zärtlichkeit und der Leidenschaft. In: Ders. Schriften zur Psychoanalyse II. Frankfurt/M., Fischer, 1972.

– Ohne Sympathie keine Heilung. Das klinische Tagebuch von 1932. Frankfurt/M., Fischer 1988.

Freud, Sigmund (1905): Drei Abhandlungen zur Sexualtheorie. GW V, 27, 33–145. Frankfurt/M., Fischer, 1942.

– (1912–13): Totem und Tabu. GW IX. Frankfurt/M., Fischer , 1944.

Haynal, André: Die Technik-Debatte in der Psychoanalyse. Freud, Ferenczi, Balint. Frankfurt/M., Fischer, 1989.

– Psychoanalyse et Sciences Face à Face. Epistémologie. Histoire. Meyzieu; Césura Lyon Edition, 1991.

King, Pearl, Steiner, Riccardo (Eds.): The Freud-Klein-Controversies 1941–45. London, Routledge, 1991.

Rickman, John: Number and the human sciences. In: G. B. Wilbur and W. Muensterberger (Eds): Psychoanalysis and culture. New York, International Universities Press, 1951.

„Ascona-Modell"

Von den Balint-Gruppen zu den Monte-Verità-Gruppen

Balint-Dokumentationszentrum Ascona

Seit 20 Jahren versammeln sich niedergelassene Ärzte, Spitalärzte, Universitätsdozenten und Studenten in Ascona auf dem geschichtsträchtigen „Monte Verità" – dem Berg der Wahrheit – zu internationalen Treffen. Diese sind unter dem Stichwort „Ascona-Modell" (WHO) bekannt geworden und bieten gezielt Balint-Gruppen-Arbeit an.

Man versteht unter „Ascona-Modell" ein Lern- und Ausbildungsmodell für Studenten und Ärzte, evtl. gemeinsam mit Krankenschwestern und -pflegern. Einer der wichtigsten Grundsätze dieses Modells ist die Einbeziehung der Studenten als Mitgestalter. Diese Toleranz, kombiniert mit Mut zur eigenen Fehlerhaftigkeit, ist notwendig für ein kreatives „Miteinander", „Gegeneinander" und „Nebeneinander". Sie könnte für die medizinische Ausbildung und für den klinischen Alltag richtungweisend werden.

Das „Ascona-Modell" dient der Verbesserung der Arzt-Patient-Beziehung und setzt die Bereitschaft der Teilnehmer zu „emotionalem Lernen" voraus. Eine Gemeinsamkeit stiftende Grundhaltung gehört zum „Modell" und muß als Denk- und Gesprächstraining für das richtige Sprechen mit dem Kranken geübt werden. Wichtig ist das Verstehen seiner Sprache, auch des körperlichen Symptoms, das er anbietet.

Balint-Gruppen bestehen auch für Psychologen, Sozialarbeiter, Pädagogen, Theologen, Juristen.

Als Brücke zwischen Therapeut und Patient wurde außerdem 1985 am Monte Verità in Ascona eine neue Form des Gruppengesprächs – zwischen betroffenen Patienten, Angehörigen und Fachleuten der Therapie und der Pflege – inauguriert. Man spricht von Monte-Verità-Gruppen.

Dabei wird versucht, direkt Betroffene und interessierte Ärzte, die mehrheitlich nicht die patienteneigenen Ärzte sind, zu einem gemeinsamen Gruppengespräch zusammenzuführen. Im Gegensatz zur Balint-Gruppen-Arbeit sind es keine Gespräche über, sondern Gespräche mit Patienten und ihren Angehörigen. Thematisch stehen bestimmte Krankheiten oder Krankheitsgrupen im Mittelpunkt. Ziel solcher Monte-Verità-Gruppen ist das Lernen aus der gegenwärtigen Identifikation von Patient und Therapeut.

Das Neue an diesem praxisnahen Modell der Aus-, Fort- und Weiterbildung ist somit die unmittelbare Zusammenarbeit der betroffenen Kranken und den Therapeuten mit ihren spezifischen Erfahrungen und Gedanken.

Die Begegnungen können für alle Beteiligten zu einem intensiven Erlebnis werden. Die anfänglich beidseits etwas ängstlich aufrechterhaltene Rollentrennung in „Experten" (Therapeuten) und „Betroffene" (Patienten) löst sich im Verlauf dieser Sitzungen bald auf. Jeder Beteiligte, sei er Patient oder Arzt, erfährt sich in gleichem Maße sowohl als Experte als auch als Betroffener. Am Anfang steht die persönliche Bertroffenheit des Patienten, am Schluß sind alle *betroffen*. Der Lerneffekt für alle Beteiligten – ganz besonders der emotional-affektive, aber auch der kognitive – ist eindeutig.

Manfred Bleuler nannte diesen Weg „erstmalig, wichtig und erfolgversprechend", und Paul Watzlawick äußerte sich, er hätte als Gruppenteilnehmer in den vielen Jahren seiner therapeutischen Tätigkeit nie so viel in so kurzer Zeit gelernt.

Enid Balint wertet diese Entwicklung als die bezeichnendste für die systemische Öffnung (family systems approach) seit dem Tode von Michael Balint (1896–1970).

Auch in einigen Kliniken und Spitälern wurde diese Art Diskussionsrunde u. a. bei Schlafgestörten, Fettsüchtigen, Alkohol- und Nikotinabusus gezielt eingesetzt.

„Monte-Verità-Gruppen" werden im Rahmen verschiedener Tagungen und Seminare angeboten, z. B. an den „Brücken-Tagungen" Allgemeinmedizin-Psychosomatik in Heidelberg, auf der Therapiewoche Karlsruhe, bei den internationalen Balint-Treffen (Szeged, Freiburg/Br., Graz). Sie wurden auch in den TV-Sendungen „Wortwechsel" zum Thema *Begegnung als Therapie* diskutiert.

Von verschiedenen Gruppen wurden *Video-Kassetten* angefertigt von Gesprächen über Angst und Depression und auch über Brustkrebs, Alkohol-, Drogen- und Medikamenten-Abhängigkeit sowie über psychosomatische Erkrankungen. Auf 30 bis 45 Min. gekürzt, sind diese Video-Kassetten ein Stimulans für die Aus- und Fortbildung.

Der Wunsch nach mehr persönlichem Kontakt ist groß. An verschiedenen Orten sind ständig neue Gruppen – als Erweiterung von Selbsthilfe-Arbeit und gegenseitige Ergänzung – im Aufbau begriffen. Die Kooperation von Ärzten und Krankenschwestern, die sich für diese Gruppen interessieren, liegt im wesentlichen in der medizinischen Aufklärung und Begleitung.

Um die Entwicklung dieser Bemühungen zu fördern und zu unterstützen, werden in Ascona weiterhin jährlich Studentinnen, Studenten, Krankenschwestern und Pfleger für ihre jeweils eingereichten *Arbeiten mit Balintpreisen* ausgezeichnet.

Anfragen können an das Dokumentationszentrum, CH-6612 Ascona, Prof. Dr. Dr. h. c. B. Luban-Plozza, gerichtet werden.

Beziehungsdiagnostik und Beziehungstherapie

Meinem Freund und Lehrer Michael Balint zum 20. Todestag

Von Boris Luban-Plozza, Ascona

1. Persönliches über Michael Balint

Als ich Ende der fünfziger Jahre im Misox, einem Bergtal in Graubünden, Talarzt war, führte mich ein „flash" zu *Michael Balint*. Wie ich meine Schwächen spürte und nicht so richtig vorwärts kam, las ich sein Buch „Der Arzt, der Patient und die Krankheit". Das war für mich ein Aha-Erlebnis. Sofort fuhr ich nach London, um ihn zu treffen. Anfänglich erlebte ich ihn abweisend und sehr autoritär, jedoch ungemein lebendig und dabei peinlich genau.

Von ihm fühlte ich mich sehr angesprochen und sein Ideengut beeindruckte mich: Untersuchen, was Patienten von ihren Ärzten haben müssen und wollen und was ihre Ärzte ihnen geben sollen und wollen. Ganz besonders interessierte er sich für die Arbeit meines Vaters, wobei er feststellte: „Ihr Vater und mein Vater (Allgemeinarzt in Budapest) wirkten im gleichen Geist."

Wir wagten es, Michael Balint in unser Dörfchen einzuladen. Zu meiner Überraschung nahm er die Einladung spontan an. Einige Male befuhr ich mit ihm das steile Tal, in dem ich arbeitete, bei sehr schlechten Straßen- und Witterungsverhältnissen und besuchte mit ihm Patienten. Er erkundigte sich immer wieder nach ihnen.

Michael kam auch als Referent (1961) nach unserem Dorf Grono. Dort traf Michael Balint Hans Goldmann, der ihn in Bern jahrelang als Ophthalmologe betreuen sollte. Jeweils um 6 Uhr morgens war Goldmann im Hotel Schweizerhof, um den Augendruck zu messen („nicht nur ein berühmter Ophthalmologe, auch Arzt im wahrsten Sinne des Wortes", sagte Enid). Als Folge dieser Begegnung wurde das Sprechzimmer für mich zum Forschungslabor. Bald lernte ich frech zu denken – schwieriger war behutsam zu handeln. Es ging um die Beobachtung des Phänomens Mensch (der erst zum Patienten wird, wenn er zum Therapeuten geht!) und um den *Mut zum Menschen*.

Michael wiederholte oft: „Lese viel, lese besonders das Buch vom ‚Es' von Groddeck." Als ich ihm offen meine Schwierigkeiten und Unzulänglichkeiten aufzeigte, ergänzte er : „*Du mußt nicht alles wissen, Du darfst denken!*" (eine Äußerung, die unseren Studenten besonders gut gefällt …). Michael machte mir Mut, „eigene" Diagnosen, an denen er besondere Freude hatte, zu formulieren und mit den Mitarbeitern zu diskutieren, z. B.: „Tutto fa male"-Syndrom; „Mamma mia"-Syndrom („Mama, hilf mir") mit Antwort des Arztes als „Dalli-Dalli"-Syndrom: rascher Griff zum Rezept-Block; Syndrom des „trockenen Ehemannes"; „Garage"-Syndrom (für die Ehemänner, die ihre Partnerinnen „zur Reparatur" brachten und sofort verschwanden). M. Balints pionierhafte Feststellung:

„Die Idee, es demselben Arzt zu erlauben, gleichzeitig eine organische Therapie (Medikamente, physikalische Behandlung u. a.) und Psychotherapie bei einem Kranken anzuwenden, machte mich während meines Medizinstudiums immer wieder befangen ... Wir befanden uns in den 30er Jahren, die Situation in Ungarn wurde immer gespannter. Ich fand keine Institution, welche mir die Möglichkeit zur Erprobung meiner Ideen hätte bieten können. So entschloß ich mich, mit mehreren praktischen Ärzten ein Seminar zum Studium der psychotherapeutischen Möglichkeiten in der täglichen Praxis einzurichten. Anfangs hatte ich nur sehr vage Ideen von den Bedürfnissen meiner Kollegen und begann das Seminar mit einer Reihe von Kursen, welche sich als völlig unnütz erwiesen. Das Interesse war aber trotzdem so groß, daß ich eine zweite Gruppe gründete. Die politische Situation verschlechterte sich. Wir mußten der Polizei die Namen der Teilnehmer unserer Versammlungen angeben. Ein Polizist in Zivil war bei jeder Sitzung dabei und notierte eifrig, was gesprochen wurde. Wir erfuhren nie etwas über den Inhalt dieser Aufzeichnungen und gleichfalls nicht, wer sie las. Das einzige uns bekanntgewordene Ergebnis war, daß jener Polizist nach vielen Versammlungen einen Arzt aus unserer Gruppe für sich, seine Frau und seine Kinder konsultierte. Das erheiterte uns wohl etwas; eine echte Diskussion war aber unter solchen Bedingungen nicht möglich, und die Ärztegruppe löste sich schließlich wieder auf."

Diese biographische Mitteilung kann als wichtiger Punkt für die grundsätzlichen Regeln gelten, die für eine gut funktionierende Gruppenarbeit im Sinne Balints unerläßlich sind. Die entscheidende Bedingung für die Arbeit in der Balint-Gruppe ist die des freien Lernbedürfnisses. Wenn die Balint-Gruppe einer Kontrolle politischer, ideologischer oder auch nur didaktischer Art unterworfen ist, dann wird ihre Dynamik mit Sicherheit ernstlich beeinträchtigt.

Bekanntlich emigrierte Balint nach London. Sein alter Freund Sutherland schrieb ihm nach der Übersiedlung: „Paß' auf, Michael, Du wirst entweder einmal heiliggesprochen oder aber auf dem Scheiterhaufen verbrannt." Ich erinnere mich an die *Wegbereiteratmosphäre* der zahlreichen und stets packenden Begegnungen, die im Hause Balint in London zustande kamen.

Die Veteranengruppe durfte ich erleben, als zum ersten Mal ein Telefon-Konferenzgespräch mit andern englischen Städten ausprobiert wurde. Dort anwesende andere Balint-Gruppen wollten mit der Londoner Gruppe „den Fall" besprechen. Souverän leiteten Michael und Enid die Sitzung in einem, mit einem Nicholson-Senior-Bild ausgestatteten, schmucken Raum.

Unermüdlich lehrte uns Balint, vor allem zuzuhören. Er pflegte zu sagen: „Als wenn wir ein drittes Ohr hätten", oder „Zuhören durch alle Poren der Haut". Ein Kollege war bei einem heiklen Fall in Schwierigkeiten geraten und fragte ihn um seine Meinung. Balint: „Setzen Sie sich nahe zum Patienten und hören Sie ihm zu, und *geben Sie ihm nicht mehr als einen Gedanken pro Sprechstunde* mit."

M. Balint hatte nichts von einem erhabenen Lehrstuhlprofessor; vielleicht übte seine Lehrtätigkeit gerade deshalb einen so fruchtbaren und außergewöhnlichen Einfluß aus. Er besaß die Gabe, „mit dem Partner gemeinsam die Problemlösung zu suchen und ihn dabei nicht zu entmutigen, wie das viele Lehrer tun ..., sondern im Gegenteil, zu ermutigen und anzuregen ..." Mit Michael konnte man „alles besprechen, was nicht für jeden Analytiker zutrifft", sagte mir Alexander Mitscherlich, als wir mit einer Gruppe in der *Casa Incontro, Ascona,* zusammenkamen.

Besonders während der von Oswald Meier organisierten alljährlichen Studienwoche in Sils im Engadin fanden wir wiederholt Gelegenheit, die Arbeitsweise Balints aus nächster Nähe kennenzulernen und zu bewundern. Im engen Kreise, am „Silser Morgen", saß Balint mit einer Gruppe von Ärzten zusammen, die bereit war, geeignete Fälle aus eigenem Patientengut zur Diskussion zu stellen. Die übrigen Kursteilnehmer setzten sich in weiteren Kreisen um diese Kerngruppe herum; sie waren so von der Diskussion nicht ausgeschlossen. Die Kollegen der inneren Gruppe *mußten,* die der äußeren Kreise *durften* mitarbeiten. Aus dieser Gruppenform hat sich die Großgruppe entwickelt.

In den Notizen eines verstorbenen Allgemeinpraktikers (Emil Munz) heißt es: „In dem zweistündigen Fallseminar dachte M. Balint gar nicht daran, ein Notizbuch in die Hand zu nehmen, und doch entging ihm keine Einzelheit der in deutscher oder französischer Sprache vorgelegten Fälle. Einst der deutschen Sprache mit ungarischem Einschlag mächtig, war ihm das Englische geläufiger. Wo er selbst den korrekten deutschen Ausdruck nicht mehr fand, ruhte er nicht, bis die einzige treffende Übersetzung aus dem Englischen mit Hilfe der ganzen Korona gefunden worden war."

Bei den ihm vorgestellten Fällen erkannte Balint sehr wohl, wieviel der berichtende Arzt von seinen Patienten wußte. Er wies aber nachdrücklich auf übersehene Fakten hin, auf Details, die für das Verstehen des Kranken und seiner Krankheit unentbehrlich waren: Beziehungen zu Ehepartner und Kindern, zu Vorgesetzten und Untergebenen. Immer fand er Lücken in der Anamnese, die durch ein einfühlendes Gespräch hätten gefüllt werden können. Dies kann nicht in der zeitlich eng begrenzten Sprechstunde geschehen, sondern oft nur in einem längeren Gespräch. So schwierig ein solches Gespräch in den übervollen Tag des Praktikers hineinzubringen ist, so schwierig erweist es sich in der Regel doch als zeitsparend. Michael bemühte sich sehr, die therapeutischen Fähigkeiten in der Praxis gezielt zu verstehen und neu zu bewerten. Er lachte gern über eine seiner immer gültigen Definitionen des Spezialisten.

Als wir uns während eines gemeinsamen Aufenthaltes in Mailand in den weiten Sälen der Pinakothek von Brera befanden, fragten wir einen Aufseher nach einem Bild von Raffael. Der Aufseher gab zur Antwort: „Ich bin erst seit zwei Monaten hier und kann Ihnen deshalb keine Auskunft darüber geben." Balint kommentierte: „Es besteht kein großer Unterschied zwischen dem Aufseher und einem Mediziner, der sich überspezialisiert hat."

In dem so wichtigen zwischenmenschlichen Wechselspiel zwischen Arzt und Patient verwandelt sich der Arzt selbst in eine Art Medikament: „Arzt als Droge" (drug) entspricht im positiven Sinne dem früheren Begriff „Arzt als Arzney". Es handelt sich um eine Wandlung in der Persönlichkeit des Arztes. Obwohl er den Weg dieser Pioniertätigkeit stetig weiterverfolgte, blieb Michael in erster Linie Psychoanalytiker. Es war für ihn dennoch überraschend, zum Präsidenten der englischen Gesellschaft gewählt zu werden (und übrigens nicht wiedergewählt).

Als Praktiker lernte ich, daß man Allgemeinarzt in ständigem Einsatz und *nicht* durch Verordnungen von höherer Warte aus wird. Besonders Hausbesuche, speziell bei Nacht und bei Schneesturm, bewirkten eine intensive Vertrauensbeziehung zu Patient und Familie und verschafften mir viel Gelegenheit zum Meditieren. Heute noch fühle ich mich als alter Praktiker, auch wenn ich „Psychiater" tituliert werde. So kam eine Patientin – durch einen Gastro-Enterologen zugewiesen –, die sich penetrant gegen die Psychiater äußerte. „Aber ich befasse mich mit Psychosomatik", entgegnete ich. Ihre triumphierende Antwort: „Das habe ich sofort gemerkt, daß Sie vom Zeug überhaupt nichts verstehen ..."

Als ich Michael einige meiner Patienten vorstellen durfte, interessierten ihn deren Familienverhältnisse wenig. Er äußerte sich in diesem Zusammenhang: „Es ist schwierig, die ganze Familie zu behandeln, wenn man mit dem Einzelnen schon Mühe hat. Beachten Sie eher das Hier und Jetzt. – Warum sucht Sie der Patient gerade an diesem Tag auf?" Trotzdem interessierte es ihn aber sehr, zu vernehmen, wie ich als *Familienarzt* vorging. Lächelnd sagte er: „Sie kennen sich sogar bei ihren Geldnöten aus und sind eine Art zinsfreie Darlehenskasse ..." Bei der Entwicklung der Familienkonfrontation (1971) wurde mir bewußt, wie richtig seine Warnung war.

Die Begegnung mit Michael Balint war der *Durchbruch zu einem neuen Weg:* eine Forderung, einen *sinn*gebenden und *sinn*erfüllenden Hintergrund des Arztberufes zu suchen (aber auch eine Forderung nach Weiterführung der harten Familienarzt-Arbeit meines Vaters im kargen Calancatal). Nicht nur theoretischkrankheitsbezogen kompetent sein, was unbedingt erforderlich ist, sondern auch als Person engagiert sein *im Hier und Jetzt.* Daher Neubeginn! – oder wenigstens – Altes in neuem Lichte sehen.

Alle Äußerungen Balints kamen aus einer kritischen, aber gütigen Menschlichkeit, aus überlegener Erfahrung, so etwa, wenn er am Schluß einer Gruppensitzung in einer Art Synthese sagte:

„Unmögliche Frau! Man geht eine Weile mit ihr, dann werden ihre unmöglichen Eigenschaften klar und man verläßt sie wieder. Sie ist dick, bekommt nie genug vom Leben, führt sich gierig zu, was zu erreichen ist. Sie ist keine Frau – keine ausgereifte Frau. Sie greift nach allen möglichen Ersatzbefriedigungen: Überessen – immer neue Ärzte. Auch da geht es eine Weile, dann folgt die Vertrauenskrise. Wie soll man reagieren? Zunächst wieder ruhig zuhören. Die Geschichten der verschiedenen Behandlungen zu erfahren suchen, was ihr die Ärzte angetan haben; dann das Vorgefallene miteinander vergleichen. Auch einer solchen Person gegenüber haben wir die Pflicht, eine Türe aufzumachen. Ob sie eintritt oder nicht, ist ihre Sache ..."

Balints Methode der Ausbildung und Weiterbildung praktizierender Ärzte geht von der Beobachtung aus, daß der „Somatiker" über ein differenziertes psychologisches Instrumentarium verfügt. Im *Gegensatz* zu seiner naturwissenschaftlich/technischen Ausrüstung hat er es aber nicht zu handhaben gelernt. Dieses, daher mehr oder weniger brachliegende *ärztliche Rüstzeug* besteht aus der Persönlichkeit des Therapeuten selbst, seiner Fähigkeit zu mitmenschlichen Beziehungen, seiner Emotionalität, seinem Mitgefühl, seiner Intuition.

Das *differenzierteste Therapeutikum* ist unsere eigene *Person*. Sie wird durch die *kommunikative* Arbeit im Sinne der Beziehungsdiagnose und -therapie gefördert. Diese Bezeichnungen – *Beziehungsdiagnose und Beziehungstherapie* – haben wir erstmals im Untertitel unseres Buches „Praxis der Balint-Gruppen" (1. Aufl. 1974) verwendet. „*Durch Gärung zur Klärung*" – kennzeichnet vielleicht die Entwicklung der Beziehung des Therapeuten zum Patienten in der Balint-Arbeit. Die Möglichkeiten einer therapeutischen Kommunikation in der Praxis sind so vielseitig und für die Behandlung bedeutungsvoll, daß wir seit Balint von einer neuen Ära sprechen können.

2. „Balint" als Tor zur Psychosomatik

In seinem Geleitwort zu znserem Buch „Der psychosomatisch Kranke in der Praxis" betont Michael, daß der Patient mit seiner einmalig individuellen Eigenart und *seiner unwiederholbaren Lebensgeschichte* ins Zentrum der Heilkunde gestellt werden soll. Es geht um das integrative Prinzip in Praxis und Spital. Thure von Uexküll führte 1979 erstmals den Begriff des Situationskreises als psychosomatisches Grundkonzept ein, gebildet durch

1. *menschlichen* Organismus
2. *individuelle* Art des Patienten
3. *soziale* Realität in der menschlichen Mitwelt.

Davon leiten sich Situationsdiagnose und Situationstherapie ab, die individuell und flexibel sind. Es geht darum, sie in die Beziehungsdiagnose und -therapie zu integrieren (Beziehungsebene).

Michael Balint haben wir bedeutende Errungenschaften des psychosomatischen Denkens und Handelns zu verdanken. Er war es, dem in entschiedener Abkehr von allen Versuchen, aus dem Allgemeinarzt einen „Mini-Psychoanalytiker" zu machen, der Durchbruch zu einer *Ausbildungsmethode* gelang, die den *wirklichen psychologischen Bedürfnissen des „Praktikers"* und auch denjenigen des Studenten gerecht zu werden vermag. Er legte auch das Fundament für eine wissenschaftliche Zusammenarbeit mit den Ärzten in der Praxis. Wir glauben, daß das Teamwork mit Psychologen/Psychotherapeuten wesentliche Bedeutung hat und versuchen, auch in der körperzentrierten Therapie ein Zusammenwirken zu fördern.

Während der Balint-Gruppen-Arbeit lernt der Teilnehmer immer mehr die Persönlichkeit des Therapeuten als wesentlichen Faktor für diagnostisches und therapeutisches Wirken erkennen und in zweckmäßiger Weise einzusetzen.

Michael Balint hat die Probleme der Arzt-Patient-Beziehung (A. P. B.) auf besondere Art zu lösen versucht. Er hat gewissermaßen wieder entdeckt, daß das „am allerhäufigsten verwendete Heilmittel der Arzt selber sei". In der A. P. B. wirkt der *Arzt als Arznei,* als Medikament. Dieses Medikament „Arzt" darf der Patient anwenden, benützen. Der Patient darf sich den Arzt nutzbar machen. Auch dies geschieht in einer wirksamen, in einer „guten" Beziehung, am besten partnerschaftlich; es sollte aber nicht zu einer mißbräuchlichen Benutzung des Medikamentes „Arzt" kommen. Jede Begegnung zwischen Arzt und Patient wird durch die Krankheit beeinflußt. Die therapeutische Beziehung selbst wird zum wesentlichen Teil der Krankheit. Die ersten Sekunden der Begegnung sind entscheidend für die Gestaltung der Beziehung: Wie reagiert der Arzt auf den Patienten und wie reagiert der Patient auf den Arzt? Wie reagiert jeder auf die wahrgenommene Reaktion des Anderen? Entsteht Sympathie oder Antipathie? Welche Ängste entstehen möglicherweise bewußt oder unbewußt – beim Patienten oder auch beim Arzt?

M. Balint entwickelte etwas, das Hans Strotzka eine „revolutionäre Idee" nennt, einen „historischen Schritt in der Entwicklung sowohl der Psychoanalyse als auch der Allgemeinmedizin". Die „revolutionäre Idee" entsprach der umstürzlerischen *Einführung des Patienten-Ichs* in die Medizin.

Neu war die Idee von Ärztegruppen, in denen die Teilnehmer miteinander über ihre Problempatienten diskutieren können. Die Gruppe berät dann über diese Fälle, tauscht Erfahrungen aus und hilft dadurch ihren Teilnehmern, einerseits die Patienten, andererseits aber auch deren Interaktionen mit dem Arzt besser zu verstehen.

„Die am häufigsten in der medizinischen Praxis verschriebene Arznei ist der Arzt selbst ... Wir verfügen über keine Literatur bezüglich ihrer Indikationen, ihrer Dosierung zwecks Heilung und Nachbehandlung, ihrer Toxizität, ihrer vermeidbaren Nebenwirkung, ihrer Kontraindikationen usw. ..." Es läßt sich mit diesen Worten Michael Balints ein Verständnis von Medizin umreißen, das in der von ihm selbst geschaffenen und später nach ihm benannten Balint-Gruppe verwirklicht werden sollte. Der Arzt als iatrogener Faktor ...? das gilt es – eben durch Balint-Arbeit – zu vermeiden.

Wird die Beziehung tragfähig und insbesondere auch emotional sein, wird sie sich als wirksam und dankbar, als unwirksam, frustrierend oder gar als verzehrend entwickeln? Wird der Arzt seinen Bereich so abgrenzen können, daß er als kompetent akzeptiert und respektiert wird? Wird der Arzt als ein Mensch mit eigener Identität angenommen, als Mensch, der denkt und fühlt, der leidet und sich freut?

Die Ängste des Patienten bei der ersten Begegnung sehen wir gewöhnlich als verständlich an: Werde ich Hilfe finden, werde ich angenommen, werde ich ernst genommen, werde ich weiter existieren können? Was macht der Arzt mit mir? Werde ich Schmerzen haben, werde ich mich ausziehen, ent-blößen, mich bloß-stellen müssen? Wird der Arzt mich verletzen, die leibliche Integrität (zer)-stören, mich verstümmeln, mich be-leid-igen? Was wird der Arzt finden, was ent-decken? Habe ich eine unheilbare oder gar eine tödliche Krankheit? Wird der Arzt aufrichtig sein, mich informieren und aufklären, mich stützen und begleiten?

In der A. P. B. geht es um eine partnerschaftliche Zusammenarbeit, bei der die Rechte und Pflichten beider Partner beachtet und gegebenenfalls angesprochen werden müssen. Das therapeutische Arbeitsbündnis hat die Erhaltung oder die Wiederherstellung der Gesundheit, des körperlichen, psychischen und sozialen Wohlbefindens zum Ziel. Dabei gilt es, auch die fast immer vorhandenen Selbstheilungskräfte des Patienten optimal zu nutzen und dem Patienten zu helfen, eigenverantwortlich seinen Anteil an der therapeutischen Arbeit zu übernehmen. Wichtig ist auch, daß Patient *und* Arzt ein Recht auf Information haben: aufrichtig und wahrheitsgetreu (Aufklärung).

Es wird ständig nach *neuen Formen* therapeutischer Brücken gesucht, welche dem Therapeuten erlauben würden, den Patienten Hilfe auf der personenbezogenen Ebene anzubieten. Es geht um die „Brücke" als Verbindendes. Die therapeutischen Erfolge sind um so aussichtsreicher, je besser das Arbeitsbündnis zwischen Therapeut und Patient ist. Um dieses Bündnis aufzubauen, ist es nötig, sich mit dem Patienten verständigen zu können. Das *wahre* Selbst (nach Winnicott) hält sich besonders beim psychosomatisch Kranken verborgen. Wir sollten es mit emphatischem Kontakt ansprechen, um Vertraut-Verbündete des Bedürftigen zu werden. Es ist ein wesentliches *Sich-Einstimmen* – schon bei der ersten Begegnung –, um das *falsche* Selbst, das die Symptome unterhält, zu überwinden. Eine solche Methode sollte ein Verständnis für die wesentlichen Bedürfnisse des Patienten und seiner Beziehung zum Arzt ermöglichen. Wir nennen sie „*Arbeitsdiagnose*" (früher „Ganzheitsdiagnose"). Üblicherweise sollte sie *nicht mehr* Zeit in Anspruch nehmen, als der Patient für gewöhnlich bei einer Konsultation eingeräumt bekommt. Um die zur Verfügung stehende Zeit qualitativ nutzen zu können, ist für den Therapeuten eine gezielte Weiterbildung wichtig.

Aus einem Brief von H. Konrad Knoepfel zitieren wir: „Oft aber landen wir im Wiederholungszwang, d. h. im Leerlauf, für den man immer Zeit hat (Luban) oder Zeit haben muß bis zur Erschöpfung ..."

Vielleicht hat Fritjof Capra recht: „Der Therapeut ist begleitender *Katalysator,* Verstärker der psychischen Prozesse, manchmal sogar Geburtshelfer. Der Patient trägt immer mehr die volle Verantwortung für sich selber."

Es geht um das Fordern des „menschlichen Potentials" statt ums Verwöhnen. Immer bleibt das Erspüren, das Erleben eines neuen Zentrums der Persönlichkeit wichtig für die Therapie.

Die menschliche *Haltung des Arztes* wird ideell umrissen; er soll Liebe und Trost spenden können und auf Grund seines medizinisch wissenschaftlichen Wissens sachlich begründet handeln. Für ihn soll Menschlichkeit und Kunst, Menschlichkeit und Wissenschaft zusammengehören. Diese Aussage trifft allerdings bei *ungestörten* mitmenschlichen Beziehungen zu. Hier können Einsatz und Kompetenz ausreichen. Oft geht es aber um familiäre und soziale Störungen, deren Ursachen wir erkennen müssen.

Es geht vielleicht darum, die *Sprache der Töne* zu verstehen, die von der Kraft der Gefühle erzählen, *ohne* die Wärme des Herzens und die Verletzlichkeit der Seele zu verstecken.

Vordergründig war und ist heute noch das Gefühl, daß zur Psychosomatik-Ausbildung die Tätigkeit in einer primär ärztlichen Praxis wesentlich ist.

Das wirkliche Leben wird durch *Begegnungen* bestimmt. Diese Erkenntnis bewog mich, *Beziehungsdiagnostik und Beziehungstherapie* (so nannte ich sie in unserem Psychosomatikbuch) zu verwirklichen und zu fördern. *Immer auch etwas von unserer Substanz mitzugeben versuchen:* Der Arzt als Arznei? Ständig versuchte ich lebendig zu sehen (mit dem 3. Auge), zu hören (mit dem 3. Ohr), aber auch zu reflektieren; nicht nur die Krankheit als „Epiphänomen" zu erkennen, sondern besonders das Phänomen Mensch in seinem sozialen Umfeld zu verstehen. Das war *Beziehungsmedizin.*

Mit Michael Balint (mit dem er wegen Ferenczi einen harten Streit durchfocht, der erst in Ascona [1969] sein Ende fand) wurde Erich Fromm einer der *Pioniere des Gedankens, daß der Patient Partner und Mitarbeiter ist* und nicht „Objekt" eines Therapeuten, der dank seiner Erfahrung und Ausbildung, vor allem seiner Theorie, schon alles weiß und dem Patienten nur noch zeigen muß, was er falsch gemacht hat. Darum auch der Hinweis, daß sich der Therapeut – wenn angebracht – auch entschuldigen oder einen falschen Gedanken zurücknehmen kann: „das war kein guter Gedanke".

Wie können wir Wertschätzung zeigen?

Auch direktes Ermutigen – hat mir Erich Fromm immer wiederholt – kann im Patienten das Gefühl der subalternen Position wecken und in ihm eine Abwehrbewegung erzeugen. Mut wird praktiziert, nicht verbalisiert! So wie der Therapeut in sich ohne Furcht die Ängste des Patienten nachklingen läßt, wird dieser bemerken, daß ihn der andere gerade da, wo er seine Qualen erlebt, versteht, ohne sich zurückzuziehen.

Beim Gespräch müssen wir an die *Sprache des Kranken* denken; gezielter noch, wenn ein Gastarbeiter Gesprächspartner ist. Dabei sind Menschsein und Sprache substantiell aufeinander abgestimmt. Beim *Therapiebündnis* bestehen meistens zwei Möglichkeiten. Bei einem fettsüchtigen Patienten kann der Therapeut z. B. deftig sagen:

1. „gratuliere zur 9-kg-Abnahme ...",
2. „das werden Sie bald wieder auf die Waage bringen ...".

Man führt mit der Sprache, man heilt auch mit der Sprache!

Karl Valentin sagt zu seinem Arzt: „Mein Magen tut weh, die Leber ist geschwollen, die Füße wollen nicht so recht; – das Kopfweh hört auch nicht mehr auf, und wenn ich von mir selbst reden darf: Ich fühle mich auch nicht wohl!"...

Ein Kollege sagte einmal seinem Patienten, der über „nervösen Husten" klagte, etwas ungehalten und in apostolischem Geiste (in einem Balint-Seminar besprochen): „Es gibt keinen nervösen Reizhusten!!! Ich werde es Ihnen erklären: Sie haben ein hyperreaktives Bronchialsystem...!"

Der besondere Zugang bei der Balint-Arbeit steht *am Beginn* eines Prozesses, den wir – mit Arthur Trenkel – *Umstellung der Einstellung* des Arztes nennen. Sie ist besonders bei Beziehungsstörungen wichtig, weil sie das zwischenmenschliche Erleben wahrzunehmen lehrt.

Als „spezifische Einsichtsmöglichkeit" erlebt der Teilnehmer der Balint-Gruppen die eigenen Probleme und berufsbezogenen Schwierigkeiten *im Sinne des Denk- und Gefühlstrainings*. Wir sollten die Gruppensitzungen pro futura memoria mit einem Titel versehen. Hier ein Beispiel aus einem Asconauten-Treffen, durch eine Kollegin beschrieben:

„Es gab bei jenem Balint-Seminar *vor 11 Jahren* weder ‚den Fall' noch ‚die Ärzte'. Es gab nur den *‚Mann mit Zahnschmerzen':* ‚Erledigung' und ‚Zeit' schienen überhaupt keine Rolle zu spielen. Ab Samstagnachmittag beschäftigte uns dieser Schwerkranke, der sich, zu allem sonstigen Leid hin, noch einen Zahn ziehen lassen sollte und dessen junger Assistenzarzt am Sinn bzw. Unsinn dieser Zahnextraktion Zweifel hegte. Der Kollege war ein frischgebackener Mediziner, der mit Ehefrau und ohne jede Balint-Erfahrung zu uns gestoßen war und uns diese Geschichte unterbreitete; sie erfüllt mich auch heute noch mit Staunen ... Den Ausgang dieser Begebenheit weiß ich nicht mehr, aber dessenungeachtet, erinnere ich mich noch sehr wohl an die völlig entspannte *Atmosphäre* im Raum, die alle Teilnehmer einbezog und wohl auch die Patientenanteile in uns betroffen haben muß. Diese Einheit von Fall (uns und dem Leiter fremd), Einheit des Erlebens desselben (der ganzen Gruppe, die sich aber untereinander wiederum völlig fremd war) und das Erleben dieser Beziehung Arzt – Patient, Kollegen – behandelnder Arzt, Leiter – Co-Leiter – Kollegen, bei *diesem* Engagement, das *alle* betraf und dem Schlußakkord, der keine Stimme ausschloß oder erdrückte, habe ich nie vergessen ..."

3. Arzt-Patient-Beziehung im Krankenhaus

In jedem Fall ist die erste Begegnung zwischen Arzt und Patient wichtig und meist entscheidend für die Entwicklung der gegenseitigen Beziehung. Es gibt keine Phase in der oft jahrelangen Interaktion zwischen Arzt und Patient, die so sehr durch Unsicherheit gekennzeichnet ist, wie die ersten Minuten der Begegnung. Hierin liegt die Chance, die genutzt, aber auch verpaßt werden kann und darin liegt auch das Risiko für die weitere Entwicklung. Die ideale und opti male A. P. B. sollte eine Partnerschaft zwischen mündigen Menschen sein, ohne den künstlichen hierarchischen Abstand.

Im Krankenhaus, besonders im Großkrankenhaus, entwickelt sich die A. P. B. in anderer Weise als bei der Konsultation eines Haus- oder Facharztes. Der Patient sucht entweder einen Arzt auf oder er wird ins Krankenhaus eingewiesen. Bei der Konsultation eines Arztes kennt der Patient dessen Namen oder er erfährt diesen spätestens beim Betreten der Praxis. Bei der Einweisung ins Krankenhaus, die mit Ängsten und Erwartungen verbunden ist, kennt der Patient meist nur den Namen des Krankenhauses, eventuell noch denjenigen des Chefarztes.

Im Krankenhaus findet die erste Begegnung mit Personen der Verwaltung und mit der diensthabenden Stationsschwester statt: Behandlungsvertrag, Übergabe der Hausordnung, Zimmer- und Bettzuweisung usw. Erst danach erfährt der Kranke den Namen der für ihn vorläufig zuständigen ärztlichen Person: Erhebung der Vorgeschichte und Aufnahmeuntersuchung. Ob und mit wem sich schließlich eine A. P. B. entwickeln kann, hängt wesentlich von der Struktur des Krankenhauses ab.

4. Der Arzt als Arznei durch Balint-Gruppen?

Der Arzt auf der Suche nach einem neuen Rollenverständnis (von Uexküll 1986; Wesiak 1981) sollte allen historisch bekannten Arztrollen, je nach Erfordernis der Situation, gerecht werden können: Rolle des Magiers, des Priesterarztes, des Erziehers, des Freundes, des Steuermannes oder Gärtners, des naturwissenschaftlichen Experten, des (kenntnisreichen) Partners. Balint hat die hochwirksame Bedeutung des „Arzt als Arznei" wiederentdeckt. Wie wir verordnen ist ebenso wichtig wie das, was wir verordnen. Die Ärzte lernen in den Balint-Gruppen die eigenen Gefühle in der A. P. B. wahrzunehmen, sie im Sinne der Beziehungsdiagnostik und -therapie zu nutzen, sowie die unbewußten Wechselbeziehungen zwischen Arzt und Patient besser zu verstehen.

Balint-Gruppen sind patientenzentrierte Arbeitsgruppen von ca. 8–12 Ärztinnen/Ärzten, die sich gemeinsam mit einem Balint-Gruppen-Leiter – einen in Psychotherapie weitergebildeten Arzt mit sehr langer Balint-Gruppen-Erfahrung –

zu regelmäßigen Sitzungen treffen. Den Teilnehmern wird dabei Gelegenheit geboten, über Problempatienten, die „ihnen nicht aus dem Kopfe gehen", zu diskutieren und Erfahrungen auszutauschen.

In der Balint-Gruppe wird die Patient-Arzt-Beziehung mit der Übertragung erarbeitet: Wie sich die szenische Darstellung intrapsychischer Strukturen und Erlebnisinhalte des Patienten in der Beziehung zu seinem Arzt entfaltet. Auch die Gegenübertragung – die Gefühle des Arztes in der A. P. B. – wird letztlich vom Patienten ausgelöst. Alles, was sich an Gefühlen, Stimmungen, Phantasien, Einfällen und Empfindungen im Arzt ausbreitet, gehört zum „Übertragungsfeld" des Patienten und spiegelt sich im entsprechenden Erleben der Gruppenteilnehmer wider. Es kommt in der Gruppe zu einem „familiären Muster" als Übertragung mit ihrem entsprechenden Gefühlsszenarium (Kämmerer 1988).

Balint-Gruppen-Arbeit kann dazu verhelfen, daß Therapeuten die persönliche Dimension in ihrer Tätigkeit wahrnehmen, zulassen und ihr Raum geben. „*Raumgeben*" ist doppelt zu verstehen:

a) im Sinne von „geschehen lassen" und
b) diese Dimension in Praxis/Klinik arbeitsteilig, aber kooperativ in Diagnostik und Therapie aufnehmen (Wulf-Volker Lindner).

Weltweit gibt es heute über 1200 Balint-Gruppen: dies bedeutet ca. 13.000 Ärzte, Psychologen, Medizinstudenten und – leider viel zu wenig – Angehörige von Pflegeberufen, die sich mit dieser Methode fortbilden. Bei einer Untersuchung von Karl-Ernst Bühler und Mitarbeiter (Deutsches Ärzteblatt 26. 6. 1989) wurden folgende Feststellungen, die auch dem internationalen Durchschnitt entsprechen, gemacht:

10% der Ärzte sind *für Balint-Gruppen;*
30% wünschten es;
30% wünschen obligate Einführung in die Aus- und Weiterbildung (*nicht* mit Balint-Arbeit vertraute Kollegen);
30% interessieren sich nicht dafür.

5. Patientenzentriertes Handeln in der Praxis

Während meiner 13jährigen Arbeit als Hausarzt wurde ich mit den *vier*, mit Wolfgang Loch diskutierten *Situationen*, welche er als „dynamisch unbewußte Faktoren" bezeichnete, immer wieder konfrontiert:

(1) Momentansituation des Patienten, in der sich die psychosomatische Affektion noch im Anfangsstadium befindet und unbewußte Konfliktfaktoren besonders aktiv sind;
(2) psychosoziale Krisenzeit der Patienten, in der unbewußte Konflikte aktiviert werden;
(3) chronifizierte Krankheiten;
(4) Betreuung von Schwerkranken und Sterbenden.

Diese vier Punkte können erst durch *Erfahrungsaustausch* innerhalb einer Balint-Gruppe richtig verstanden werden. Daraus zieht sich besonders der *praktische Arzt* großen Nutzen. Er ist der spezielle Generalist! Heute ist er gleichsam der „Spezialist für Nervosität und Ängstlichkeit". Ein großer Prozentsatz der Patienten sucht den Arzt wegen seelischer Störungen auf und schiebt ihm damit die Rolle eines „Seelenarztes" zu. Hierbei sind Nervosität und Angst häufig im Spiel, wenn auch oft in larvierter Form.

Die sozusagen offizielle Erklärung beim Symptomangebot des Kranken kann sein: „Alle Beschwerden rühren von den Nierenzysten her." Aber auch die *private* Sicht der Krankengeschichte ist wichtig (Wolfram Schüffel).

Auf den ärztlichen Tätigkeitsbereich bezogen, hieß es schon für Georg Groddeck, daß „die Bildung eines neuen Individuums kranker Art die Angel ist, um die sich die Behandlung dreht" (1933). Nicht ein unveränderliches Arzt-Subjekt habe mit einem Patienten-Objekt und einer ebenso gegenständlichen Krankheit zu tun, sondern Patienten und Arzt bildeten für den Moment der Behandlung eben ein neues, einheitlich-zielgerichtetes „Individuum".

Es wird nun Therapeut und Patient möglich, aus ihrer individuellen Wirklichkeit – *eine gemeinsame Wirklichkeit* herzustellen. Wir sollten nicht nur überzeugen wollen, sondern gemeinsam ein Interpretationsmodell suchen.

Der psychosomatisch tätige Arzt müßte aber per definitionem bisherige Erklärungsmuster in Frage stellen und hierdurch zunächst als „*Beunruhiger*" antreten. Das Schicksal eines solchen „Beunruhigers" ist es jedoch, ausgeklammert zu werden bzw. bei drohendem Versagen mit einer Ausklammerungsstrategie befehdet zu werden.

Aus der jahrelangen *Korrespondenz* mit Michael und Enid (und auch aus einigen unveröffentlichten Manuskripten) konnte ich feststellen, daß auch sie den Mut zum „Beunruhigen" hatten. Daß John Balint jun. in den USA Internist war (jetzt emeritiert), sehr somatisch ausgerichtet, schien typisch für die „Entwicklungen" in der Familie.

Wenn in der *Sprache des Leibes* seelisches Leiden erkannt, erlebt, angenommen wird, dann entstehen *neue* Möglichkeiten. Unbewußtes und Unerwartetes kann bewußt werden; sogar Befremdliches kann durch Anteilnahme und Zuhören ohne Urteile verstanden werden. Dazu sollten wir aber mit dem *3. Ohr* zuhören und mit dem *3. Auge* sehen lernen.

Die *Verdachtsdiagnose eines psychosomatischen Leidens* gestaltet sich wie folgt:

1. Auffällige Diskrepanz zwischen Befund und Beschwerden;
2. Auffällige Fluktuation der Beschwerden;
3. Diagnose ex *non* juvantibus (d. h., sonst bewährte Maßnahmen haben versagt);
4. Patient emotional an seinen Beschwerden auffällig beteiligt;

5. Beginn (und Verlauf) der Beschwerden mit Situation und Biographie übereinstimmend;
6. Paramedizinische Behandlungsversuche;
7. Medikamenten-Compliance.

6. Angst des Patienten und Angst des Helfers

Das „Selbst" des Kranken soll beim Therapeuten ins Zentrum des Interesses rücken. Das Instrument der Übertragung und die Gegenübertragung, d. h. das Übertragen der Gefühle auf den Arzt und umgekehrt erlauben immer feinere Differenzierungen und die Herstellung von Korrelationen zwischen subjektivem Befinden und objektivem Befund.

Der körperlich Kranke identifiziert sich mit den „Objekten", insbesondere mit Arbeit, Leistung und der Sorge für andere, unter völliger Preisgabe seiner eigenen Persönlichkeit. Schließlich kann der akut oder chronisch überforderte Organismus nur noch mit dem „Körperstreik" als Ultima ratio antworten. Der Körper erkennt seine Leistungsgrenzen und reagiert. Vielfach überhören wir seine Signale und erteilen Ratschläge (= Schläge!), anstatt mit dem 3. Ohr zu hören und mit dem 3. Auge zu sehen.

Patienten mit größtenteils seelisch bedingten, psychosomatischen Leiden kommen im Durchschnitt erst nach siebenjährigen, vergeblichen Behandlungsbemühungen verschiedener Ärzte in eine psychosomatische Klinik: eine echte „Patientenlaufbahn" (Karriere!). Zumeist, dies erklärten Teilnehmer des Symposiums 1986 zum Thema „Leib-Seele-Verhältnis in Gesundheit und Krankheit" in Heidelberg, seien die Krankheiten dann bereits chronischer Natur und die Patienten – beispielsweise diejenigen mit schweren Herzneurosen – tablettenabhängig geworden. Es sei sicher legitim, wenn die Hausärzte oder auch somatische Fachärzte eine gewisse Zeit verstreichen ließen, ehe sie einen Patienten in eine psychosomatische Klinik überweisen würden; ein „siebenjähriger Leidensweg" allerdings, meinen Erwin Ringel und Adolf Meyer, sei „fünf Jahre zu lang".

Ein Patient fühlte sich als „Wanderbecher" und sagte, er sei zum „Schüttelbecher" der Angst geworden.

H. Strotzka versuchte diese Situation der Medizin folgendermaßen zu umreißen: „Ein sehr bedeutsamer Nebeneffekt der einseitigen Suche nach organischen Leiden und der Vernachlässigung der seelischen Seite ist die Somatisierung; wir verstehen darunter den Prozeß, in dessen Verlauf der Patient die Überzeugung gewinnt, daß hinter allen Beschwerden und Symptomen ein verborgener organischer Kern stecken muß ..." „Somatisierung und Chronifizierung sind die beiden Schädigungen, die in unserem Fachbereich eine Rolle spielen."

Der Arzt kann dabei ebenfalls Angst haben, sei es, daß er von Natur aus ein ängstlicher Mensch ist, sei es, daß er von seinem Patienten angesteckt wird, denn die Angst ist ansteckend (und überträgt sich epidemisch). Seine Angst kann mit den vom Patienten geäußerten Beschwerden verbunden sein, die ihn vor diagnostische und therapeutische Probleme stellen und sein Wissen, sein Zuhörvermögen und seine Logik auf die Probe stellen. Die persönlichen Grenzen re-aktivieren die Kastrationsangst des Arztes; sie widerlegen den Mythos von der ärztlichen Allmacht. (Undiszipliniert – autistisches Denken, wie Eugen Bleuler sich vor genau 70 Jahren ausgedrückt hat.) Die Vorgeschichte des Patienten kann in ihm schmerzliche *Erinnerungen* an persönliche Leiden erwecken und die Symbolik der Krankheit kann selbst im Unterbewußtsein schmerzlich nachhallen. Die unbewußte Identifikation mit dem Patienten reaktiviert seine Existenzangst. Oft gibt es eben auch „hilflose" oder „ausgebrannte" Helfer. Es kann auch zum masochistischen Arbeitseifer (workoholics) kommen, wobei es immer schwieriger wird, Beruf und Familie zu vereinbaren. Auch in dieser Hinsicht kann Balint-Arbeit helfen.

In Situationen, in denen ich Angst habe etwas falsch zu machen, erinnere ich mich oft an Michaels Ausspruch anläßlich der Vorstellung eines von mir gezielt vorbereiteten Falls: „Du weißt alles – wie schrecklich" („quelle horreur") ... Das vom Arzt empfundene Unbehagen ist ein wichtiges Element für das diagnostische und therapeutische Vorgehen; es weist auf die Existenz eines Schlüsselproblems hin. Michael Balint nennt es den *„blinden Fleck"*. Groß ist auch die Versuchung, sich einem zügellosen *Tatendrang* zu ergeben, z. B. ununterbrochen zu reden, nutzlose und zahlreiche Untersuchungen zu fordern (24jähriger Patient mit 9 Magen ...Rö.), sowie unüberlegt Rezepte auszustellen: „so ein kleines Schlafmittel ..." Unter diesen Bedingungen jedoch bleibt der persönliche Arzt der unentbehrliche und mitunter einzige wirkliche *Wegbegleiter* dieser Patienten auf ihrem Lebensweg.

Weniger Angst von seiten des Patienten und des Therapeuten bedeutet weniger Drang zu Untersuchungen, Medikamenten und zu paramedizinischen, alternativen Behandlungsversuchen. Das ist auch ein sehr gezielter, „schmerzloser" Beitrag gegen die Zukunftssorgen der Medizin!

7. Chronisches Krankheitsverhalten
Schelten und Trösten

Chronisches Krankheitsverhalten liegt vor, wenn das subjektive Krankheitsgefühl des Patienten und das daraus resultierende Verhalten in keiner angemessenen Relation zu den medizinischen Befunden steht (d. h. wenn der Grundsatz der Verhältnismäßigkeit durchbrochen wird). Patienten mit chronischem Krankheitsverhalten sind an einer Reihe „auffälliger Verhaltensweisen" erkennbar, die bei Balint-Gruppen oft beschrieben werden:

(1) Sie verfügen nur noch über eingeschränkte Selbsthilfemöglichkeiten im Umgang mit ihrer Erkrankung, verhalten sich ausgeprägt passiv und häufig demonstrativ hilflos.

(2) Sie haben einen nahezu ständig vorhandenen Wunsch nach medizinischen Interventionen und fordern nachdrücklich, daß diese medizinischen Hilfen stets unmittelbar verfügbar sein müssen.

(3) Sie sind vordergründig bereit, vorgegebenen Anweisungen zu folgen, ohne sich selbst um Änderungsmöglichkeiten zu bemühen.

(4) Sie fordern Aufmerksamkeit und Fürsorge für sich als Kranke von ihrer Umgebung.

(5) Sie vermeiden unangenehme, belastende Situationen, die im Zusammenhang mit ihren Beschwerden stehen.

(6) Sie geben die Verantwortung für die eigene Gesundheit bzw. deren Wiedererlangung an Ärzte und Therapeuten ab.

(7) Sie reagieren auf ihre fortdauernden Beschwerden mit zunehmendem Rückzug aus dem Sozial- und Leistungsbereich.

Gerade der Familienarzt steht im „Schnittpunkt von Medizin und Gesellschaft". In den römischen Bädern des Marcus Antonius war nicht von ungefähr zu lesen: Non curatur, qui curat – wer Sorgen hat, wird nicht geheilt. In der *Beziehung zu chronisch Kranken* unterscheiden wir zwei Formen der Chronizität:

(1) Die *„sterile Chronizität"*: In dieser bleibt die Interaktion unbelebt, gewissermaßen maligne, kommt zu keiner Entfaltung und Entwicklung, läuft chronisch daneben.

(2) Die *fertile Chronizität"*: Hier kommt es zu einer benignen, belebten, fruchtbaren Interaktion. Es besteht ein vertrauensvolles Arbeitsbündnis zwischen Patient und Arzt mit Verläßlichkeit.

Der Arzt muß immer den Blick für die Beziehungsstruktur behalten. Er darf den Patienten nicht als „unverrückbares Möbelstück" in seinem Haushalt ansehen. Es gilt, für die Bedürfnisse des Kranken offen zu sein, aber auch die Grenzen zu erkennen und einzuhalten.

Vorrangiges Behandlungsziel im Rahmen der therapeutischen Konzeption der Klinik ist der Abbau des chronischen Krankheitsverhaltens und das Erlernen eines gesundheitsfördernden Umgangs mit der Erkrankung.

Ursula Sehrt („Aus meiner Praxis". Münchn. Med. Wschrft. 1990) schreibt:

„Ein älterer Patient mit einem vergleichbaren Morbiditätsspektrum gab seine Komplimente unmittelbar an mich weiter: ,Ach, Frau Doktor, es tut ja so gut, wenn Sie schimpfen. Davon zehre ich jetzt glatt zwei Wochen!' Um mich zu provozieren, hatte sich der gute Mann vollgestopft mit den reichlich vorhandenen Resten einer Weihnachtsgans nebst Knödeln, Birnen, Preiselbeerkompott und Schmalzstullen.
Eine Patientin mit Risikomastopathie pfiff ich an, weil sie mehrere Kontrolltermine ignoriert hatte. Sie brach in Tränen aus, fiel mir um den Hals und beteuerte, sich endlich

bei mir geborgen zu fühlen. Die Praxis des verstorbenen Voruntersuchers habe sie aufgrund der sattgehabten Schelte immer heulend verlassen, was sie unter meiner Betreuung schmerzlichst vermißt habe."

8. Der schwierige Arzt

Am 7. Internationalen Balint-Treffen in Ascona machte eine Kollegin die Diskussionsbemerkung, daß sie bei vielen Patienten, z. B. bei Colitispatienten, nie so recht wisse, wann sie mit der Hand, d. h. mit Medikamenten, oder wann sie mit dem Wort, d. h. mit Psychotherapie, behandeln solle.

Hinter der schlichten Frage „Hand oder Wort?" verbergen sich also zwei Problemkreise: (1) ein philosophisch-wissenschaftstheoretisches Grundsatzproblem; (2) ein recht heikles ärztliches Problem der Indikation. Beide Problemkreise sind nicht nur von theoretischer, sondern auch von eminent praktischer ärztlicher Bedeutung. Die Fragestellung „Hand oder Wort?" hätten Ärzte früherer Jahrhunderte bis hin ins 17. und auch noch ins 18. Jahrhundert hinein nicht verstanden. Der Physisbegriff der hippokratischen Medizin, der nur wenig verändert von Galen, den arabischen Ärzten und auch den Ärzten des christlichen Mittelalters und der beginnenden Neuzeit übernommen worden war, beinhaltete für sie einen ganzheitlichen psychophysischen Organismusbegriff, so daß sich die Frage nach einer getrennten Körper- und/oder Seelenheilkunde, nach einer Somato- und/oder Psychotherapie damals gar nicht stellte (Wolfgang Wesiak).

Heute wird in der Regel so gehandelt, daß auf jeden Fall zuerst die Arznei, dann oft auch das Messer eingesetzt wird, ehe man sich auf die therapeutischen Möglichkeiten des Wortes besinnt.

Um wirkungsvoll ärztlich psychosomatisch handeln zu können, werden wir uns also auf den alten Grundsatz besinnen müssen. Erst das Wort, dann die Arznei und zuletzt das Messer. Wer die neueren Untersuchungen zu den Problemkreisen von coping und compliance, also der Krankheitsbewältigung und der Mitarbeit des Patienten bei der Behandlung kennt, der weiß, welche Bedeutung das Wort gerade auch bei der Behandlung organisch Kranker hat. Er wird deshalb den Lehrsatz: „Erst das Wort, dann die Arznei und zuletzt das Messer" nicht nur als zeitliche Aufeinanderfolge verstanden wissen wollen, sondern ihn folgendermaßen umformulieren: „Immer das Wort, wenn nötig, zusätzlich die Arznei und manchmal auch das Messer."

a) Dolmetscher in der Interaktion

Der Patient und der Arzt treffen im Sprechzimmer mit unterschiedlichen Voraussetzungen und Erwartungen zusammen. Wir sollten „be-handeln" und „Täter des Wortes" werden, nicht nur Hörer (H.-H. Dickhaut). Täter des Wortes sein bedeutet; anders als in der üblichen Weise zuzuhören.

Aber zuhören allein genügt nicht. Will ein Arzt zu einer tieferen, zu der ganz persönlichen Gesamtdiagnose seines Patienten kommen, so muß er lernen, dessen Sprache, auch die Symbol- und Körpersprache, zu verstehen, Dolmetscher im ärztlichen Gespräch zu werden. Das „Hören mit dem dritten Ohr" ist wie das Lesen zwischen den Zeilen. So können wir erfassen und erkennen, was der Patient mit seinem oft sehr verschlüsselten Angebot mitteilen möchte. Der Arzt bestimmt oft die Art der Interaktion. Er soll den Patienten nicht nur über dessen Beschwerden befragen. Er soll klar zu erkennen geben, was für ihn wichtig ist und was nicht. Der Patient antwortet sonst nur auf die gestellten Fragen, und dadurch kommen möglicherweise gerade jene Aspekte der Krankheit nicht zur Sprache, die ihn am meisten beschäftigen.

Um so mehr verändernde und heilende Kraft geht verloren, wenn ein Therapeut seine Energien und Theorien *über* den Kranken anwendet, anstatt auf die Person, so wie sie *ist,* und auf den Prozeß, *so* wie er sich *unmittelbar ereignet.*

Für die Praxis gilt: *Willst Du erkennen, lerne zu handeln!* – Irrwege müssen begangen werden, damit Wege erkannt werden.

1. *Du sollst frech denken, aber vorsichtig handeln* – nicht nur als Student. (Ascona-Modell [WHO]).
2. Warum kommt der Patient zu mir *und* gerade heute?
3. Was erwartet dieser Patient von mir, und wie kann ich ihm helfen?

Der Arzt sollte Dolmetscher für die Sprache des Patienten sein. „Was will mir der Patient mitteilen?" Ärzte sollen in einer für alle verständlichen Sprache reden: ohne Fachausdrücke, Fremdwörter, Abkürzungen usw.

Arzt und Patient sprechen oft nur scheinbar die gleiche Sprache. Der Patient bringt überwiegend körperlich orientierte Klagen vor, die „Vorzeige-Symptome", wie Balint sie nannte. Meist schaffen nur diese den Zugang zur Medizin, auch wenn die Probleme anders aussehen; so können z. B. die bei einem Karzinom vorgebrachten Schmerzen auch einer Bitte um ein Gespräch über andere Themen entsprechen: Tod und Sterben, Umgang mit den Angehörigen usw. Die Psychosomatik befaßt sich mit diesen larvierten und verschlüsselten Beschwerdebildern: „... macht das Herz schwer – liegt im Magen – macht mir Kopfzerbrechen – sitzt mir im Nacken" u. a. mehr.

Die Sprache und die Aufgabe, Dolmetscher des Patienten zu sein, werden wohl besonders wichtig in den Fällen, in denen keine Genesung mehr zu erwarten ist und der Tod in absehbarer Zeit kommen wird. Wenn der Schwerkranke um eine Antwort auf die Fragen nach dem Sinn seines Lebens und Sterbens ringt, wird der Arzt als Person angesprochen und aufgefordert, Gesprächspartner für seinen Patienten zu bleiben.

b) Das Übersehen

Eine häufige Angst des Arztes ist die, eine wichtige Diagnose zu übersehen und dadurch zu versäumen, rechtzeitig wesentliche diagnostische und therapeutische Maßnahmen einzuleiten. Diese Angst kann dazu verleiten, ständig weitere Untersuchungen durchzuführen, wobei es im schlimmsten Fall zur Wiederholung der stets gleichen diagnostischen Maßnahmen unter Einsatz von vielerlei technischen Geräten kommen kann. Walter Pöldinger schreibt dazu:

„In einer Diskussion über Angstzustände wurde ich einmal gefragt, ob ich, wenn ich mich emotional im Sinne der Balint-Arbeit dem Patienten zuwende, nicht Angst habe, etwas Körperliches zu übersehen, und ob ich in meinem Tornister nicht schon so manche zu spät erkannt körperliche Krankheit mit mir herumtrage? Ich habe diesem Kollegen damals die Gegenfrage gestellt, ob er selber keine Angst habe, in seinem Tornister so manche unerkannte Depression oder Angstzustände mit sich herumzutragen und Patienten immer neuerlichen Untersuchungen und Behandlungen unterzogen zu haben, ohne diesen, vor allem in ihren Ängsten, wirklich helfen zu können? Diese enorm wichtige Frage zielt in beide Richtungen, da man beide Irrtumsmöglichkeiten ausschließen muß. Und das gerade ist ein Grund, weshalb ich persönlich den Psychosomatiker der Zukunft nicht im Psychiater sehe, sondern in praktischen Ärzten und nichtpsychiatrischen Fachärzten, die über eine entsprechende Ausbildung in psychosomatischer Medizin verfügen. Das Ziel der Psychosomatik wird dann erreicht sein, wenn es sie nicht mehr gibt!"

c) Sprache des Patienten – Sprache des Arztes

Jork stellt fest: „Während sich Ärzte eines technischen Registers von Diagnosebegriffen bedienen, bevorzugen Patienten hingegen kommunikative Register von Beschwerdebegriffen." Es gilt, diese kommunikativen Register zu dechiffrieren – zu übersetzen. Und E. Mattern beteuert „... daß der Mensch erst im Verhalten, Denken und Fühlen sein wahres Gesicht zeigt und in der Biologie". – Ein Kollege ließ in seinem Wartezimmer folgenden Satz anbringen: „Die Patienten sind gebeten, ihre Symptome nicht auszutauschen."

Der apostolische Geist „verbietet" uns manchmal, die Begrenztheit unserer ärztlichen Interventionsmöglichkeiten zu erkennen, bis wir merken, daß wir selbst mehr Verantwortung übernehmen wollen als der Patient eigentlich von uns erwartet. Diese Erkenntnis steht auch im Zusammenhang mit unserem Erleben in der Praxis *und* in der Balint-Arbeit. Nur *dieses* Erleben und dieses Erfahren erweitert unsern Blick und erleichtert den *Brückenschlag* zum Patienten, wie auch zu den körperzentrierten Therapien, die wir besonders in der Klinik (Psychosomatische Station Santa Croce, Locarno) anwenden. Die Relaxationsmethoden, Autogenes Training, sowie das atemzentrierte Psychosomatische Training in primis, gehören zur täglichen Mitarbeit.

In Anlehnung an die Vorschläge (Wolfram Schüffel) für die studentische Balint-Arbeit, könnten wir folgende Gesichtspunkte erwähnen:
Die Arbeit ist auf die persönlich erlebte Erfahrung innerhalb der Student-Patient-Beziehung und deren allfällige Entwicklung zentriert (Exposition). Sie soll die Überlegun-

Kontrolliertes Engagement: Die 5 E

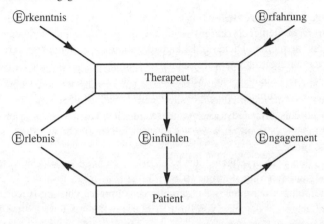

gen zum Beziehungserlebnis wiedergeben, auch die dazugehörigen Gefühle und Phantasien, die zumeist unterdrückt werden (Reflexion). Es sollten Wege aufgezeigt werden, die Erfahrung in Handlung umzusetzen und die hiefür notwendigen Voraussetzungen zu schaffen (Aktion und Progression).

Wenn wir nun die *wichtigsten Ergebnisse der Psychotherapieforschung* zusammenfassen wollen, so könnte man diese Ergebnisse wie folgt tabellarisch zusammenstellen (nach W. Pöldinger):

1. Von entscheidender Bedeutung ist die Beziehung zwischen Therapeuten und Patienten, besonders deren Emotionalität.

2. Therapieerfolge korrelieren mit den Therapeutenkriterien, die Carl Rogers zunächst für den nichtdirektiven Gesprächstherapeuten aufgestellt hat.

a) *Akzeptanz*: Der Therapeut muß den Patienten vorurteilslos akzeptieren, so wie er ist.
b) *Empathie*: Der Therapeut muß die Fähigkeit haben, den Patienten nicht nur zu verstehen, sondern auch seine Gefühle mitzuerleben und dies den Patienten fühlen zu lassen.
c) *Kongruenz*: Der Therapeut muß in dem, was er sagt, und dem, was er auch selbst tut, übereinstimmen.

Therapieerfolge korrelieren auch mit *Patienteneigenschaften*. Am bekanntesten wurde der „*YAVIS*"-Patient:

„international"
begehrt …
Y = young
A = attractive
V = verbalization (kann seine Probleme gut in Worten ausdrücken)
I = intelligent
S = successful

3. Therapieerfolge korrelieren nicht mit den über den Therapien stehenden Theorien. Dagegen scheint es für den Therapieerfolg wichtig, daß der Patient überzeugt ist, daß der Therapeut über eine Theorie verfügt, die die Beschwerden und die Probleme des Patienten erklären kann.

9. Der schwierige Patient

a) Patient als Koryphäenkiller?

(KKS: Koryphäen-Killer-Syndrom)

Emanzipierte Patienten können so lange den Arzt wechseln, bis sie einen gefunden haben, der anscheinend gezielt die Zusammenhänge ihres Krankseins aufspürt. Dies hat mit dem Wesen des Patienten zu tun, der, auch ohne ein „Killer" zu sein, eine entsprechende, langdauernde Patientenkarriere (Valse des médecins) aufweist. Wie Odysseus sucht er vergeblich nach neuen Wegen – im Sinne von *iter medicorum et magorum*. Wie kann eine fruchtbare Begegnung zustande kommen?

Identifikation des Koryphäenkillers ist natürlich der erste Schritt! Sein Steckbrief: Er signalisiert ungeduldige Hilfsbedürftigkeit, trägt absurde Untersuchungsbegehren auf dem neuesten Stand der Laienpresse vor, greift jeden erdenklichen Diagnosevorschlag von Ihrer Seite begeistert auf, unterläuft jedoch Untersuchungs- und Behandlungsmaßnahmen, modifiziert, bezweifelt oder verhindert sogar Ihre Behandlungsmaßnahmen und gibt Ihnen nach einiger Zeit die typische Gefühlsmischung aus Ärger und Ohnmacht.

Im Gespräch heißt es, den Koryphäenkiller zu entwaffnen, zu verblüffen und ihm mit scheinbar paradoxer Argumentation den Wind aus den Segeln zu nehmen. Frei nach dem Motto: „Wenn ich höre, was bei Ihnen schon alles ohne Erfolg probiert wurde, habe ich doch die größten Zweifel, daß ich Ihnen entscheidend weiterhelfen könnte." Prophezeien Sie den Mißerfolg, die „initiale Verschlechterung"! Das steigert Ihre Glaubwürdigkeit, gibt Ihnen therapeutischen Spielraum und Zeitgewinn. Reagieren Sie auf Fragen nach der Prognose grundsätzlich pessimistisch; halten Sie die Erwartungen klein! Tritt unter Ihrer Behandlung rasch Besserung ein, wird es Ihnen der Koryphäenkiller nicht verübeln. Bleibt aber – was wahrscheinlicher ist – jeder Therapieerfolg aus, sind Sie bestätigt. Jedem Optimismus von Ihrer Seite wird der Koryphäenkiller nämlich prompt und genüßlich das Gegenteil beweisen.

Andererseits entspricht der ausgesprochene apostolische Geist und der furor therapeuticus des Arztes dem KKS beim Patienten. Auch beim „Sich-Gebrauchenlassen" sind Grenzen wichtig. Die Beratung von erfahrenen Kollegen und der Rückhalt der Balint-Gruppen können bei Betriebsblindheit hilfreich sein. Würden wir jedoch alles richtig machen, könnte der Patient nicht „erwachsen" werden.

b) Die dicke Krankengeschichte in der Praxis

Jeder Arzt kennt in seiner Praxis das Problem der „dicken Krankengeschichte". Wird ein Patient während Jahren betreut, kann sein Dossier einen beträchtlichen

Umfang annehmen. Die dicke Krankengeschichte (KG) enthält meist nicht nur ungezählte wertvolle Informationen, sondern oft auch reichlich „nutzloses" Papier. Der Hausarzt als „Generalunternehmer des Patienten" hat ganz besonders mit dicken KG zu kämpfen, da bei ihm zahlreiche Fäden zusammenlaufen und er sich nicht nur mit einer ausgewählten Krankheit des Patienten, sondern mit allen anfallenden Problemen zu beschäftigen hat: „Die Medizin beschäftigt den ganzen Menschen, weil sie sich mit dem ganzen Menschen beschäftigt" (Goethe). 1971 beschrieb der Psychiater L. M. Franklin ein „Syndrom der dicken Krankengeschichte" folgendermaßen: (1) Dicke KG. (2) Versagen jeglicher Behandlung und (3) Frustration und Groll des Arztes.

c) Auf Sparflamme kochen

„Aktiv auf der Stelle treten" ist ein bewährtes Behandlungskonzept für besonders schwierige Patienten. Nutzen Sie die Technik der Paradoxen Intervention für „ut aliquid fiat"-Prozeduren! So können Sie etwas für den Patienten tun, ohne sich dem fast automatisch einstellenden Zwang zu immer aggressiveren Diagnose- und Therapieverfahren auszusetzen. Akzeptieren Sie für sich, daß weitere Diagnostik und Therapie bei derart verquerer Voranamnese vermutlich nicht weiterführen. Und noch ein Trick: Überweisungsbegehren sind bei diesen Patienten sehr häufig. Glauben Sie bloß nicht, da regulierend eingreifen zu können! Loben Sie lieber den „auserwählten" Kollegen mit den Worten: „Wenn Ihnen überhaupt noch einer helfen kann, dann Kollege XYZ …"! Wenigstens vermeiden Sie damit, daß Ihnen in solch fatalen Konkurrenzsituationen auch noch übel mitgespielt wird. Doch seien Sie gefaßt darauf, daß Mister Koryphäenkiller nach dem „Kollegenopfer" selbstbestätigt wieder den Weg in Ihr Sprechzimmer finden wird …

10. Simultandiagnostik und Familiendimension (E. Petzold)

Wir gehen so vor: Körperliche Untersuchung (Somatik) und ganz beiläufig, wie von ungefähr, das Gespräch (Psycho …). Aus diesem Zusammenhang ergab sich auch der Begriff der Simultanität, den Peter Hahn und Ernst Petzold zu den Begriffen „Simultandiagnostik" und „Simultantherapie" erweiterten, um psychologische und somatische Vorgehensweisen in Klinik und Praxis zu beschreiben.

Hier gilt das Wort vom *Leitfaden des Leibes,* von dem das Symptom seine Bedeutung gewinnt. Weniger poetisch ausgedrückt: Was sind die Beschwerden des Patienten? Wo tut es ihm weh? Was klagt er? Was behindert ihn? Und was macht ihn wie krank? Wie lange? Seit wann? Wer bezahlt die Rechnung, und wer hat einen Gewinn? „Warum gerade jetzt, warum gerade hier"? pflegte Viktor v. Weizsäcker zu fragen.

Die Familiendimension. Wird ein anderer krank, wenn einer gesundet? Fragen der Prävention und der Chronifizierung stehen dahinter. Risiko-Verhaltensweisen – auch innerhalb der Familie, sprachliches und nicht-sprachliches Miteinander-Umgehen, Lob und Bestätigung, ebenso wie Abwertung und Bestrafung. Kooperation oder heimliche Sabotage. Es gilt, offene und versteckte Familienregeln zu beachten. Delegationen, Kollusionen, Kollisionen, unsichtbare Bindungen. Mitunter sind Alternativen zu entwickeln.

Die Präventivmedizin in der Familie stand in meiner Arbeit als Hausarzt schon im Vordergrund. Es galt zu erkennen, daß die *Psychosomatik* eine *Chance für Patienten und deren Familien* bedeutet. Wir konnten Menschen an ihr Ureigenstes heranführen und ihnen dadurch zu sich selbst verhelfen. Vielleicht konnte eine Art *„chronische Gesundung"* erreicht werden durch stetiges Sich-Fordern und -Fördern. Vielleicht war ein Wachsen der Immunkräfte zu erreichen: *der Arzt als „Antigen"* konnte bei therapiebedürftigen Patienten durch etwas Substantielles gezielte „Antikörper" hervorrufen, besonders beim Konzept der regulativen, die Selbstheilungskräfte fördernden Medizin. Ein gekonnter Umgang mit der Selbstheilung blieb ein schwer zu erreichendes Ziel, das einen langen und intensiven Lernprozeß erforderte.

11. Zur Arzneiverordnung

Wird der Mensch zum *homo pharmaceuticus (et dramaticus)?* Die subjektiven Erwartungen des Patienten helfen uns, das *„Wie"* der *Verordnung* besser zu erfassen. Der Patient erwartet zunächst, ernstgenommen zu werden. Dahinter stehen Ängste, z. B. die Angst vor einer Spritze.

Ein süditalienischer Gastarbeiter bekennt seinem Arzt, er habe Angst vor der Spritze. Dieser antwortet mit der Floskel, er solle sich nicht so dumm stellen. Später erfuhr der Arzt, daß der Patient in seiner Kindheit nach einer Injektion eine schwere anaphylaktische Reaktion erlebt hatte. Das Verhalten des Patienten wurde verständlich. Wäre der Arzt gleich zu Beginn dem Grund der Ängstlichkeit nachgegangen, indem er den Patienten hätte „sprechen" lassen, wäre die Interaktion Arzt-Patient befriedigender verlaufen. Für Ängstlichkeiten dieser Art gibt es also oft einen verständlichen Grund.

Auch vom Medikament gehen wichtige Einflüsse auf die Arzt-Patient-Beziehung aus, die gleichzeitig die Wirkung des Medikamentes beeinflussen. Dies sind ganz besonders die in den Packungsbeilagen enthaltenen Hinweise auf Nebenwirkungen. Farbe und Form des Medikaments können ebenso eine gezielte Wirkung haben. Es läßt sich sagen, daß wir immer wieder Erfolge und Mißerfolge bei völlig gleichen Präparaten erleben können, die durch eine *unterschiedliche Arzt-Patient-Interaktion* zu erklären sind. Noch wissen wir über die *„Toxikologie" des Arztes* sehr wenig; aber wir wissen beispielsweise, daß wir viel verschreiben – im Sinne der Polypragmasie – wenn wir unsicher sind.

Ein Patient mit schweren Einschlafstörungen berichtete, daß er besser schlafen könne, wenn er seine Guttae neurosedativae abends auf dem Nachttisch bereithalte. Aber auch das Lesen von ein paar Seiten unseres Buches „Schlaf Dich gesund – Anleitung zum autogenen und psychosomatischen Training" (1990), das „so langweilig" sei, brachte eine Patientin zum besseren Schlaf.

Viele Patienten treffen spontan eine intuitive Entscheidung in bezug auf die Wirkungsart, welche der Arzt auf sie ausüben wird. Analog der Zuflucht zum Arzt, entspricht auch der Wunsch nach einer Arznei einem an sich vernünftigen und verständlichen Streben nach Linderung schmerzlicher oder schmerzhafter Symptome. Eng verknüpft damit können aber auch andere – bewußte oder unbewußte – *Erwartungen des Kranken* bezüglich deren Auswirkungen auf seine Krankheit sein. Genau wie die subjektive Einstellung des Patienten zu Krankheit und Arzt, sind auch solche Erwartungen nicht ohne Bedeutung für den Behandlungserfolg. Derartigen Einstellungen können ärztliche Verordnungen durchaus entgegenkommen, namentlich was ihre *Applikationsarten* anbetrifft. Der Patient hat das letzte Wort. *Per os* zu *verabreichende Medikamente* können „*oralen Trost*" spenden. Allerdings sagte ein Patient: „Lieber sterben als ein Zäpfchen …"
Spülungen und *rektale Anwendungen* können anale, andere Applikationen sonstige „Lustgefühle" auslösen. Derartige – trotz allem eher positiv zu wertende – Gefühle sind übrigens auch als Reaktionen auf *psychotrope Medikamente* durchaus nicht selten. Sie können hier mit den als besonders fruchtbar bekannten Momenten ihrer Anwendung zusammenwirken. Diese Momente gewinnen natürlich noch an Bedeutung, wenn sie durch den „*flash*" – eine quasi blitzartige Erhellung der Beziehung – zwischen Patient und Arzt Unterstützung finden. Beim gemeinsamen Gewahrwerden der Zusammenhänge kann ein neues gegenseitiges Verständnis entstehen. An dieser Stelle sei jedoch darauf hingewiesen, daß bei psychotropen Medikamenten für den Patienten auch die Gefahr eines Schocks im umgekehrten Sinne im Hintergrund stehen kann. Es kann für ihn der „Beweis" einer „Geisteskrankheit" sein, wenn er nämlich die Natur einer derartigen Spezialität zu „kennen" glaubt; besonders aber nach dem „Studium" gewisser Packungsprospekte. Also Vorsicht!

Auch die Persönlichkeitsprobleme mancher Patienten können durch ein wirksames Psychopharmakon unter Umständen vergrößert werden und bei ihnen zusätzlich das Gefühl heraufbeschwören, in eine „chemische Zwangsjacke" geschnürt zu werden – einem Angriff auf ihre Persönlichkeit, ja deren Verletzung oder gar „*Zerstückelung*" ausgesetzt zu sein. Die „chemische Wirkung" kann an sich schon gewisse Züge einer „*Entpersönlichung*" tragen.

In der Studie von Michael Balint und Mitarbeiter: „Das *Wiederholungsrezept*" („Repeat prescriptions") werden gleichermaßen der notwendige statistische Apparat, die Folgerungen hinsichtlich der Eigenschaften der Patienten mit Dauermedikation und die Wandlung ihrer Beziehungen zum Arzt dargestellt. Interessant sind die Unterschiede in den Verordnungsgewohnheiten der einzelnen Ärzte: die Art langfristig verschriebener Medikamente, die Situation hinsichtlich einer „friedlichen Dauermedikation" mit dem Beweis der Nützlichkeit dieses Vorgehens.

Zur Placebotherapie

Die bei Doppelblindtests fast immer beobachtete *Placebowirkung* weist darauf hin, daß Genesungswille, ein ermutigender Blick des Arztes, ein Lächeln, ein tröstendes Wort, ein Heilungsversprechen, schon für sich allein wirksame Therapien darstellen; Therapien, die mit den meisten Heilmitteln synergistisch wirken.

Medikamente entfalten dreierlei Wirkungen – Wirkungen, die sich keineswegs ausschließen:

– eine mehr oder weniger spezifische Heilwirkung
– eine symptomatische, häufig beruhigende Wirkung
– eine Placebowirkung.

Und gerade die dritte Wirkung ist vielleicht die häufigste – ob der Arzt sich ihrer bewußt ist oder nicht. Das erklärt auch Erfolg oder Mißerfolg bei völlig analogen Fällen mit demselben Medikament, je nachdem wer es verordnet. Es ist nicht nur nützlich, sich dies stets vor Augen zu halten, sondern es macht auch Verordnungen legitim, von denen kaum mehr als eine Placebowirkung erwartet werden kann – dann nämlich, wenn der Patient offensichtlich eine Verordnung erhoffte. – Und wann ist dies nicht der Fall, wenn es sich nicht gerade um eine Kontrolluntersuchung, die Untersuchung für eine Versicherung oder dergleichen handelt?

Placebo ist auch eine Therapie: Es gibt keine typischen Placebo-Reaktoren, keine typischen prädisponierenden Persönlichkeitseigenschaften. In einer bestimmten Situation kann irgendein Individuum auf ein Placebo ansprechen. Reaktionen auf Placebos sind allerdings eher bei gut kooperativen Personen erzielbar.

Die Placebo-Wirkung ist nicht nur durch psychologische Mechanismen zu erklären. Es scheint, daß Enzephaline und Beta-Endorphine im limbischen System des Zentralnervensystems am Placebo-Effekt beteiligt sind. Die Schmerzsenkung durch Placebo-Verabreichung wird mit der Mobilisation dieser opiumähnlichen Stoffe und ihrer Interaktion mit zentralnervösen Schmerzrezeptoren erklärt. (Dental Drug Service, Newsletter, Vol. 1, No. 6, Juni 1980.)

Bedienen wir uns also gegebenenfalls ruhig solcher „Beinahe"-Placebos mit günstigem symptomatischem oder psychologischem Effekt – und *unbedenklichem*

Packungsprospekt! Solche Beipackzettel, vor allem natürlich von hochwirksamen Spezialitäten, bergen oft – bei Kenntnisnahme durch den Erkrankten – die Gefahr von effektiv auftretenden Nebenwirkungen in sich, die im Prospekt nur als selten, aber immerhin möglich, angeführt sind. Bei gewissen, namentlich natürlich bei hypochondrisch veranlagten Patienten, sollte man ihn daher lieber verschwinden lassen.

Besonders bei Spitalpatienten können wir auch eine andere Wirkung feststellen, und zwar meistens bei Patienten, die sich ungern behandeln lassen: die „*Obecalp*"-Wirkung, wobei Obecalp einfach der umgekehrten Buchstabenfolge von Placebo entspricht. So können bewährte Sedativa einer erregenden Komponente bezichtigt werden ...

Bei einer 28jährigen Patientin mit agitierter Angstsymptomatik als Hauptproblem, wirkten Calcium carbonicum und Kaliumbromatum, die sie nach der Einsendung eines Porträts, für 353 Sfrs. (!) von einer Wahrsagerin erhalten hatte, beruhigender als alle von uns verschriebenen Sedativa.

Als wichtig zu erachten ist auch die Angst vor der Angst (anticipatory anxiety). So könnten wir von *Nocebo* (lat.: nocere – schaden) anstatt Placebo berichten. Jeder Arzt hat sich schon gewundert, warum seine gezielte Medikamentenverordnung gerade das Gegenteil bewirkt.

Aber Psychopharmaka und Psychotherapie schließen sich *nicht* aus. Schon 1970 stellte Bochnik fest, daß 30 bis 40% aller Patienten in den Sprechstunden der Allgemeinmediziner und Internisten eine Psychopharmaka-Packung verordnet bekommen.

Das Wichtigste in jeder medizinischen Situation ist das Wissen darüber, was unter allen Umständen zu vermeiden ist, welche Irrtümer man nicht begehen und welche Dringlichkeiten man nicht vergessen darf. An Wichtigkeit folgt darauf die Kenntnis der auf jeden Fall zu treffenden Minimalmaßnahmen. Hier figuriert u. a. auch die Wahl einer Medikamentenklasse, deren Heilwirkung über jeden Zweifel erhaben ist. Ihre Zahl ist – trotz aller anerkennenswerten Fortschritte der pharmazeutischen Industrie, namentlich was die Entwicklung immer besser verträglicher Derivate anbetrifft – eigentlich erstaunlich klein, so daß sie von jedem Arzt überschaubar ist, wenn auch vielleicht mit Hilfe einer entsprechenden Kartei.

„*Wie*" *wir verordnen, ist so wichtig, wie* „*was*" *wir verordnen.* Der Arzt sollte wissen und anerkennen, daß von seiner psychologischen und menschlichen Einstellung zum Patienten weitgehend auch jeglicher therapeutische Erfolg abhängen wird, immer vorausgesetzt, daß er die beiden ersten Punkte gebührend berücksichtigt hat. Der *Arzneiverordnung* kommt nach F. Nager große Bedeutung zu als *Schlüsselhandlung zum Nutzen oder Schaden der Arzt-Patient-Beziehung, die zu Risiko oder Chance des Patienten werden kann.* Es wird von „Glanz und Elend" der Therapie und des Arzt-Seins gesprochen.

Wird der Arzt mit seinem apostolischen Geist nur der Wissende bleiben und den Kranken in eine Rolle „zwingen" oder den Patienten in seinem eigenen Erleben begleiten? Dies mag zuweilen Angst und Probleme auslösen. ... *„der Patient: ein Problem ... und der Arzt?"*. Die Medikamente haben jedenfalls eine wichtige Vehikelfunktion: sie werden zum Vehikel der therapeutischen Beziehung.

Bei hypochondrischen Tendenzen werden Medikamente besonders leicht abgelehnt, so beim Koryphäen-Killer-Syndrom, bei welchem auch sehr bekannte Ärzte dem Kranken nicht „genügen". Somit erlebt er eine Odyssee auf der Suche des „richtigen" Therapeuten und wechselt ihn geradezu regelmäßig.

Heilbetrieb entspricht unüberlegter Arzneiverordnung, Heilkunde pragmatischer Arzneiverordnung, Heilkunst einer umfassenden Therapie.

12. Kommunikation und Beziehungstherapie

Verdrängt die technische Medizin *das Gespräch* zwischen Patient und Arzt?

Die „Sonographie ist eine hervorragende diagnostische Maßnahme" – allerdings unter einer Bedingung: nämlich, daß vor, während und nach der Untersuchung mit dem Patienten *darüber gesprochen werde.* Denn der „Fortschritt in der Hochleistungsmedizin ist gebunden an das verstehende Gespräch zwischen Arzt und Patient".

„Wer Staubsauger, Autos, Aktien und Betablocker verkauft, hat eine *bessere Gesprächsausbildung als der Arzt"*, klagt Geisler und spricht von „unglaublichen Ausbildungsdefiziten." Dieses sei um so verwunderlicher, weil die Arzttätigkeit ein „sprechender Beruf" sei, denn allein 75% der Arbeit bestehe aus Sprechen.

Für die Defizite nennt Geisler nur ein paar der unzähligen Belege. Nach einer amerikanischen Untersuchung, bei der 74 Arzt-Patienten-Gespräche beobachtet wurden, unterbrachen die Ärzte den Redefluß der Patienten im Durchschnitt bereits nach 18 Sekunden. Nur ein Viertel der Patienten konnte die Schilderung ihrer Beschwerden überhaupt zu Ende bringen.

Sprechende Patienten seien keineswegs „Störfälle" in der Praxis. Nach einer Untersuchung eines Londoner Psychiaters, der die Gespräche mit seinen ersten hundert Patienten festhielt, sind Patienten alles andere als Quasselstrippen. Die meisten von ihnen beenden bereits nach 100 Sekunden ihren Eingangsmonolog, nur wenige redeten länger als fünf Minuten. *„Die Ärzte können in 200 Sekunden unglaublich viel erfahren"*, meint Geisler. Dazu müßte der Arzt aber dem Patienten auch signalisieren, daß er zuhören will.

Das Gespräch ist *entscheidend für Compliance und Coping.* Auch die Compliance hänge vor allem von der Persönlichkeit des Arztes ab, der sich als „Dolmetscher des Beipackzettels" verstehen und diesen für den Patienten richtig interpretieren müsse. Auch der schlimmste Beipackzettel wird ausgehalten, wenn das Arzt-Patienten-Verhältnis stimmt. „Worte sind in der Psychotherapie und im Leben nur dann wirksam, wenn es gelebte Worte sind" (Walter Pöldinger – Gelebte Zitate).

13. Der Flash als Interaktions- und Interaffekt-Phänomen

Schon während der berühmten „*Sechs Minuten für den Patienten*" von Michael und Enid Balint („Six minutes" im englischen Originaltext – „Fünf Minuten" in der deutschen Übersetzung!) liegt die Chance zur Verknüpfung von „Flash im Gespräch" mit diagnostischen Handlungen (Behandlungen). Sie eröffnet dem Arzt den Zugang, sein gewohntes „technisches Instrumentarium" mit einem „Beziehungs- bzw. Kommunikationsinstrumentarium" zu verknüpfen. Beim Problem ärztliches Gespräch/medizinisches Gerät liegt jeweils in der Verknüpfung der beiden Welten der Sprung auf ein höheres Qualitätsniveau.

Der Flash ist keine neue Technik, aber eine fördernde Arbeits- und Denkweise, die besonders bei psychosomatischen Affektionen angebracht ist. Vor allem ist er möglich, wenn er in die Allgemeinpraxis eingebettet ist, da er eine gezielte Kenntnis des Patienten voraussetzt. Der Vorgang eines Flash ist zwar leicht erkennbar, aber schwer definierbar. Er bedeutet ein spontanes, gemeinsames Gewahrwerden eines für den Patienten wichtigen Aspekts und gehört eigentlich zu den gewöhnlichen zwischenmenschlichen Erfahrungen. Es gibt Szenen, die zum Flash führen können, wenn der Therapeut bereit ist, sich – seiner Ängste bewußt – einzulassen.

Was der Psychiater und Psychotherapeut Christian Scharfetter für den Umgang mit schizophren Kranken empfiehlt, dürfte als wesentlicher Aspekt auch für die Medizin als Ganzes Geltung haben:

„Verstehen und besonnen eingestandenes Nicht-Verstehen macht den Therapeuten bescheiden; nicht krampfhaft nach seinem Konzept ,wollend', nicht direktiv eingreifend, ,tuend', sondern schlicht und geduldig beim Kranken verweilend. Der Therapeut muß in einem dienenden Verhältnis zum Kranken bleiben; sein Anliegen ist, daß der Patient gedeihen und sich entfalten kann. Er muß seine persönlichen Wünsche und Strebungen zurückstellen. Wer – auf Dank und Ruhm ausgerichtet – vor sich selbst und vor anderen der erfolgreich kämpfende Arzt (Therapeut) sein möchte, dem ein supponiertes Abstraktum ,Krankheit' erliegt, der wird das Ziel, den kranken Menschen, verfehlen."

Diese Haltung macht auch das Kernstück der Balintschen *Beziehungs-Medizin* aus und ist die Vorbereitung auf nicht-steuerbare Therapieeffekte, welche er mit dem Begriff *„Flash"* umschreibt (Retor Grob). Enid Balint beschreibt den Flash folgendermaßen:

„Der ,Flash', die gemeinsame intuitive Wahrnehmung eines bedeutsamen, gleichzeitigen Erkennens und Verstehens hatte einen Fokalbereich der Gesamtdiagnose so plötzlich und blendend hell beleuchtet, wie dies durch kein anderes Mittel zu erreichen gewesen wäre.

Natürlich ist der ,Flash' selbst keine Diagnose; er ist ein Ereignis, das ein besonderes Klima, eine bestimmte Atmosphäre schafft, worin die weitere Diagnose und therapeutische Arbeit mit größerer Zielgenauigkeit und Intensität als sonst möglich, vor sich gehen kann, vorausgesetzt, daß der Arzt (Therapeut) den ,Flash' erkennt und benützt. Der Flash ist kein bloßer Einfall, keine Blitzdiagnose oder Blitzdeutung, wie richtig und treffend diese auch sein mögen. Ein Einfall, wie er in den alltäglichen Interaktionen zwischen Menschen dauernd vorkommt, enthält immer ein Element von Erraten, Zufallstreffer, Glück."

Enid schrieb mir neuerlich (7. 9. 90): "It was very interested to know that you were studying and writing about the idea of the '*flash*'. This word, as I said was one which neither Michael or I liked right from the beginning but it is a word which has stuck and has led to some useful thinking. The question of whether it can be incorporated in a new technique or whether it is more an idea in the minds of the doctor when he sees his patients is an open question. As you probably know my idea has always been that the Doctor must have an open mind – not a closed one which has been prevented from expanding by perhaps too much idealization of the past or perhaps of too much fear of what would happen if he started to think on his own. There is always of course the danger of forgetting the basic 'rules' concerning relationships but in my experience these early 'rules' are less likely to be given up or disgarded by someone who can let their imagination or their independent observations free than those who wish to get away from 'rules' and are often prevented from any observations by their wish to be original."

Wir möchten unterstreichen, daß es sich hierbei nicht um einen kausallogischen Prozeß handelt, auch nicht um eine göttliche Eingebung, sondern um einen tieferen Einsatz einer *Mehrzahl von Kommunikationskanälen* zwischen Therapeut und Patient, wodurch verborgenes Material für die Beziehungstherapie erreichbar werden kann.

Flash entspricht jenem „blitzartigen" Beziehungsphänomen, das man nicht im voraus planen und bewerkstelligen kann, sondern in dem Moment erfassen muß, in dem es sich einstellt. Es handelt sich um einen Erkenntnisblitz, der bei Therapeut und Patient zündet: ein Aha-Erlebnis – ein Ereignis, das sich dem bewußten „Machen" entzieht, wie Arthur Trenkel unterstreicht. Der „Flash" kommt, wann er will. Was er bewirkt und verändert, ist ebenfalls unvorhersehbar und zunächst nur im Erleben zu fassen. Aber gerade deshalb kann er als Paradigma für das Entscheidende der *Veränderung* unserer Einstellung zum Patienten gelten.

Erst dieser Blickwinkel macht das Spezifische der Balint-Arbeit richtig sichtbar. Sie beginnt freilich schon vor der Beschäftigung mit dem „Flash", nämlich in dem Moment, wo einsichtig wird, daß das *Zuhören* und *Wahrnehmen* mehr und anderes bewirkt als das Ausfragen. Das Spezifische der veränderten Haltung ist die Einstellung und Umstimmung auf das, was sich zeigt und was geschieht. Mit der Umkehr der Einstellung als solcher, wurde eine neue Perspektive bedeutsam, die sich nur in der Praxis erschließt und die uns heute als die adäquateste „Psychotherapie" des Praktikers erscheint.

Entspricht die Fähigkeit, dem Patienten ein einfühlendes und antwortendes *Gegenüber* (vis-à-vis) zu sein einer neuen Technik, die Lernbares und Lehrbares beinhaltet? Ein solches Gegenüber darf nicht zu nah und nicht zu fern sein; es muß erreichbar, aber abgegrenzt bleiben, ermutigend und stärkend, aber nicht verschmelzend und nicht eindringend. Es kann sich auch überraschen lassen und kann seine Überraschung sogar zeigen, darf getroffen und betroffen sein.

W. Wesiak berichtet über eine verängstigte Patientin, bei der durch szenische Information klar wurde (in der 4. Sitzung), daß sie sich wie ein Kleinkind verhielt. Die Patientin sagte betroffen: „Können Sie Gedanken lesen? ..." Ulrich Rosin befaßt sich u. a. mit „Flash" beim Gynäkologen, der durch den Monitor der Schwangeren im Bild etwas „beweisen" kann. Wie verändert sich der Gesichtsausdruck beim Sehen und bei den Aussagen des Therapeuten? Solche *Flash-Erlebnisse* sind nicht leicht in Worte zu fassen oder gar verbindlich zu definieren. Sie sind einerseits vom zeitlichen Aspekt her soviel wie nichts, ein kurzes Loslassen des Gewohnten, ein gemeinsames Auflachen, ein Staunen oder ein Bewegtsein. Andererseits können sie von solcher Erlebnistiefe sein, daß sie eine Beziehung und auch die Einstellung zu einer Krankheit nachhaltig verändern können.

Wie können diese Lichtblicke produktiv fortgeführt werden? Bevorzugen wir Distanzierung anstatt Nähe? Wie können wir die Intensität einer Beziehung aufrechterhalten, ohne daß sie chronisch-steril wird? Das Wichtigste ist das Ernstnehmen dessen, was das *„geöffnete Fenster"* für einen kurzen Augenblick erkennen läßt. Wir unterscheiden:

(1) *Sachebene*

(2) *Informationsebene*

(3) *Handlungsebene*

Auffallend ist das Ergebnis vieler wissenschaftlicher Untersuchungen, wonach (1) nur zirka die Hälfte der *ärztlichen Ratschläge* befolgt und (2) nur etwa 40% der *Medikamente* so eingenommen werden, wie der Arzt es verordnet (Non compliance). Die Gründe liegen zu einem wesentlichen Teil im ungenügenden Informationsaustausch (cfr. 2) und in einer gestörten Beziehung (cfr. 4) zwischen Arzt und Patient. Verglichen mit den so teuren und aufwendigen Abklärungen ist dieser Befund alarmierend.

Die allgemeine Ablehnung der Psychiatrie und der Psychotherapie ist noch immer sehr groß. Der Kranke verlangt die sozial viel höher bewertete und besser akzeptierte Organdiagnose. Es geht darum, den seelischen Aspekt des Krankseins in die diagnostischen und therapeutischen Überlegungen einzubeziehen, also um die Gleichberechtigung seelischer Leiden. Aber kein Spezialist ist allmächtig! Entscheidend ist immer der Mensch, der hinter der Diagnose steht, der Leidende, welcher sich uns anvertraut. Dieser Mensch hat oft Gefühle der Enttäuschung, des Ärgers und der Wut erlebt, die Aggressionen aufkommen lassen, und der Therapeut kann dann auch mal zum *Sündenbock* abgestempelt werden.

(4) *Beziehungsebene*
Die Beziehungsebene entspricht dem *interaktionellen Ansatz* und dem *psychosomatischen Zugang,* besonders auch im Sinne der Beziehungsdiagnose und -therapie. Bei dieser Ebene genügt fachliches Wissen nicht. Es geht um die *Con-*

scientia (Gewissen der Lateiner), also um das Mit-wissen, daß die eigene Person und das psychosoziale Umfeld des Patienten mitberücksichtigt werden müssen. Nicht nur der Patient, sondern auch der Arzt steht im Prüfstand. Zur Beziehungsebene gehört das *Gespräch* als besonderes Ereignis für den Patienten und für den Arzt. Es darf *nicht zum gegenseitigen Monolog* werden. Türen öffnen sich – Wege zeigen sich. „Unvorstellbares" kann geschehen, auch in der Beziehung zwischen Arzt und Patient:

(1) Menschen sprechen über ihre Ängste – und die Ängste verwandeln sich;
(2) Menschen nennen Unrecht beim Namen – und miteinander wird entkrampft;
(3) Menschen lassen auch die leisen Worte zu – und auf einmal können sie hören;
(4) Menschen hören auf die Stille – und auf einmal müssen sie keinen Lärm mehr machen;
(5) Menschen lassen Ruhe zu – und auf einmal sehen sie sich zum Vertrauen und Frieden bestellt.

Was der Doktor an sich selbst oder in seinem Umgang mit Menschen erlebt hat, das kann er besser an Patienten weitergeben. Im Gespräch mit dem Kranken kommt es also nicht auf Quantität, sondern auf Qualität an. Für eine qualitative Gesprächsführung ist dem Arzt während seiner Ausbildung jedoch kaum etwas beigebracht worden. Der Mediziner, der nicht lange denkt, sondern „immer gleich in die Hand nimmt", wurde ja nicht zuletzt schon von Carl Gustav Jung kritisiert.

Unsere Sprache sollte besonders *verständlich* sein. Als Psychotherapeuten, Psychiater, Psychosomatiker sind wir angewiesen, *Kommunikationsexperten* zu werden, auch für die Kollegen. Wir sollten uns unter uns primär verstehen lernen. (Die Mathematiker verstehen sich wenigstens unter sich ...) – Nach Hans-Konrad Knoepfel:

„Die alten, charismatischen Ärzte waren wirksam auf dem Boden einer im guten Sinne autoritären, patriarchalischen Gesellschaft. Nun kommt die partnerschaftliche Beziehung, die aus *Zeichen des Wortes, Zeichen des Körpers und unmittelbaren Einfühlungen* konstelliert wird. Balint-Arbeit heißt beobachten (was sagt seine Sprache, was sagt sein Körper, was wird in mir angeregt) und nachdenken, welche Rolle von mir verfestigt das Leiden (mitagieren, Wiederholungszwang) und welche Rolle von mir öffnet eine bessere Chance als das Wiederholen des alten Leidens: *Beobachten und Nachdenken.*"

14. Mut zum Studenten

Im Herbst 1969 führten wir die Balint-Methode erstmals beim Arbeiten mit Studenten ein *(Junior-Gruppe Mailand).* Einige enthusiastische Studenten wollten einfach „einsteigen".

Interessant ist, daß Michael Balint, den ich als damaliger Familienarzt in Grono (Südschweiz) kennengelernt hatte, am Anfang, und Enid Balint bis zu ihrer aktiven Teilnahme an Junior-Gruppen am Internationalen Treffen in Ascona bezüglich unserer Bemühungen um die studentische Ausbildung sehr skeptisch waren. Es war ein gewagter Versuch. Michael schrieb mir am 18. Dezember 1969 (es war einer der zahlreichen, anregenden Briefe): "Congratulations on your success with the Milanese students. My only advice is don't be too ambitious and don't push them too hard. It is better to let them develop at their own pace ..."

Unsere Anfangsschwierigkeiten waren dementsprechend groß, allein schon wegen der hierarchischen Struktur der Universitätskliniken. Es gelang uns aber, die Medizinstudenten für die Gruppenarbeit zu gewinnen und diese nicht getrennt vom übrigen Lehrbetrieb, sondern als integrierten Bestandteil desselben einzuführen. Mit dieser Gruppenarbeit wollten wir die Studenten für Gefühle sensibilisieren und eine Methode im Sinne eines Wahrnehmungstrainings zur Erweiterung der Ausbildung erforschen.

Es ist sicher nicht möglich, alle Medizinstudenten für solche Gruppen zu gewinnen. In den verschiedenen Ländern, so auch in Japan und den USA, melden sich etwa 10% der Studenten bei entsprechenden Ankündigungen. Wirkliches Interesse ist eine wesentliche Voraussetzung; Balint-Arbeit sollte immer den Charakter der Freiwilligkeit behalten. Viel höher war die prozentuale Teilnehmerzahl der angesprochenen Studenten in Zürich, besonders dank der Bemühungen der Abteilung für Psychosoziale Medizin und Familientherapie (J. Willi und Mitarbeiter).

Michael erzählte gerne von der Arbeit der Studenten an der Tavistockklinik. Fast berühmt wurde die Frage eines Studenten beim jüngeren Patienten mit Cheilitis exfoliativa – (allergisch auf ...)

An verschiedenen Universitäten konnten wir erleben, daß ein einziger wirklich interessierter Medizinstudent bald eine ganze Gruppe motivieren konnte; so in Graz, Szeged, Leipzig, Kalifornien und Dokkyo.

Die Heidelberger Erfahrungen mit auf einige Tage „konzentrierten" Fallseminaren machen deutlich, daß eine freiwillige Begleitung des (obligatorischen) Krankenpflegepraktikums durch Studenten-Balint-Gruppen optimal wäre.

15. Der Arzt als Träger einer biologischen Hoffnung

Schweningers Leitspruch: „Die Natur heilt, der Arzt behandelt" in der latinisierten Form: „Natura sanat, medicus curat" und abgekürzt „Nasamecu" entspricht der Einleitung der Rezeptblätter eines Arztes in Haiti, der in einer Armenpraxis lebt. Wieviel Arzt braucht der Mensch? Und welcher Therapeut *kann* Arznei sein?

Unabhängig davon, ob er sie will oder nicht, ob er sie bewußt sucht oder ob er sich nicht dazu veranlaßt fühlt: Der Patient erhofft von seinem Arzt Hilfe.

Man geht wohl kaum fehl in der Annahme, wenn man den Begriff des „guten Arztes", so wie er allgemein verstanden wird, in erster Linie mit seiner Fähigkeit, Hoffnung und ein wenig von seiner *Substanz* zu geben, gleichsetzt. Der *biophile* Helfer ist die Hilfe.

Seneca philosophierte in seinen „De beneficiis" darüber, warum er seinem Arzt mehr schulde als den Lohn. Er meint, weil er durch sein Wohlwollen sich wie einem Familienmitglied gegenüber verhalte. Er sagte wörtlich: „Diesem Menschen bin ich verpflichtet, nicht so sehr weil er Arzt, sondern weil er ein Freund ist."

Gerade der psychosomatisch Kranke *ist nicht nur „patiens"*, *er ist stets auch „agens"* in seiner Krankheit, die er uns Ärzten darbietet, damit sie von uns zunächst verstanden und erst danach beeinflußt, beseitigt werde. Gerade in der Allgemeinpraxis wird derjenige Therapeut am erfolgreichsten im Umgang mit psychosomatisch Kranken sein, der sich den unbewußten *Sinn* (und Zweck) einiger psychosomatischer Krankheiten erschlossen hat; besonders, wenn seine Beziehung lebendig und nicht bürokratisch bleibt.

Goethe: „Hier bin ich Mensch (Arzt), hier darf ich sein!"

Aber gibt es eine Kunst der Therapie? Wir sprechen heute so oft von Psychopharmakon, vergessen dabei jedoch oftmals die *Definition* von Reinhardus Larichius von 1548 (!), es sei „Arznei für die Seele": „*Psychopharmakon, hoc est medicina animae,* non aegrotis solum aut cum mortem conflictantibus, sed etiam us qui prospera valetudine praediti sunt, acmodum utilis an necessaria."

Literatur

Ascona-Gespräch: Angst des Patienten – Angst des Arztes. Forum 12. Berlin, Heidelberg, New York, Springer 1984.

Luban-Plozza, B., Dickhaut, H.-H. (Hrsg.): Praxis der Balint-Gruppen. Beziehungsdiagnostik und Therapie. 2. Auflage. Berlin, Heidelberg, New York, Springer 1984.

– Delli Ponti, M., Dickhaut, H.-H.: Musik und Psyche – Hören mit der Seele. Basel, Birkhäuser 1988.

– Pöldinger,W., Kröger F.: Der psychosomatisch Kranke in der Praxis. Erkenntnisse und Erfahrungen. 5. Auflage. Berlin, Heidelberg, New York, Springer 1989.

– Knaak, L., Dickhaut H.-H.: Der Arzt als Arznei. Das therapeutische Bündnis mit dem Patienten. 5. Auflage. Köln, Deutscher Ärzteverlag 1990.

– Dickhaut, H.-H.: Schlaf' dich gesund! Anleitungen für das Autogene Training und für das Psychosomatische Training. Entspannungswege bei Streß. Stuttgart, Thieme 1990.

– (Hrsg.): Der alternde Mensch und sein Arzt (Ascona-Gespräch). Mit Beiträgen von H. Andritsch, H. Berzewski, C. Göpfert, G. Mombelli, F. Nager, W. Pöldinger, A.Reiterer, U. Sehrt, E. Wendler. Berlin, Heidelberg, New York, Springer 1991.

Ritschl, D., Luban-Plozza, B.: Die Familie: Risiken und Chancen. Basel, Birkhäuser 1987.

25 Jahre aktive Balint-Arbeit

Erfahrung und Ausblick

Von Werner Stucke, Hannover

Im Jahre 1957 erfuhr ich erstmals von den Gruppen, die Michael Balint in London mit Allgemeinärzten durchführte. Ich befand mich damals am Ende meiner Weiterbildung zum Arzt für Neurologie und Psychiatrie. Parallel dazu hatte ich nach meinem Studium im Jahre 1948 die Fortbildung in Psychotherapie begonnen, da mich dieses Fach in besonderem Maße anzog. Zur damaligen Zeit faszinierte mich aber auch die Entwicklung der Psychopharmaka, die eine neue Ära in der Psychiatrie einleitete. Im Rahmen der Forschungsarbeit schenkte mir ein Kollege, Herr Friesewinkel, das Buch von Michael Balint: „Der Arzt, sein Patient und die Krankheit". Uns beide verband die Zuwendung zur Psychotherapie. Er war Pharmavertreter und ich in der Forschung der Psychopharmaka tätig. Ich las das Buch, legte es erst einmal zur Seite und wartete auf die Zeit, mich mit dieser Gruppentätigkeit zu befassen. Ich überlegte, Michael Balint in London aufzusuchen, aber im Gegensatz zu Herrn Luban-Plozza kam es bei mir vorerst nicht dazu. Doch war ich auch damals schon fasziniert von diesem Buch. Es dauerte dann einige Jahre, bis ich mich der Balint-Arbeit in praxi widmete. In Lindau bei den Psychotherapiewochen wurden Balint-Gruppen angeboten, und damit begann meine praktische Arbeit vor über 25 Jahren zuerst als Mitglied einer Gruppe und seit etwa 20 Jahren als Gruppenleiter.

Schaut man zurück, dann waren es bei uns in Deutschland zumeist primär Fallbesprechungs-Gruppen, die sich zu Balint-Gruppen umfunktionierten. Es entstand also die Fallbesprechungs-Gruppe nunmehr unter besonderer Berücksichtigung der Arzt-Patienten-Beziehung. Frühzeitig wurde sie auch als patientenzentrierte Selbsterfahrungsgruppe bezeichnet. Die Zahl der Gruppen vermehrte sich stetig in Relation zur Weiterbildung von Gruppenleitern. Es gab Autodidakten, und ich möchte mich an dieser Stelle bei unseren Schweizer Freunden bedanken, speziell Herrn Knoepfel und Herrn Trenkel, die ebenso wie Herr Clyne aus der Ursprungs-Balint-Gruppe in London uns geholfen haben, die Balint-Gruppen-Arbeit in Deutschland mit Qualität zu entwickeln. In vielen Diskussionen und in vielen Tagungen – insbesondere in Sils im Oberengadin – bestand die Möglichkeit für mich, diese Gruppenarbeit zu lernen, und daraus entstand für mich auch die Verpflichtung, diese Balint-Arbeit weiter zu verbreiten. Es kam uns nicht darauf an, wie etwa in der ehemaligen DDR, ein eigenes Modell zu entwickeln, sondern wir wollten lernen und das übernehmen, wie es Michael Balint primär gelehrt hatte. Entsprechend gründeten wir 1974 die

„Deutsche Balint-Gesellschaft". Sie ist die deutsche Sektion der „Federation Internationale Balint". Die Gründung wurde notwendig, einmal, um den internationalen Austausch zu ermöglichen, und andererseits, um als wissenschaftliche Gesellschaft sicherzustellen, daß sich ein Wildwuchs mit Gruppen unter dem Namen Balint vermeiden ließ.

Relativ früh begann ein Streit, der auch heute noch nicht ganz ausgestanden ist: Ich meine, die Befähigung zur Leitung von Balint-Gruppen. Michael Balint war Psychoanalytiker, und es gab nicht wenige – teilweise sehr konservative – Psychoanalytiker, die auch gefesselt waren von der Arbeit Michael Balints, und die mit Gruppen begannen, ohne über Gruppenerfahrung zu verfügen. Der Unterschied der typischen Balint-Gruppe – wie uns gelehrt wurde – zu Supervisions- und Selbsterfahrungsgruppen blieb einigen fremd. So entstand ein unnützer Streit über die notwendige Qualifikation von Balint-Gruppen-Leitern. Dieser war in der Bundesrepublik Deutschland eigentlich unnötig, weil mit der Zusatzbezeichnung Psychotherapie eine der Voraussetzungen gesichert war, daß es sich um Kolleginnen und Kollegen handelte, die, wenn auch nicht Psychoanalytiker, so zumindestens eine lange Weiterbildung in der tiefenpsychologisch fundierten Psychotherapie, d. h., in einer psychoanalytischen Methode, erfahren hatten. Die Deutsche Balint-Gesellschaft verlangte von ihren Gruppen und von den von ihr anerkannten Gruppenleitern dazu, daß sie über Erfahrungen in der Gruppenarbeit verfügen mußten. Wer Balint-Gruppen-Leiter werden will, muß über eine abgeschlossene analytische oder tiefenpsychologisch fundierte Weiterbildung verfügen und Erfahrungen als Mitglied in Balint-Gruppen haben, bevor er Leiter werden kann.

Michael Balint war Sohn eines praktischen Arztes. Er hat mehrere Jahre in Berlin gelebt und dort auch Biochemie studiert, so daß man bei seinem wissenschaftlichen Werk auch sehen kann, daß er sowohl Psychoanalytiker wie auch ein an der Pharmazie interessierter Arzt war. Sicher bedingt auch durch seine Herkunft hat er sich die Aufgabe gestellt, praktische Ärzte derart fortzubilden, daß sie über das Somatische hinaus auch Verständnis gewinnen sollten für die seelische Verursachung bzw. Mitverursachung von Krankheiten. So hat sich Balint mit Ärzten, d. h. praktischen Ärzten, befaßt. Hinzuweisen ist, daß er anfangs auch mit Sozialarbeitern gearbeitet hat. Er konnte nicht ahnen, daß seine Methode weltweit so viel Anklang fand, daß sie sich längst nicht mehr auf praktische Ärzte bzw. Allgemeinärzte beschränkt. Für die Balint-Leiter der „ersten Stunde" war es nicht leicht, sich auf andere Arztgruppen umzustellen. Ich erinnere mich noch sehr wohl, als vor Jahren Herr Clyne, den ich persönlich sehr schätze, gerade in Zorn geriet, wenn etwa ein Psychiater es wagte, in eine seiner Balint-Gruppen zu gehen. Auch er stellte sich später um.

Ich habe immer die Meinung vertreten, daß es auch dem Psychiater gut tut, wenn er für sich über die Arzt-Patienten-Beziehung etwas erfährt. Da ich selbst Psychiater bin, kann ich mir diese Bemerkung wohl erlauben. Wie schon gesagt, die Balint-Arbeit weitete sich aus, und zwar sowohl bei niedergelassenen Ärzten als auch im klinischen Bereich. Neben den Allgemeinärzten waren es primär Internisten und Frauenärzte, die sich sehr für die Balint-Arbeit interessierten, später kamen Kinderärzte, Urologen und auch Augenärzte dazu. Spätestens bei den Kinderärzten stellte sich das Problem, daß zur Arzt-Patienten-Beziehung andere Personen, d. h. hier die Eltern, gehören. Bei Ärzten anderer Gebiete ist dies nicht anders, denn nicht nur die Angehörigen spielen eine Rolle, vielmehr auch das eigene Personal, das sehr wohl in die Arzt-Patienten-Beziehung eingreift und in den Gruppen oft mitdiskutiert werden muß. Für den Klinik-Arzt ist das „Beziehungsgestrüpp" noch größer. Es ist nicht nur die Hierarchie, d. h. weisungsbefugte Vorgesetzte, die eine Rolle spielen, vielmehr auch die Schwestern, Pfleger und anderes Personal der Klinik, das nicht selten in die Arzt-Patienten-Beziehung eingreift. Zunehmend wurde in den letzten Jahren über Balint-Gruppen mit Nicht-Ärzten berichtet. Gruppen mit Pädagogen, Theologen, Juristen, Psychologie-Studenten finden statt, dazu auch Gruppen mit Schwestern, Pflegern und anderen Mitarbeitern im klinischen Bereich. Noch heute streitet man sich gelegentlich, ob man derartige Gruppen Balint-Gruppen nennen soll. Ich halte diesen Streit für unnütz, da die Methode angewandt wird, die Michael Balint erprobte, auch wenn er selbst nur mit praktischen Ärzten gearbeitet hat. Dabei vertrete ich grundsätzlich den Standpunkt, daß Balint-Gruppen mit Ärzten nur von entsprechend weitergebildeten Ärzten geleitet werden sollten. Psychologen haben nicht Medizin studiert und somit keine fundierten Kenntnisse in der somatischen Medizin, und in den Balint-Gruppen werden wohl zumeist Patienten mit   somatischen oder psychosomatischen Befunden vorgestellt. Leiten Nicht-Ärzte Ärztegruppen, besteht die Gefahr, daß so manches Leiden der Patienten ausgeklammert wird. Sehr wohl habe ich mich aber auch immer dafür eingesetzt, daß Psychologen weitergebildet werden, damit diese die schon genannten Gruppen mit Nicht-Ärzten, insbesondere mit Pädagogen, Juristen, Theologen und Psychologen leiten können. Leider fehlt uns in der Bundesrepublik Deutschland bisher eine abgeschlossene Weiterbildung für Psychologen in Psychotherapie. Es bleibt abzuwarten, inwieweit das zu erwartende Gesetz für psychologische Psychotherapeuten hier eine vernünftige Regelung trifft. Vorerst ist eine nachprüfbare Situation allein bei den Psychologen gegeben, die an analytischen Instituten ihren Abschluß mit Prüfung absolviert haben.

Eine erfreuliche Entwicklung haben die *Studenten-Balint-Gruppen* genommen. Gelegentlich werden sie auch als Junior-Gruppen bezeichnet, wobei ich diesen Begriff nicht besonders glücklich empfinde. Ich selbst leite derartige Studentengruppen seit über 15 Jahren, und sie haben mir stets Freude gemacht, da es für Studenten ein Angebot ist, sich mit besonderen Problemen des zukünftigen Berufs zu befassen. Balint-Gruppen für Studenten werden in Deutschland an den meisten Hochschulen angeboten, zum Teil frei zugänglich für alle Semester, gelegentlich im Zusammenhang mit dem psychosomatischen Lehrstuhl und hin und wieder auch im Zusammenhang mit der Allgemeinmedizin. Eine weitere Ausweitung ist wünschenswert. Wenn gelegentlich behauptet wird, Studenten könnten keine „Fälle" bringen, dann ist dies falsch. Studenten haben in der Famulatur, im Nachtdienst und in den Untersuchungskursen so viel Kontakte zu Patienten, daß Beziehungsprobleme auftauchen. Zumeist handelt es sich um Begegnungen, die bereits abgelaufen sind und sich nicht wiederholen. Studenten haben Schwierigkeiten im Umgang mit Sterbenden und mit Schwerkranken gleichen Alters. In der langen Zeit meiner Arbeit mit Studenten, und diese erfolgte Semester für Semester, kann ich mich an keine einzige Gruppensitzung erinnern, in der Studenten nicht ein Problem vorgetragen haben. Gelegentlich muß man ihnen dabei etwas Zeit lassen und sie darauf hinweisen, daß es nicht immer um große Aktionen geht, als vielmehr um Begegnungen im Alltag. Gelegentlich ist es in Studenten-Balint-Gruppen nicht leicht, die Abgrenzung zur Selbsterfahrungsgruppe einzuhalten. Die Erfahrung lehrt, und dieses wurde von anderen Gruppenleitern bestätigt, daß manche Studenten sehr gern die anderen Gruppenmitglieder persönlich befragen, ohne aber selbst,wenn sie sozusagen an der Reihe sind, gleiches zu dulden.

Was für die Studenten gilt, muß auch für alle Gruppenteilnehmer bindend sein, nämlich daß sie wissen, mit welchem Setting sie zu rechnen haben. Das heißt, es gilt sehr klar zu definieren, was eine Balint-Gruppe ist, und die Abgrenzung zur allgemeinen Fallbesprechungsgruppe, zur Supervisionsgruppe und zur Selbsterfahrungsgruppe einzuhalten. Das Einhalten der Arbeitsweise ist oft in den Gruppen, die in Institutionen stattfinden, besonders schwierig. Hierauf wird noch einzugehen sein. Ein Anrecht auf ein striktes Einhalten der Methodik haben auch die Kolleginnen und Kollegen, die im Rahmen einer Weiterbildung sich in Balint-Gruppen begeben bzw. begeben müssen. In Deutschland gehört zum Curriculum der Zusatzbezeichnung Psychotherapie die Teilnahme an Balint-Gruppen. Als dies vor über 10 Jahren Pflicht wurde, bekamen es einige Balintgruppen-Leiter mit der Angst, denn sie befürchteten, es würde sich um Teilnehmer handeln, die als Pflichtübung die Arbeit stören würden, da sie uninteressiert wären. Diese Auffasssung hat sich erwartungsgemäß als falsch erwiesen. Wer die Zusatzbezeichnung Psychotherapie anstrebt, tut dies aus Interesse und erwartet auch Informationen über die Arzt-Patienten-Beziehung und sein eigenes Verhalten. Ich sage immer etwas scherzhaft, daß eine gute Balint-Gruppe so interessant ist, daß es unmöglich ist, von dieser Gruppentätigkeit nicht gefesselt zu sein. Entsprechend ist es auch völlig gleichgültig, ob die Gruppenteilnehmer sich in Fort-

oder Weiterbildung befinden. Der sich in Weiterbildung Befindende hat natürlich ein besonderes Anrecht darauf, daß entsprechend der Weiterbildungsordnung verfahren wird.

An dieser Stelle melde ich einige Sorgen an: Anfangs waren es Gruppen, die der Balint-Arbeit nicht gerecht wurden,weil den Leitern die Gruppenerfahrung fehlte und statt der Analyse der Arzt-Patienten-Beziehung Selbsterfahrung weiter im Mittelpunkt des Geschehens stand. Heute dagegen werden häufig Zusammenkünfte von Ärzten als Balint-Gruppe bezeichnet, die diesen Namen nicht verdienen. Gelegentlich geht es um Supervisionsgruppen, d. h. um Therapiekontrollen, viel häufiger sind es aber allgemeineZusammenkünfte, in denen über Patienten und hier vorwiegend über Diagnosen und Therapien diskutiert wird, nicht aber über die Arzt-Patienten-Beziehung. So sehe ich nicht selten leider Bescheinigungen aus Kliniken, bei denen die morgendliche Arztrunde als Balint-Gruppe oder als Gruppe im Stile von Balint bezeichnet wird. Dabei zeigen Klinikgruppen oft noch weitere Besonderheiten auf. Sie entstanden schon vor vielen Jahren und hatten entweder allein Ärzte als Mitglieder oder verschiedene Berufsgruppen, oder sie konzentrierten sich auf bestimmte Klinikeinheiten, wie Intensiv-Stationen oder Dialyse-Abteilungen. Gelegentlich ist die freie Aussprache nicht möglich, weil Chefarzt und Oberarzt mit in der Gruppe sind und bei den Gruppenmitgliedern sich Ängste entwickeln. Notwendig ist hier, daß ein erfahrener Balint-Gruppen-Leiter von außen kommt, der also nicht zur Hierarchie des Krankenhauses gehört und nicht weisungsgebunden ist. Sind verschiedene Berufe in einer Gruppe vertreten, so besteht die Gefahr, daß Aggressionen gegenüber den anderen Berufsgruppen in der Balint-Arbeit vorrangig auftauchen. Hier ist es notwendig, diese Problematik erst einmal in einer speziellen Gruppe vorher aufzuarbeiten. Wichtig ist auch, daß die Freiwilligkeit in der Teilnahme einer derartigen Klinikgruppe gewährleistet bleibt.

Es hat viel für sich, wenn auch Klinikärzte sich in Gruppen außerhalb der Institution begeben, denn hier lernen sie schon, mit welchen Problemen sich niedergelassene Ärzte oft schwertun, und dies insbesondere bei der Behandlung von chronisch Kranken. Bei der Gruppe außerhalb der Klinik stellt sich nicht die Frage der Hierarchie, das Problem, ob die Stunden in der Dienstzeit anfallen und ob man gern mit den Mitarbeitern der eigenen Institution zusammen in einer Gruppe sein will. Sicher hat es sich bewährt, daß es Balint-Gruppen in Kliniken gibt, aber sie sind oft nicht unproblematisch.

Besonders beliebt sind Gruppen, in denen sich Ärztinnen und Ärzte aus Klinik und Praxis zusammenfinden und in denen verschiedene Fachrichtungen vertreten sind. Der Erfahrungsaustausch hat viel für sich. Ich selbst ziehe derartige Gruppenzusammensetzungen vor. Nimmt man – zumeist wohl nur vorübergehend – Studenten mit in eine solche Gruppe, so sollte man beachten, daß es für

Studenten ein Erlebnis ist, mit praktizierenden Ärzten in Klinik und Praxis in einer Gruppe zusammen zu sein. Dabei sollte man bei der Zusammensetzung aber darauf achten, daß etwa nur 2–3 Studenten dann in einer solchen Gruppe Platz finden, damit sie derartige Erfahrungen machen können. Ist die Zahlenrelation umgekehrt, fühlen sich Ärzte verloren in derartigen Studentengruppen, und dann sollte man lieber reine Studentengruppen zusammenstellen, wie wir es bei den Seminartagungen der Deutschen Balint-Gesellschaft in einem solchen Fall tun. Wir Ärzte erfahren sehr viel von den Studenten und ihren Problemen, wenn diese ihre Fälle vorstellen, von ihren Begegnungen berichten; aber auch der Student erlebt sehr viel, wenn er erfährt, mit welchen Problemen die Ärzte zu tun haben und wie offen sie in der Balint-Gruppe damit umgehen können.

Wer noch nicht in einer Balint-Gruppe gewesen ist, aber diese Arbeit kennenlernen möchte, dem sei eine Teilnahme an einer Großgruppe empfohlen. Wir führen bei uns in Deutschland bei den Seminartagungen der Deutschen Balint-Gesellschaft außer den kleinen Gruppen diese Großgruppen durch. Hier arbeitet eine übliche Kleingruppe von etwa 12 Teilnehmern mit Leiter und Co-Leiter in einem inneren Kreis, und die weiteren Teilnehmer der Tagung sitzen im Außenkreis herum, hören und sehen zu und können vielleicht gegen Ende auch noch zu Voten herangeführt werden. Hier sehe ich erst einmal die Arbeit einer Gruppe, und es fällt mir leichter, mich dann in die Kleingruppen zu begeben. Diese Seminartagungen haben dabei auch den Vorteil, daß man erst einmal ungebunden ist, d. h. man verpflichtet sich ja nur für wenige Doppelstunden zur Teilnahme. Auch bei den großen Fort- und Weiterbildungsveranstaltungen in Aachen, Langeoog, Lindau und Lübeck kann man sozusagen auf Zeit für wenige Tage an Gruppen teilnehmen und für sich entscheiden, ob man sich an eine Balint-Gruppe kontinuierlich binden möchte.

Die Balint-Großgruppe, die bei der Tagung der Schweizer Psychosomatischen Gesellschaft in Sils/Oberengadin von Michael Balint selbst eingeführt wurde, gibt dazu die Möglichkeit, andere Gruppenleiter kennenzulernen. Diese Großgruppen waren für mich besonders interessant bei den Tagungen der Internationalen Balint-Gesellschaft, so etwa zuletzt in Köln, Montreux und Stockholm. Hier konnte man Gruppenleiter z. B. aus Frankreich, England und der Schweiz miterleben, und dies teilweise in Simultanübersetzung. Ich empfehle, derartige internationale Balint-Kongresse zu besuchen. Die Studien-Woche der Schweizer Gesellschaft für Psychosomatische Medizin in Sils im Oberengadin fand als Balint-Woche 1991 zum 30. Male statt. Hier war Michael Balint praktisch bis zu seinem Tode der Leiter, und da immer mehr Kolleginnen und Kollegen kamen, um ihn selbst als Gruppenleiter zu erleben, wurde mit der genannten Großgruppe begonnen.

Die Deutsche Balint-Gesellschaft führte 1991 über die Bundesrepublik verstreut etwa zehn Studien-Tagungen durch, wobei die älteste in Hahnenklee/Harz zum 17. Mal in ununterbrochener Reihenfolge stattfand.

So haben sich die Balint-Gruppen in Deutschland besonders stark ausgebreitet, aber auch in anderen Ländern finden Balint-Gruppen zunehmend Teilnehmer. Dazu gehören auch Ungarn, die Tschechoslowakei und die ehemalige DDR. Mehr denn je weiß man heute, was man in Balint-Gruppen lernen kann. Aus ungezählten persönlichen Berichten und der Literatur entnehme ich, daß im Vordergrund oft die Information steht, daß der Teilnehmer in Balint-Gruppen sich als „Droge Arzt" kennenlernt. Probleme in der Beziehung zu Patienten werden analysiert. Man wird sensibilisiert, eine „Gesamtdiagnose" zu stellen, d. h., sowohl somatische wie seelische Verursachungen oder Mitverursachungen von Krankheiten zu erkennen. Der Umgang mit chronisch Kranken wird erleichtert. So mancher Teilnehmer lernt, dem Patienten zuzuhören. Ein gutes Arzt-Patienten-Verhältnis reduziert häufig die Inanspruchnahme zu ungünstigen Zeiten, d. h. in der Nacht oder am Wochenende. Der Zeitaufwand für die Teilnahme an Gruppen wird hierdurch wieder aufgewogen. Häufig bekomme ich zu hören, daß die ärztliche Tätigkeit befriedigender wird. Das Gruppenerlebnis bleibt immer anziehend, und auch ich habe in den zweieinhalb Jahrzehnten meiner Balint-Arbeit diese Gruppen nie als langweilig empfunden. Jede Gruppensituation ist wieder anders, und durch die Berichte über Problempatienten bewegt man sich ständig im ärztlichen Alltag in Klinik und Praxis.

Teilweise absolvieren Gruppenmitglieder um die 50 Doppelstunden, da sie dann glauben, für sich ausreichend viel erkannt zu haben, und sie nutzen die Zeit dann für anderweitige Fortbildung, eventuell haben sie auch erkannt, daß eine Selbsterfahrungsgruppe für sie sinnvoll sein kann. Andere verbleiben über Jahre in der Balint-Gruppe, da sie ihnen für den ärztlichen Alltag weiterhin viel bedeutet. Ich bin sicher, daß die Balint-Gruppen-Arbeit als hervorragende Fortbildungsmethode sich weiter ausbreiten wird. Sie darf sich weiter entwickeln, aber nicht verfälscht werden.

Zur Basis der Balint-Arbeit in Forschung und Praxis

Zur Theorie und Praxis des ärztlichen Gesprächs

unter besonderer Berücksichtigung der Beiträge Michael Balints

Von Wolfgang Wesiack, Innsbruck

Das mit Abstand wichtigste Medium der Kommunikation zwischen Arzt und Patient stellt das gesprochene Wort dar. Die Bezeichnungen „Sprech"zimmer, „Sprech"zeiten und „Sprech"stunden weisen auch noch in der Ära einer hochtechnisierten und daher weitgehend apparativ und „stumm" gewordenen Medizin auf die ursprüngliche Bedeutung des ärztlichen Gesprächs hin.

Die Bezeichnung „ärztliches Gespräch" ist zunächst einmal ein Sammelbegriff für alle zwischen Arzt und Patient gewechselten Worte und daher natürlich vieldeutig. Eine so weit gefaßte Definition des Terminus „ärztliches Gespräch" umfaßt auch das Erstinterview, die Psychoanalyse, die verschiedenen psychoanalytisch und nicht-psychoanalytisch orientierten Gesprächstherapieformen, und er reicht bis zu dem mehr oder weniger funktionsbezogenen Gespräch zwischen Arzt und Patient am Krankenbett oder in der ärztlichen Praxis. Aus diesem sehr weiten Feld des „ärztlichen Gesprächs" können wir verschiedene klar umgrenzte psychotherapeutische Methoden ausgliedern. Das „ärztliche Gespräch" im engeren Sinne wird vor allem in den Sprechstunden und am Krankenbett praktiziert. Wir wollen daher unsere Aufmerksamkeit hier ganz jenem bisher in Theorie und Praxis stark vernachlässigten Bereich der Medizin zuwenden, um zu sehen, ob es sich nicht in brauchbarer Weise strukturieren und in der Lehre besser vermitteln läßt.

Seit es eine wissenschaftliche Medizin gibt, ist diese nahezu ausschließlich damit beschäftigt, vorhandene diagnostische und therapeutische Techniken zu überprüfen, zu verbessern und neue zu entwickeln. In diesem Zusammenhang wurde das gesprochene Wort in der rein naturwissenschaftlich orientierten Medizin bisher meist nur als notwendiges Hilfsmittel angesehen, ohne daß ihm selbst besondere Aufmerksamkeit gewidmet worden wäre. Dies hatte zur Folge, daß das ärztliche Sprechstundengespräch lange Zeit keinen Platz in der medizinischen Theorie hatte, sondern der sogenannten ärztlichen Kunst zugeordnet wurde, worunter man eine Mischung aus mehr oder weniger verschwommenen Vorstellungen von den magischen und charismatischen Fähigkeiten des Arztes einerseits und seinem Einfühlungsvermögen, Taktgefühl und seiner allgemeinen

Lebenserfahrung andererseits verstand. Ohne diese Bereiche „ärztlicher Kunst" geringschätzen zu wollen, scheint es doch höchste Zeit zu sein, auch das ärztliche Sprechstundengespräch einer wissenschaftlichen Analyse zu unterziehen und es damit aus dem Bereich der mehr oder weniger unverbindlichen „ärztlichen Kunst" in den Bereich der lehr- und lernbaren ärztlichen Verhaltensweisen überzuführen.

Eine Analyse des ärztlichen Sprechstundengesprächs kann methodisch auf verschiedenen Wegen vorgenommen werden. Als gangbarer Weg erscheinen mir vorläufig sowohl die informations- bzw. die kommunikationstheoretische als auch die psychoanalytische Methode, die sich gegenseitig ergänzen und zusammen ein umfassendes Bild des ärztlichen Gesprächs ergeben. Auf diese beiden Perspektiven will ich mich deshalb im folgenden beschränken. Wir verdanken es vor allem Sigmund Freud, daß er mittels der psychoanalytischen Methode durch die Beschreibung der Phänomene „Übertragung", „Gegenübertragung" und „Widerstand" erstmals eine subtile Untersuchung vor allem der unbewußten Aspekte der Arzt-Patient-Interaktion ermöglichte. Freuds grundlegende Erkenntnisse wurden in der psychoanalytischen Situation gewonnen und waren in erster Linie für diese bestimmt.

Michael Balint gebührt das bleibende Verdienst, Freuds Erkenntnisse auf die Alltagssituation des praktizierenden Arztes angewendet zu haben. Mit erfahrenen praktischen Ärzten erforschte er den Interaktionsprozeß in der Allgemeinmedizin und gab damit den entscheidenden Anstoß zur fruchtbaren Weiterentwicklung und Effizienzsteigerung des diagnostisch-therapeutischen ärztlichen Gesprächs.

Die Problematik des ärztlichen Gesprächs in der Praxis des niedergelassenen Arztes soll nachfolgend am Beispiel zweier typischer Patienten aus der alltäglichen Arbeit dargestellt werden. Es sei darauf hingewiesen, daß die Untersuchung und Behandlung beider Patienten unter großem Zeitdruck in der allgemeinen Sprechstunde erfolgen mußte, so daß Erstinterview und gründliche erste Untersuchung zusammen nicht wesentlich länger als eine halbe Stunde dauern konnten, eher sogar etwas kürzer. Viele biographisch und psychodynamisch wichtige Informationen konnten daher erst im weiteren Verlauf der Behandlung gewonnen werden. Von Anfang an aber war es besonders wichtig, die jeweils bedeutendsten Informationen herauszugreifen und zu bearbeiten. Für den Medizinstudenten ist es nicht einfach, die Bedeutsamkeit einzelner Informationen abzuschätzen und sie in das Gesamtbild, das wir uns von dem Patienten machen, einzuordnen.

Erster Krankheitsfall:
Das Sprechzimmer betritt erstmals ein 49jähriger, etwas übergewichtiger Mann, der keinen schwerkranken Eindruck macht. Er berichtet, daß er Handelsvertreter sei und ein ziemlich gehetztes Leben führe. Seit ungefähr einem halben Jahr bekomme er in zunehmendem Maße bei Anstrengungen, insbesondere beim Treppensteigen, aber auch nach reichlicheren Mahlzeiten stenokardische Beschwerden, die ihn mehr belästigten als beunruhigten. Daß er bei längerem Gehen auch Dysbasiebeschwerden bekomme, berichtet er erst auf direktes Fragen, nachdem bei der Untersuchung abgeschwächte Fußimpulse aufgefallen waren. Die EKG-Untersuchung ergibt das Bild eines nicht mehr ganz frischen, bis auf die Herzspitze übergreifenden Herzmuskel-Hinterwandinfarktes.

Dieser eher zur Dissimulation neigende Patient mußte also zunächst so versorgt werden, daß möglichst neuen Infarktschüben vorgebeugt wurde, und weiterhin mußte seine ganze Lebensweise von Grund auf umgestellt werden. Zunächst schien mir eine Krankenhauseinweisung die zweckmäßigste Form der Einleitung einer Behandlung. Auf lange Sicht aber mußte erreicht werden, daß der Patient seinen ganzen Lebensstil änderte. Er mußte an Gewicht abnehmen, das Rauchen einstellen, sich später genügend körperliche Bewegung verschaffen, Ruhepausen einlegen und sein Arbeitstempo auf ein vernünftiges Maß reduzieren. Diese für ihn sehr einschneidenden Änderungen des Lebensstils waren jedoch nur auf dem Boden eines Vertrauensverhältnisses zu seinem Arzt zu erreichen, der ihn neben der Überwachung verschiedener Kreislauf- und Blutbefunde im Gespräch ständig beraten konnte.

Zweiter Krankheitsfall:
1. Beratung. Das Sprechzimmer betritt erstmals eine etwas ängstlich und unsicher, aber körperlich gesund wirkende 29jährige Patientin und berichtet, daß sie seit mehreren Wochen schlaflos und unruhig sei und dauernd Herzklopfen habe. Die Beschwerden seien während des Umbaus des großväterlichen Hauses und bei den anschließenden Putzarbeiten aufgetreten. Der Großvater sei nämlich vor drei Monaten verstorben, und jetzt werde sein Haus für den Bruder der Patientin umgebaut und hergerichtet. Da sie bei diesen Arbeiten viel Staub habe schlucken müssen, sei ihr Hausarzt der Meinung gewesen, sie habe sich eine Staubvergiftung zugezogen, und habe ihr deshalb ein Sulfonamid verordnet. Davon sei es aber nicht besser, sondern schlechter geworden, und sie habe noch zusätzliche Übelkeit, Brechreiz und Durchfälle bekommen.

Auf meine Frage, wie denn ihre Beziehung zu ihrem verstorbenen Großvater gewesen sei, berichtet sie, daß ihre Mutter sehr früh, als sie selbst erst vier Jahre alt war, gestorben sei und daß sie dann bei den Großeltern aufgewachsen sei, zu denen sie ein herzliches Verhältnis gehabt habe. Nachdem die Großmutter schon vor mehreren Jahren gestorben sei, habe sie jetzt ihren Großvater bis zu seinem Tode gepflegt.

Sie berichtet dann spontan weiter, daß sie schon seit längerer Zeit in einem ihr selbst absonderlich erscheinenden Drang alle Todesnachrichten mit besonderem Interesse verfolge und dann immer denken müsse: „So schnell kann es gehen!" Diese Mitteilung wird noch dadurch szenisch untermalt, daß sie nunmehr ängstlicher und hilfloser als zu Anfang wirkt und nur mühsam die Tränen unterdrücken kann. Auf mich macht sie dabei den Eindruck eines hilflosen, verängstigten Kindes, dem ich gerne helfen möchte, ohne zunächst selbst recht zu wissen wie.

Nach diesem einleitend anamnestischen Teil des ärztlichen Gesprächs wird am gleichen und darauffolgenden Tag eine gründliche internistische Untersuchung vorgenommen, die außer einer erhöhten vegetativen Labilität und einer kleinen, unverdächtigen Struma ein leises systolisches Geräusch links parasternal im 2. und 3. ICR ergibt, das im EKG holosystolischen Bandcharakter bei sonst völlig normalem Herzbefund aufweist. Da alle anderen somatischen Befunde völlig regelrecht sind, kann hier offenbleiben, ob es sich, was wohl am wahrscheinlichsten ist, nur um ein akzidentelles Herzgeräusch oder aber vielleicht um einen kleinen, hämodynamisch unbedeutenden angeborenen Septumdefekt handelt.

Abschließend wird der Patientin mitgeteilt, daß sie körperlich völlig gesund sei und die eingehende internistische Untersuchung nur zwei „Schönheitsfehler" ergeben habe, nämlich einen kleinen harmlosen Kropfknoten und ein ebenfalls harmloses Herzgeräusch, die beide mit ihren Beschwerden sicherlich in keinem Zusammenhang stünden. Diese seien vielmehr der Ausdruck eines Angstzustandes, der ja normalerweise mit körperlichen Begleiterscheinungen, wie allgemein nervöser Unruhe, Herzklopfen, Zittern usw. einhergehe. Danach wird die Patientin mit einem Rezept für ein leichtes Sedativum entlassen und nach zwei bis drei Wochen zur Kontrolle wiederbestellt.

2. Beratung. Nach zweieinhalb Wochen erscheint die Patientin wieder in der Sprechstunde und berichtet, daß alles in Ordnung sei. Sie wird mit dem Hinweis, daß sie mich jederzeit aufsuchen könne, wenn sie mich brauche, entlassen; diesmal ohne Rezept.

3. Beratung. Nach über fünf Wochen kommt die Patientin wieder in die Sprechstunde. Sie berichtet, daß sie keine Angst und auch keine Herzbeschwerden mehr habe, wohl aber immer etwas schwindelig sei. Da sie keine weiteren Informationen anbietet, wird sie wiederum mit einem Rezept für ein leichtes Sedativum entlassen.

4. Beratung. Nach knapp zwei Wochen erscheint sie wieder. Diesmal ist sie hochgradig verängstigt und macht einen geradezu verstörten Eindruck. Auf meine Frage, wie es ihr denn gehe, bricht sie sofort in Tränen aus und berichtet, daß sie immer weinen müsse, wenn sie jemand nach ihrem Befinden frage. Sie müsse auch immer dann weinen, wenn sie ihre arme, kleine dreijährige Tochter ansehe. Vor einigen Tagen sei eine um zwei Jahre jüngere Arbeitskollegin an Brustkrebs verstorben, die drei kleine Kinder hinterlasse. Seither könne sie selbst keinen klaren Gedanken mehr fassen, sitze nur noch da und grüble und werde selbst nachts von bösen Träumen verfolgt. So habe sie z. B. in der vergangenen Nacht der verstorbene Großvater aus dem Sarg böse angesehen.

Während sie mir das alles berichtet, macht sie auf mich in noch viel stärkerem Maße als bei der ersten Beratung den Eindruck eines völlig verängstigten, hilflosen Kindes. Ich sage ihr das und sage weiter, ich hätte den Eindruck, daß die Todesfälle in ihrer Umgebung alte, nur schlecht vernarbte seelische Wunden wieder aufgerissen und alte Ängste in ihr wiedererweckt hätten. All das Fürchterliche, das sie im Alter von vier Jahren beim frühen Tod ihrer Mutter habe erleiden müssen, werde jetzt wieder lebendig. Beim Anblick ihrer kleinen Tochter müsse sie unwillkürlich denken, jetzt werde die arme Kleine bald die gleiche Angst und Verzweiflung durchmachen müssen, die sie beim Tod ihrer Mutter erlebt und nur mühsam überwunden habe, denn sie selbst sei ja wohl davon überzeugt, in nächster Zukunft sterben zu müssen, das heißt zum Tode verurteilt zu sein.

Während ich das sage und diese Thematik noch mit ihr gemeinsam etwas vertiefe, beruhigt sie sich zusehends und fragt erstaunt: „Können Sie denn Gedanken lesen, Herr Doktor?"

Nach diesem Gespräch hatten wir beide den Eindruck, einen zentralen Punkt ihres Krankheitsgeschehens getroffen und ein Stückchen positiver therapeutischer Arbeit geleistet zu haben. Eine weiterhin kontrollierte Beschwerdefreiheit – „Alles wie weggeblasen" – bestätigt diesen Eindruck.

Weiter oben haben wir darauf hingewiesen, daß wir uns zum Zwecke der wissenschaftlichen Analyse des ärztlichen Gesprächs sowohl der informations- bzw. der kommunikationstheoretischen als auch der psychoanalytischen Methode bedienen können. Versuchen wir es zunächst mit der ersteren: Aus der Sicht des Arztes und der Patienten können wir in Anlehnung an Argelander (1970) zunächst drei Informationsebenen, die im gesamten Interaktionsgeschehen zwischen Arzt und Patient natürlich eng miteinander verwoben sind, unterscheiden:

1. die Ebene der objektiven Informationen;
2. die Ebene der subjektiven Informationen, beziehungsweise der Bedeutungen;
3. die Ebene der szenischen Information.

Auf der Ebene der objektiven Informationen berichten uns die Patienten über Tatbestände, die auch von anderen zumindest grundsätzlich nachprüfbar sind, wie z. B. die wichtigsten Lebensdaten. Zu den objektiven Informationen werden wir aber auch alle Befunde zählen können, die wir erhoben haben und die ebenso von anderen Ärzten erhoben und überprüft werden könnten. Hier zeigt sich bereits, wie unlösbar eng die Ebene der objektiven Information mit der der subjektiven verbunden ist. Die objektive Ebene entspricht der sozialen, die subjektive der individuellen Wirklichkeit. Während die nur naturwissenschaftliche Medizin so gut wie ausschließlich an der objektiven Informationsebene beziehungsweise an der „sozialen Wirklichkeit" im Sinne des Situationskreismodells interessiert ist und Bedeutungen nur im Sinne eines sozialen Konsensus zuläßt, versuchen die Psychoanalyse und die psycho-somatische Medizin, die subjektive Informationsebene, das heißt, die subjektive Bedeutung aller Informationen und Befunde, bzw. die „individuelle Wirklichkeit" der Patienten, zu erreichen.

Für den ersten Patienten bedeuten seine stenokardischen Beschwerden demnach mehr eine Belästigung als eine Bedrohung. Die Dysbasiebeschwerden werden zunächst wohl als subjektiv bedeutungslos unterschlagen und erst auf ausdrückliches Befragen erwähnt. Er erwartet vom Arzt nur ein gründliches Check-up und eine möglichst rasche Beseitigung eventuell festgestellter Schäden. Der objektive EKG-Befund bedeutet für den Arzt, daß der Patient akut gefährdet ist. Der Patient muß also vom Arzt erst dazu gebracht werden, sich dessen Interpretation zu eigen zu machen.

„Szenisch" vermittelt der Patient den Eindruck eines keineswegs besonders gefährdeten Kranken. Er bagatellisiert seine Beschwerden und sucht den Eindruck zu erwecken, als sei alles halb so schlimm. Diese szenische Information sagt über sein Krankheitserleben und Krankheitsverhalten mehr aus als lange Gespräche. Auch bei unserer zweiten Patientin können wir diese drei Informationsebenen recht gut voneinander unterscheiden. Die (grundsätzlich objektiv nachprüfbare) Mitteilung, daß sie mit vier Jahren ihre Mutter, vor einigen

Monaten ihren Großvater und vor wenigen Tagen eine Arbeitskollegin durch den Tod verloren habe, hat sicherlich für die Patientin und den Arzt nicht die gleiche Bedeutung. Der Arzt kann aber diese (objektive) Information nur richtig verstehen und werten, wenn er in seiner Interpretation dieser Ereignisse der Bedeutung nahekommt, die die Patientin ihnen beimißt. Verwirft er die Interpretationsangebote der Patientin als „zeitraubendes, lästiges, subjektives Geschwätz", dann wird er sie nie verstehen und ihr auch nicht helfen können.

Zum Verständnis der subjektiven Ebene der Patientin, das heißt zum Verstehen ihrer individuellen Wirklichkeit, trägt aber ganz besonders die szenische Information bei. Erst das Wahrnehmen und „Verstehen" der szenischen Information des völlig verängstigten und hilflosen Kindes ermöglichen es dem Arzt, unter Einbeziehung der objektiven Informationsdaten einen Flash zu erleben und ihn für die Patientin fruchtbar zu machen.

Mit den Konstrukten objektive, subjektive und szenische Information bzw. Informationsebene gelingt es dem Arzt schon recht gut, die Vorgänge des ärztlichen Gesprächs zu strukturieren und es damit besser zu handhaben. Diese Vorgänge werden aber noch durchsichtiger, wenn wir die von der Psychoanalyse herausgearbeiteten verschiedenen Übertragungs- bzw. Beziehungsebenen in unsere Strukturanalyse einbeziehen.

Im Gegensatz zur Informations- und Kommunikationstheorie, die im ärztlichen Gespräch einen Informationsaustausch sieht und diesen zu analysieren sucht, sieht die Psychoanalyse im ärztlichen Gespräch einen Teil des Interaktionsprozesses zwischen Arzt und Patient, der sich auf verschiedenen Übertragungs- und Gegenübertragungsebenen abspielt und der das Ziel verfolgt, „die für die Ichfunktion günstigsten Bedingungen" herzustellen. Unter Ichfunktionen versteht die Psychoanalyse die Wahrnehmungsfähigkeit, die willkürliche Motorik, das Gedächtnis und die Intelligenz, Fähigkeiten also, die zur Lebensbewältigung erforderlich sind und bei Neurosen, Psychosen und psychosomatischen Erkrankungen immer mehr oder weniger gestört sind.

Zum besseren Verständnis des hier Gesagten muß kurz auf die verschiedenen Übertragungs- und Gegenübertragungsebenen eingegangen werden, wie sie etwa von Loch unter Berücksichtigung der wesentlichen Literatur herausgearbeitet wurden:

1. Die Beziehungen zwischen dem „fiktiven Normal-Ich" des Patienten und dem „fiktiven Normal-Ich" des Arztes, wobei es natürlich eine Frage der Definition bzw. der Wortwahl ist, ob man diese Beziehungsebene bereits als Übertragung bezeichnet. Es ist jene Ebene der therapeutischen Allianz und jene Ebene der „personalen Begegnung" von Arzt und Patient, von der in der ausgedehnten Literatur der „personal und anthropologisch" ausgerichteten Autoren sehr ein-

gehend die Rede ist. Die Psychoanalyse hat sich mit dieser Ebene, ohne ihre Existenz zu leugnen oder ihre Bedeutung herabzusetzen, nicht eingehender beschäftigt, weil sie nicht eigentlich zu ihrem Untersuchungsfeld gehört.

2. Die Ebene der zielgehemmten Libido, der „milden" bzw. „unanstößigen" Komponente der Übertragung, der „anaklitisch-diatrophischen Gleichung". Es ist jene „bewußtseinsfähige und unanstößige Komponente" der Übertragung, die nach Freud in der Psychoanalyse „ebenso die Trägerin des Erfolges wie bei anderen Behandlungsmethoden" ist und die auch nach „Aufheben" bzw. „Vernichten" der neurotischen Übertragung bestehen bleibt. Es ist die Ebene jeder suggestiven Beeinflussung des Patienten durch den Arzt. Sie ist, wie Loch (1965) gestützt auf Gitelson (1962) schreibt, „eine primitive narzißtische Übertragung, mittels der über Besetzung einer pflegenden Person die Umwandlung narzißtischer Libido in Objektlibido in die Wege geleitet wird". Die frühe Mutter-Kind-Beziehung, die Spitz so eingehend studiert hat, ist der Prototyp dieser grundlegenden Übertragungsebene: „Alle späteren Beziehungen mit Objektqualität, die Liebesbeziehung, die hypnotische Beziehung, die Beziehung der Gruppe zu ihrem Führer und letzten Endes alle zwischenmenschlichen Beziehungen haben ihren ersten Ursprung in der Mutter-Kind-Beziehung" (Spitz 1967).

3. Erst die dritte Ebene ist die der neurotischen Übertragung und Gegenübertragung im eigentlichen Sinn. Es ist die Ebene der neurotischen Objektbeziehungen. Das heißt, der Patient „wendet dem Arzt ein Ausmaß von zärtlichen, oft genug mit Feindseligkeiten vermengten Regungen zu, welches in keiner realen Beziehung begründet ist und nach allen Einzelheiten seines Auftretens von den alten und unbewußt gewordenen Phantasiewünschen des Kranken abgeleitet werden muß" (Freud). Was die Entstehungsgeschichte betrifft, müssen wir natürlich die drei Beziehungs- bzw. Übertragungsebenen, die Loch herausgearbeitet hat, in anderer Reihenfolge sehen: Die Ebene der anaklitisch-diatrophischen Gleichung ist die früheste und entspricht der symbiotischen Beziehungs-Ebene. Im Umgang mit den ersten Beziehungspersonen – psychoanalytisch gesprochen, den frühen Objektbeziehungen – bildet sich dann die neurotische Übertragungsebene. Die Ebene des „fiktiven Normal-Ichs" ist die jüngste und reifste Beziehungsebene, in der die anderen beiden als die genetisch älteren jeweils mitschwingen.

Die Analyse des ärztlichen Gesprächs unter dem Gesichtspunkt der hier kurz skizzierten Übertragungs- und Gegenübertragungsebenen ist deshalb so fruchtbar, weil das ärztliche Gespräch integrierender Bestandteil der Arzt-Patient-Beziehung ist und ohne Mitberücksichtigung dieser Beziehung weder theoretisch noch praktisch voll ausgeschöpft werden kann.

Wird die Arzt-Patient-Beziehung auf der reifsten Beziehungsebene (der des „fiktiven Normal-Ichs" bzw. der personalen) verfehlt oder, was in der Realität viel häufiger ist, gar nicht angestrebt (um der Fiktion einer falsch verstandenen Objektivität willen), dann wird der Patient zwangsläufig zum Objekt mehr oder weniger selbstsüchtiger wissenschaftlicher oder materieller Bestrebungen des Arztes mit allen daraus folgenden, erschreckenden Gefahren einer rein technischen Medizin. Bringt der Patient die ursprüngliche „milde" bzw. „unanstößige" Komponente der Übertragung nicht zustande, dann wird er für den Arzt psychotherapeutisch unerreichbar, unbehandelbar. Ein etwaiger physikalisch-chemischer Eingriff, der ja prinzipiell immer möglich ist, bleibt ohne jeden mutativen Effekt für die Gesamtpersönlichkeit des Kranken.

Auf der symbiotischen bzw. anaklitisch-diatrophischen Ebene der Übertragung entwickelt sich das für jede Behandlung so notwendige Vertrauen des Patienten zum Arzt.

Stellen also die beiden eben genannten Übertragungsebenen die Voraussetzungen dafür dar, ob ein fruchtbares ärztliches Gespräch überhaupt zustande kommen kann, so ist es die Übertragungsebene der neurotischen Objektbeziehung, die uns durch die szenische Information Einblick in die tieferen psychodynamischen Vorgänge des Patienten gewährt.

Die von der Psychoanalyse erarbeitete Trennung in die drei Beziehungs- bzw. Übertragungsebenen ermöglicht uns auch eine Trennung der verschiedenen Dialogformen des ärztlichen Gesprächs, die allein durch informationstheoretische Analyse nicht möglich ist. Der wissenschaftliche Dialog und das Funktionsgespräch des Alltags beschränken sich auf die Ebene des „Fiktiven Normal-Ichs". In das freundschaftliche oder seelsorgerische Gespräch ist die Ebene des Vertrauens, die anaklitisch-diatrophische Übertragung, einbezogen. Wenn das ärztliche Gespräch, wie es bisher meist der Fall war, nicht auf dieser Stufe stehenbleiben will, dann muß es die Übertragungsebene der neurotischen Objektbeziehungen einbeziehen und gewinnt damit eine neue fruchtbare diagnostische und therapeutische Dimension.

Erst wenn diese Übertragungsebene, die sich informationstheoretisch u. a. als szenische Information beschreiben läßt, in das ärztliche Gespräch mit einbezogen wird, wird es zum psychoanalytisch orientierten ärztlichen Gespräch. Ohne Einbeziehung dieser Übertragungsebene bleibt das ärztliche Gespräch eine sachliche Belehrung (Ebene des „fiktiven Normal-Ichs") oder ein philanthropisch-suggestiver Akt (Ebene der „infantil-narzißtischen Ichanteile"). Diese beiden (Vor-)Stufen des ärztlichen Gesprächs sollen keineswegs geringgeachtet werden, denn sie bilden nicht nur die notwendige Basis jedes darüber hinausgehenden therapeutischen Gesprächs, sondern genügen auch gewöhnlich zur Betreuung der vorwiegend akut somatisch Erkrankten. Zur Versorgung der funktionellen Syndrome, der Neurosen und der psychosomatisch Kranken, vor allem vieler chronisch und lebensbedrohlich erkrankter Patienten aber reicht dieses verkürzte ärztliche Gespräch meist nicht mehr aus.

Strebt man eine konfliktlösende Therapie an, dann gilt für das (psychoanalytisch-orientierte) ärztliche Gespräch bei allen sehr wesentlichen methodischen und technischen Unterschieden die gleiche Zielvorstellung wie für die Psychoanalyse selbst, die Freud folgendermaßen definiert hat: „Die Analyse soll die für die Ichfunktionen günstigsten Bedingungen herstellen; damit wäre ihre Aufgabe erledigt."

Wie aber stellt die Psychoanalyse bzw. das psychoanalytisch orientierte ärztliche Gespräch „die für die Ichfunktionen günstigsten Bedingungen" her? Durch die deutende Bearbeitung von Übertragung und Widerstand sowie in Grenzen auch durch die Flash-Technik. Um sich der ersteren Aufgabe zu unterziehen, ist es nötig, die technischen Grundregeln der Psychoanalyse zu beherrschen. Ohne auf diese Spezialfragen hier eingehen zu können möchte ich kurz darauf hinweisen, wann nach psychoanalytischer Theorie und Erfahrung eine Deutung erfolgreich ist und im Patienten einen „mutativen Effekt" hervorruft. Loch (1967), dem ich hier folge, hat das folgendermaßen zusammengefaßt: „Die erfolgreiche, die ‚mutative Deutung' wird ermöglicht, wenn 1. drei Übertragungsdimensionen zur Konvergenz gebracht sind, die des ‚fiktiven Normal-Ichs', die der ‚infantil-narzißtischen Ichanteile' und die der ‚neurotischen' Objektbeziehung, und wenn 2. die Übertragungsdeutung den ‚dringlichsten Punkt' trifft."

Auf Grund von Einsichten, die uns die Theorie des Situationskreises (v. Uexküll und Wesiack 1991) bietet und die von Balint und Mitarbeitern bei der Erforschung der Flash-Phänomene gewonnen wurden, können wir die von Loch gemachte Feststellung noch um einen Punkt erweitern und sagen: Die erfolgreiche, die mutative Deutung wird ermöglicht, wenn 1. die drei Übertragungsdimensionen zur Konvergenz gebracht sind, wenn 2. die Übertragungsdeutung den dringlichsten Punkt trifft und wenn 3. in Form eines Aha-Erlebnisses (=Flash) der Patient innerhalb seiner „subjektiven Wirklichkeit" die Lösung „seines Problems" erfährt und entdeckt.

Kehren wir nun zu den eingangs geschilderten Fallbeispielen zurück. Bei dem ersten Patienten bewegen wir uns zunächst so gut wie ausschließlich auf der Ebene des „fiktiven Normal-Ichs". Wir müssen ihm die Diagnose „Herzinfarkt" mit allen Implikationen mitteilen. Vom Erreichen der zweiten, der infantil-narzißtischen Übertragungsebene, hängt es ab, wieweit der Patient fähig sein wird, die ärztlichen Ratschläge zu befolgen und seine Lebensweise zu ändern. Die dritte Ebene der neurotischen Objektbeziehungen wird zunächst nicht erreicht und auch vom Arzt nicht angestrebt. Sie spielt möglicherweise zu einem späteren Zeitpunkt der Behandlung eine Rolle, wenn der Arzt die zwanghafte Fixierung des

Patienten an Leistung mit ihm durcharbeitet. Viele Arzt-Patient-Interaktionen erreichen diese Ebene gar nicht und führen trotzdem zu befriedigenden Resultaten.

Im zweiten Fallbeispiel findet auf der Übertragungsebene des „fiktiven Normal-Ichs" jene Form von Informationsaustausch zwischen Arzt und Patient statt, den ich weiter oben als Informationsaustausch auf der Ebene der objektiven Informationen beschrieben habe. Der Patient teilt Daten mit, der Arzt Ergebnisse der Befunderhebung und Diagnosen.

Unterhalb dieser Ebene des rationalen Gesprächs aber konstelliert sich die Ebene des Vertrauens, jene zweite Psychoanalytische Übertragungsebene, die „anaklitisch-diatrophische", die der „infantil-narzißtischen Ichanteile", die wir alle prototypisch in der frühen symbiotischen Kind-Mutter-Beziehung erleben und die in der Patient-Arzt-Beziehung wiedererlebt wird. Sie ist bei der Patientin so stark ausgeprägt, daß nach der ersten Beratung und gründlichen Untersuchung die Symptomatik zunächst verschwindet (2. Beratung). Dieses Phänomen – wir nennen es Suggestion – können wir immer wieder beobachten. Wir finden es nicht nur in der ärztlichen Sprechstunde, sondern auch bei Kurpfuschern und Scharlatanen, „denn auf das Gemüt wirken kann jeder Prolet" (Ewald, zit. nach Schultz 1952), vorausgesetzt der Patient bringt das nötige Vertrauen auf.

Die 3. Beratung zeigt uns, daß sich eine Symptomverschiebung anbahnt. Die laute Symptomatik der 1. Beratung, die Herzbeschwerden und die Angst, sind verschwunden. Das Aufsuchen des Arztes und die leichten Schwindelerscheinungen deuten jedoch darauf hin, daß die Patientin zwar oberflächlich beruhigt ist, daß ihr neurotischer Konflikt, ihre Angst aber nicht gelöst sind.

In der 4. Beratung ist dann, offenbar ausgelöst durch den Krebstod der Arbeitskollegin, der neurotische Grundkonflikt, die mit dem frühen Tod der Mutter zusammenhängende und nur unzureichend verarbeitete neurotische Problematik, wieder voll aufgebrochen. Die Patientin bietet „in der Übertragung" erneut die szenische Information – das panisch verängstigte, hilflose Kind – die dem Arzt jetzt nicht nur einen diagnostischen Zugang zum neurotischen Grundkonflikt, sondern auch eine deutende Bearbeitung ermöglicht. Der weitere Verlauf zeigt, daß damit offenbar der „dringlichste" Punkt getroffen wurde.

Was haben wir nun am Ende der 4. Beratung erreicht? Sind wir weiter als nach den vorhergehenden drei Beratungen, oder haben wir nach der akuten Verschlimmerung nur den Status quo ante, wie er etwa zum Zeitpunkt der 2. Beratung bestand, wieder erreicht? Haben wir die Patientin gar von ihrer Neurose geheilt?

Um mit der zuletzt gestellten Frage zu beginnen: Nach unserem heutigen Wissen können wir eine neurotische Erkrankung, die auf primäre Traumen (W. Loch 1970) in der Kindheit zurückzuführen ist und zu entsprechenden psychischen

Strukturveränderungen geführt hat, durch eine noch so treffsichere und gute Deutung nicht heilen. Dazu bedarf es einer langfristigen Durcharbeitung der gesamten neurotischen Problematik, insbesondere der infantilen Neurose, die – wenn überhaupt – nur in einer psychoanalytischen Behandlung erfolgversprechend durchgeführt werden kann. Das heißt aber keineswegs, daß der Zustand der Patientin nach der 4. Beratung, in der eine konfliktverarbeitende Deutung vorgenommen wurde, mit ihrem Zustand nach den vorhergehenden Beratungen gleichzusetzen wäre, in denen lediglich (suggestiv) durch Vertrauen, durch die symbiotische bzw. die „anaklitisch-diatrophische" Ebene der Übertragung der Konflikt zu gedeckt und damit die Symptomatik gebessert wurde. Wie labil dieses Gleichgewicht geblieben ist, zeigt nicht nur die Symptomverschiebung in der 3. Beratung, sondern auch die dramatische Exazerbation nach dem Tod der Arbeitskollegin in der 4. Beratung.

Der Unterschied nach der vierten, der konfliktbearbeitenden Beratung besteht gegenüber früher darin, daß die Ichfunktionen der Patientin jetzt weniger eingeschränkt sind als vorher. Die Patientin ist jetzt imstande, ihre früheren, ihre bisher unbewußten Ängste in ihre bewußte Wahrnehmung, Einsicht und Motorik einzubeziehen. Sie ist jetzt gesünder und gegen etwaige erneute belastende Auslösungssituationen widerstandsfähiger geworden.

Michael Balint verdanken wir nicht nur grundlegende Einsichten in die Theorie und Praxis des diagnostisch-therapeutischen Gesprächs, sondern auch die Methode der „Balint-Gruppen-Arbeit", durch die dies am besten erlernt werden kann. Ich will deshalb nachfolgend noch in stark geraffter Form den Ablauf einer Balint-Gruppen-Sitzung wiedergeben:

Eine sehr erfahrene Ärztin für Allgemeinmedizin berichtet von der Behandlung einer Bauernfamilie, die ihr große Schwierigkeiten bereitet. Die Familie besteht aus dem, wie sie sich ausdrückt „Jungbauern", der aber schon Anfang Fünfzig ist, der Bäuerin, die Mitte Vierzig ist, und der „Altbäuerin", die um die Achtzig und die Mutter des Bauern ist. Der Altbauer, der eine schwache Figur gewesen sein soll, ist bereits vor mehreren Jahren gestorben. Außerdem sind in der Familie noch mehrere Kinder, die aber für die referierende Ärztin nur eine untergeordnete Bedeutung haben, weil vor allem die oben geschilderten drei Personen wechselseitig ihre Patienten sind. Die Altbäuerin hat arthritische und kreislaufbedingte Altersbeschwerden, der Bauer leidet an chronischen Magenbeschwerden und Zwölffingerdarmgeschwüren und die Bäuerin an Depressionen, die schon wiederholt stationäre Behandlungen erforderten. Die Referentin schildert präzise und genau – und für mein Empfinden etwas langatmig und umständlich – die Krankengeschichten und Interaktionen der drei Familienmitglieder. Die Bäuerin sei die „Seele" des Betriebes. Haus- und Feldarbeit verrichte sie vorbildlich und pflege aufopferungsvoll ihre Schwiegermutter, wenn diese mit arthritischen Beschwerden und Atemnot bettlägerig sei. Von Zeit zu Zeit gerate sie jedoch durch „Überlastung" in kaum zu beeinflussende depressive Phasen. Befinden und Zustandsbild der Altbäuerin seien außerordentlich wechselnd. Oft habe sie, die Ärztin, um das Leben der alten Frau gebangt und zeitweilig täglich und oft sogar mehrmals täglich Besuche gemacht, was sie zeitlich sehr belastet habe. Einmal sei sie dringend um einen Nachtbesuch gebeten worden. Als sie eintraf, ging es der Patientin schon wieder besser. Die Frage eines Gruppenmitgliedes, ob sie sich nicht geärgert habe, verneinte sie mit der Begründung, die alte Frau sei ja phasenweise „wirklich" lebensbedrohlich krank. An dieser Stelle meint ein Gruppenmitglied, daß es wohl eine große Erleichterung für alle Beteiligten wäre, wenn die alte Frau – er gebraucht den Ausdruck „Drachen" – sterben würde. Die Referentin protestierte heftig gegen den Ausdruck „Drachen", gab aber dann zu, daß ihr solche Gedanken auch schon gekommen seien.

Als die Referentin vom „Jungbauern" sprach, entstand in der Gruppe Gelächter. Sie berichtete von ihm, daß er immer unzufrieden sei und nur widerwillig den Hof übernommen habe, nachdem der ältere Bruder, der den Hof hätte erben sollen, gestorben war. Durch sein Magenleiden sei er immer wieder recht schonungsbedürftig, was seine Ehefrau zusätzlich belaste.

Was die referierende Ärztin so irritiert und zur Verzweiflung bringt, ist die Tatsache, daß jedesmal, wenn sie einen der drei „wiederhergestellt und aus dem Sumpf gezogen" habe, ein anderes Familienmitglied erkrankt, „in einem Spiel ohne Ende". Da ihr das Ziel vorschwebt, eine glückliche und zufriedene Familie vor sich zu haben, in der jeder seinen Lebensraum hat, ist sie ob ihrer vermeintlichen ärztlichen Insuffizienz verzweifelt, zumal sie sich um jedes Familienmitglied große Sorgen mache, wenn es, was meist der Fall ist, bedrohlich dekompensiert. Ich selbst verspürte während der Schilderung der Ärztin eine Mischung von Gefühlen der Niedergeschlagenheit und Hoffnungslosigkeit nach dem Motto: „da kann man halt doch nichts machen" und einer gewissen Gereiztheit und vermeintlichen „Besserwisserei". Ich fühle mich gedrängt, der Ärztin Ratschläge zu erteilen, was sie anders und besser machen könnte – vermeide es jedoch, diesen Impulsen zu folgen. Die Resonanz der Gruppenmitglieder ist unterschiedlich. Einige Gruppenmitglieder reagieren verärgert, aggressiv mit boshaften Bemerkungen und sagen der Referentin, wie sie selbst es vermeintlich besser machen würden. Hier entwickelt sich ein richtiges Streitgespräch. Andere schweigen und scheinen die Hoffnungslosigkeit der Referentin zu teilen. Eine Teilnehmerin macht darauf aufmerksam, daß die Gruppe die Referentin schlecht behandle und ihr zu ihrer hoffnungslosen Situation auch noch Vorwürfe mache.

Durch meine Gegenübertragung und die emotionale Reaktion der Gruppe wird mir klar, daß hier drei zutiefst unzufriedene und narzißtisch verunsicherte Menschen aneinander gekettet sind, die mit verteilten Rollen einerseits sich bekämpfen und miteinander rivalisieren, andererseits in depressiver Hoffnungslosigkeit versinken.

An dieser Stelle konfrontiere ich die Gruppe mit ihren Emotionen, ihren Rivalisierungstendenzen und gespaltenen Reaktionen und weise darauf hin, daß wir hier wohl die Situation der Familie widerspiegeln. Jetzt beginnt das Durcharbeiten, das die Gruppe und die Referentin zur Erkenntnis führt, daß in diesem triangulären Spannungs- und Kampffeld, das seit zwanzig Jahren besteht, die Ärztin ihre ursprüngliche narzißtische Größenphantasie, die große Friedensstifterin und Heilerin sein zu wollen, aufgeben und sich auf das Mögliche beschränken muß. Es besteht darin, dem System und allen Gliedern desselben Überlebenschancen zu sichern und den einzelnen Familienmitgliedern zu helfen, sich Lebensräume zu schaffen, in denen sie sich einigermaßen entfalten können. Dies wird jedoch nur möglich sein, wenn auch verbale Äußerungen von Aggressivität und Rivalisieren, beziehungsweise das Abgrenzen des eigenen Lebensbereiches stärker zugelassen werden als bisher. In der Familie herrschte nämlich unausgesprochen die Ideologie „wir wollen eine gute und friedfertige Familie sein und verabscheuen deshalb Streit und Rivalisieren". In unbewußter, aber sehr folgenschwerer Weise war es zu diesem Zusammenspiel – einer Kollision im Sinne von Willi – zwischen den Wunschvorstellungen der Ärztin und ihren Patienten gekommen, das, solange es weiterbestand, die therapeutische Potenz der Ärztin vollständig paralysierte. Anstatt verstehen, nachdenken und dann sinnvoll handeln zu können, fühlte sich die Ärztin so sehr in die Psychodynamik dieser Familie hereingezogen, daß sie nur noch ihre eigene Zerrissenheit, Unzufriedenheit, Wut, Verzweiflung und Hilflosigkeit spürte. Erst im Verlauf der Gruppensitzung wurde den Gruppenmitgliedern und der Referentin klar, daß diese Gefühle sogenannte „Gegenübertragungsphänomene" sind, die wir einerseits zunächst benötigen, um überhaupt die Psychodynamik unserer Patienten zu verstehen, von denen wir uns dann aber befreien und distanzieren müssen, um rational handeln zu können.

Abschließend will ich in acht Punkten zusammenfassen, was wir und jeder Arzt, der sich eingehender mit Balint und seinem Werk beschäftigt, von ihm lernen können:

1. An erster Stelle wäre eine *partnerschaftlich-interaktionelle Einstellung* zum Patienten zu erwähnen. Der Patient ist nicht mehr Objekt der ärztlichen Diagnostik und Therapie, sondern Partner, mit dem gemeinsam nach den Ursachen und nach einer besseren Lösung seiner Lebensprobleme gesucht wird.
2. Um dieses angestrebte Ziel in etwa erreichen zu können, sollte der Gruppenteilnehmer die meist *unbewußte Beziehungsproblematik* seiner Patienten erkennen und damit die Grundzüge der Beziehungspathologie erlernen und erlebend erfahren.
3. Er lernt dabei seine *„emotionale Resonanz"*, seine „Gegenübertragung" auf den Patienten als wichtigstes diagnostisches *Indiz* für die Beziehungsproblematik seiner Patienten kennen.

4. Dies kann er nur, wenn er sich selbst als wichtigstes diagnostisches und therapeutisches Instrument immer besser kennenlernt. Er gewinnt gewissermaßen nebenbei an *Selbsterfahrung* und lernt so die „Droge Arzt", ihre „Pharmakologie" und auch ihre „Toxikologie" immer besser kennen und einsetzen.

5. Zwanglos erlernt er dabei die *„Technik"* des gut geführten analytisch orientierten *diagnostisch-therapeutischen ärztlichen Gesprächs*.

6. Er lernt das Einfügen von Befunden und klinischen Diagnosen, zum Beispiel „Herzinsuffizienz", „Ulcus duodeni" und „Depressionen", in eine umfassende *Gesamt- und Beziehungsdiagnose*. (Warum und in welchen Situationen bekommen unsere Patienten ihre Krankheiten? Warum verschlechtern sie sich, wenn sich die anderen bessern? usw.)

7. Er lernt auch viele Problemfälle anderer Kollegen kennen, „die auch nur mit Wasser kochen können", sieht jetzt besser, was er alles bereits selbst geleistet hat und fühlt sich dadurch *emotional entlastet und gestützt*.

8. Er lernt, mit den *beengenden Rahmenbedingungen* der Praxis, vor allem mit dem Zeitproblem besser umzugehen, das heißt, er lernt die Droge Arzt besser zu dosieren, und noch einiges mehr.

Literatur

Argelander, H.: Das Erstinterview in der Psychotherapie. Darmstadt, Wissenschaftliche Buchgesellschaft 1970.
Balint, E., Norell, J. S.: Fünf Minuten pro Patient. Frankfurt/M., Suhrkamp 1975.
Balint, M.: Der Arzt, sein Patient und die Krankheit. Stuttgart, Klett-Cotta 1957.
Freud, S.: Gesammelte Werke in 18 Bänden. Frankfurt/M. 1952–68.
Gitelson, N.: The First Phase in Psychoanalysis In: Int. Z. Psychoanal. 1962.
Loch, W.: Voraussetzungen, Mechanismen und Grenzen des psychoanalytischen Prozesses. Bern, Stuttgart, Huber 1965.
– Über theoretische Voraussetzungen einer psychoanalytischen Kurztherapie. In: Jahrbuch der Psychoanalyse. Bd. IV. Bern, Stuttgart, Huber 1967.
– Seelische Ursachen psychischer Störungen. In: Praxis der Psychotherapie. Bd. XV, S. 49. Bern, Stuttgart, Huber 1970.
Schultz, J. H.: Psychotherapie. Stuttgart, Hippokrates 1952.
Spitz, R.: Vom Säugling zum Kleinkind. Stuttgart, Klett-Cotta 1967.
Uexküll, Th. v., Wesiack, E.: Theorie der Humanmedizin. 2. Auflage. München, Wien, Baltimore, Urban & Schwarzenberg 1991.
Wesiack, W.: Psychoanalyse und praktische Medizin. Stuttgart, Klett-Cotta 1980.
Willi, J.: Die Zweierbeziehung. Reinbek, Rowohlt 1975.

Die therapeutische Beziehung und ihre Risiken

Von Hubert Speidel, Kiel

Michael Balint war einer der ersten ausländischen Psychoanalytiker, die nach dem Krieg nach Deutschland kamen und die Generation vor mir bei der Neubelebung der Psychoanalyse unterstützte und ermutigte. Dem Hamburger psychoanalytischen Institut, an dem ich meine psychoanalytische Ausbildung erhielt, war er besonders eng verbunden. Ich habe ihn dort auch noch persönlich erlebt. Nach ihm ist das staatliche Institut für Psychoanalyse und Psychotherapie der Freien und Hansestadt Hamburg benannt.

Ich habe mir ein Thema gewählt, das, wie ich selbst von Balint gehört habe, zu seinen wichtigen Themen zählte. Es ist, zwischen „apostolischer Funktion", „Arzt als Arznei" und „Begegnung", gewissermaßen ein bißchen spielverderberisch. Aber sei's drum: Spielverderber haben ja die wichtige Funktion, den Wert des Spieles und seiner Regeln allen deutlich zu machen. Und wenn die Psychotherapie wirksam, also wertvoll ist, dann hat sie auch ihre Risiken.

Wie wichtig es ist, diese zu sehen und zu benennen, zeigt die Geschichte, mit der mein Thema historisch beginnt, nämlich 1880 mit der Behandlung der Anna O., wie ihr literarisches Pseudonym heißt, der späteren sozial engagierten, erfolgreichen jüdischen Frauenrechtlerin Berta Pappenheim, wie man seit Ernest Jones' Freud-Biographie weiß. Die deutsche Bundespost hat ihr 1954 eine Sondermarke gewidmet. Die Behandlungsgeschichte ist in den „Studien über Hysterie" 1895 von Breuer und Freud veröffentlicht.

Anna O. war nach der Pflege ihres todkranken Vaters im Alter von 20 Jahren an einer sehr dramatischen und bunten Symptomatik erkrankt. Neben Sehstörungen, Kontrakturen, nervösem Husten und anderem mehr litt sie unter regelmäßigen Trance-Zuständen, „Auto-Hypnosen", wie Breuer schreibt, und diese Zustände lösten zwei unterschiedliche Persönlichkeitszustände ab. Im einen war sie wie ein unartiges, ungebärdiges Kind, in dem anderen erwachsen, aber ohne die Fähigkeit, ihre Muttersprache zu gebrauchen. Statt dessen sprach sie fließend englisch, und wenn man ihr ein italienisches oder französisches Buch gab, dann las sie daraus fließend und korrekt auf englisch vor.

Man versteht, daß ein Arzt sich für so eine Patientin interessiert. Breuer wurde als Arzt gerufen und fand bei einer Visite die Patientin in einem ihrer autohypnotischen Zustände vor; sie erzählte ihm von ihren schrecklich erregenden Halluzinationen, nach denen sie sich erleichtert fühlte. Sie gewöhnte sich an solche Erzählungen, und bei einer derartigen Gelegenheit schilderte sie auch einmal das erste Auftreten eines Symptomes in allen Einzelheiten. Zu beider Erstaunen verschwand es vollständig. Anna O. erkannte den Wert dieses Verfahrens und hatte damit genaugenommen den Vorläufer der Psychoanalyse entwickelt: Reden und die Entdeckung der Quellen kann Symptome beseitigen. Sie gab dem Verfahren auch gleich zwei Namen: "the talking cure" und "chimney sweeping". Breuer nannte die von ihnen beiden entwickelte Methode die „kathartische", d. h. reinigende – was ja chimney sweeping auch meint. Breuer griff die gute Erfahrung mit der Autohypnose auf und versetzte Anna O. zur Unterstützung der Arbeit selbst in Hypnose. Die Methode hatte ja gerade durch Charcot in Paris, Bernheim und Liébault in Nancy ihre wissenschaftlichen Weihen erhalten. Die Behandlung dauerte viele Monate, und Breuer besuchte die Patientin mehrmals täglich. Das war ganz ungewöhnlich. Wir erkennen auch hier den Prototyp der Psychoanalyse mit ihrer extensiven und intensiven Bemühung um den Patienten.

Daß Breuer nicht die Psychoanalyse schuf, hat mehrere Ursachen. Eine davon ist sein theoretisches Modell: er hat nicht den Beziehungsaspekt gesehen, sondern die Vorstellung – ganz im Sinne naturwissenschaftlicher Medizin – gehabt, es handle sich um toxische Phantasieprodukte, die sich in der Patientin ansammelten, um eingeklemmte Affekte, die durch die Hypnose zum Abfließen gebracht werden. Es ist übrigens ein Modell, das dem einer Obstipation entspricht, und chimney sweeping (Kaminkehren) wie Katharsis (Reinigung) entsprechen dem. Es ist mir nicht bekannt, daß diese Zusammenhänge bisher ventiliert wurden. Gerade die neueste Forschung zur Biographie von Berta Pappenheim legt aber nahe, daß beide mit ihren Bezeichnungen und Vorstellungen ein ihnen unbewußtes Schmutzthema genau etikettierten (Nitzschke).

In der Geschichte gibt es aber Geheimnisse, von denen einige noch enthüllt werden sollen. Eines hat Freud selbst seinem eigenen Biographen, Ernest Jones verraten, das, wäre es nicht als Geheimnis, weil eigentlich peinlich, behandelt worden, als Wirkprinzip für die Einsicht innerhalb der Beziehung im psychoanalytischen Heilungsprozeß hätte erkannt werden können. Wir werden aber gleich sehen, warum vor allem unser begabter Arzt diese Entdeckung nicht machen konnte.

Jones berichtet: „Freud hat die seltsamen Umstände, unter denen diese neuartige Behandlung ein Ende nahm, dem Biographen ausführlicher erzählt, als er sie in seinen Schriften schilderte. Offensichtlich hatte Breuer für seine interessante Patientin das entwickelt, was wir heute eine starke Gegenübertragung nennen. Auf alle Fälle scheint er von nichts anderem gesprochen zu haben, so daß es seiner Frau lästig zu werden begann und sie schließlich eifersüchtig wurde. Sie zeigte es zwar nicht offen, aber sie wurde mißmutig und reizbar. Als Breuer, der mit seinen Gedanken anderswo weilte, nach langer Zeit endlich den Grund ihres Gemütszustandes erriet, kam es bei ihm zu einer heftigen Reaktion – wahrscheinlich eine Mischung von Liebe und Schuldgefühl – und er beschloß, mit der Behandlung aufzuhören. Er teilte dies Anna O. mit, der es jetzt viel besser ging, und verabschiedete sich von ihr. Aber noch am selben Abend holte man ihn wieder zu ihr, und er traf sie in einem Zustand höchster Erregung. Die Patientin, die er bisher für ein völlig geschlechtsloses Wesen gehalten, und die während der ganzen Behandlung nie eine Anspielung auf dieses verpönte Thema gemacht hatte, befand sich jetzt in den Wehen einer Pseudocyesis, einer hysterischen Geburt, dem logischen Abschluß einer Phantomschwangerschaft, die sich während Breuers Behandlung als deren Folge unsichtbar entwickelt hatte. Trotz seines Schreckens gelang es ihm, sie durch Hypnose zu beruhigen, bevor er entsetzt das Weite suchte. Tags darauf fuhr er mit seiner Frau nach Venedig auf eine zweite Hochzeitsreise; seine Tochter, die auf dieser Reise gezeugt wurde, sollte 60 Jahre später Selbstmord begehen, um sich der Deportierung durch die Nazis zu entziehen" (Jones Bd. 1, S. 267–268). Bei Jones findet sich ein kleiner Nachtrag, den ebenfalls Freud seinem Biographen erzählte (a. a. O., S. 269): „Etwa zehn Jahre später, zu einer Zeit, als Freud mit Breuer Fälle bearbeitete, holte ihn dieser zu einer hysterischen Patientin. Bevor sie zu ihr hineingingen, beschrieb er ihm ihre Symptome, worauf Freud erklärte, sie seien typisch für eine Schwangerschaftsphantasie. Diese Wiederholung der früheren Situationen war für Breuer zu viel. Ohne ein Wort zu sagen, nahm er Stock und Hut und verließ schleunigst das Haus."

Vielleicht findet der Leser, daß ich mich reichlich lange bei einem Konzept des vergangenen Jahrhunderts aufhalte, bei dem es sich noch nicht einmal um Psychoanalyse handelt, sondern um einen Vorläufer, nämlich eben Joseph Breuers kathartische Methode. Aber er irrt: Wenn wir uns die Mühe machten, die vielen neueren, modischen Therapieverfahren, deren Vertreter glauben, damit die Psychoanalyse überholt, überwunden und überflüssig gemacht zu haben, auf ihren theoretischen Kern hin zu untersuchen, dann würden wir bei vielen, wenn nicht bei den meisten unter allerlei modischem outfit die alten Beine der kathartischen Methode aus dem Jahre 1880 durchschimmern sehen. Man denke an die Urschrei-Therapie, oder an das Klischee, daß die emotionale Einsicht aus dem Bauch komme, daß man loslassen oder etwas herausschreien, Aggressionen loswerden müsse usw. Es sind alles sehr schlichte, jedermann einleuchtende Konzepte, deren Vertreter oft nicht wissen, daß sie damit auf die Zeit vor Freud zurückgehen. Alle diese therapeutischen Ansätze können gewisse nützliche Effekte haben, Erleichterung schaffen, die Erfahrung vermitteln, daß entgegen der Erwartung nicht die Welt untergeht, wenn man seiner Wut freien Lauf läßt usw. Aber wenn wir uns eine Szene vorstellen (es handelt sich um ein wirkliches, wohl eher typisches Vorkommnis), in der ein Patient auf einen Stuhl gesetzt wird und mit seinem Fuß seine vorgestellte Mutter mit einem – tatsächlichen – Fußtritt vor die vorgestellte Tür stoßen soll und dies auch mit heftigen Skrupeln tut, so werden viele von uns dies mit gutem Grund fragwürdig finden und daran die Frage nach den Grenzen dieser – hier eher mißverstandenen und mißbrauchten – kathartischen Methode knüpfen. In dem vorliegenden Fall hatte übrigens der Patient eine Frau totgefahren, was sowohl auf die Grenzen der Katharsis wie auf die Fragwürdigkeit des hier erwähnten Verfahrens hinweist (das Symptom, eine Beinlähmung, war nach diesem Unfall aufgetreten und von einem Mitarbeiter in zwei psychoanalytischen Interviews nahezu beseitigt worden).

Die Geschichte der Anna O. zeigt, was Katharsis leisten kann, aber die Geschichte, die wir von Freud erfahren haben, zeigt uns, was dieses Konzept nicht leistet. Es ist nämlich ein Krankheits- und Therapiekonzept, das den Beziehungsaspekt von Krankheit und Heilung übersieht. Breuer konnte den Schritt von der Katharsis zur Psychoanalyse nicht tun, weil sein ärztliches Ethos und seine naturwissenschaftliche Ausbildung ihn blind machten für die Gefühle, die er seiner Patientin gegenüber hatte, wie für diejenigen seiner Patientin ihm gegenüber. Frau Breuer war hier viel hellsichtiger gewesen, aber gerade deswegen, oder genauer, weil ihre Erkenntnisse einen Ehekonflikt erzeugten, war Breuer verhindert, etwas, das er als anstößig erlebte, in ein theoretisches Konzept zu transformieren und daraus ein therapeutisches Prinzip abzuleiten.

Dies war Sigmund Freud vorbehalten, der mutig genug war, die Gefühle von Patienten – vor allem Patientinnen – gegenüber ihrem Therapeuten wahrzunehmen und, anstatt wie Breuer davor zu fliehen, ein systematisches Verständnis dieser Gefühle im Zusammenhang mit der Lebensgeschichte herzustellen. Hätte Breuer dies leisten können, so hätte er sein kathartisches Konzept durch ein Beziehungskonzept ersetzt. Heute können wir nämlich sehen, daß Anna O. keineswegs bloß toxische Phantasieprodukte ableitete, sondern ihren Arzt durch diese Produkte über viele Monate und zahlreiche Stunden immer von neuem motivierte und faszinierte, ihm mit ihrem Phantasiereichtum zu eigenen Phantasien und Konzeptualisierungen verhalf, während er zuverlässig und kontinuierlich um ihre Heilung bemüht blieb. Das gegenseitige Interesse, das reiche beiderseitige Geben und Nehmen machte diese Beziehung zu einem auch therapeutischen Ereignis.

Freud hat später entdeckt, daß die Gefühle der Patienten notwendig und unausweichlich sind, und daß neben den Gefühlen, die sich zwischen zwei Personen, die sich begegnen, gewöhnlich einstellen, auch Anteile enthalten sind, die aus historischen Quellen stammen, also Übertragungsgefühle. Hat man aber diese Vorstellung gewonnen, so kann an die Stelle der Anstößigkeit solcher Regungen diejenige der therapeutischen Nutzung gesetzt werden. Der Fall Anna O. ist ein gutes Beispiel für diese Chance, denn ohne die Übertragungsliebe der Anna O. ihrem Arzt gegenüber wäre die Behandlung nicht in Gang gekommen.

Aber natürlich sind heftige Gefühle auch ein Risiko. Auch hierfür ist Anna O. ein gutes Beispiel. Das Risiko ist u. a. die Resonanz, die diese Gefühle in dem Therapeuten auslösen, und deren analogen Anteil zur Übertragung wir Gegenübertragung nennen. Breuer war ja nicht nur vor den Gefühlen seiner Patientin, sondern vor der Wahrnehmung seiner eigenen Gefühle ihr gegenüber geflohen. Nun haben wir keinen Anlaß, ihn deswegen zu tadeln oder zu belächeln. Die Gefühle nämlich waren auch für ihn wie für seine Patientin unausweichlich, aber er verfügte noch nicht über das psychoanalytische theoretische und therapeutische Inventar, das wir uns im Laufe von Jahrzehnten aneignen konnten.

Wir können mit diesem Inventar heute gewiß Situationen wie diejenige Breuers mit seiner Patientin besser bestehen, weil wir im Gegensatz zu ihm Einblicke in Übertragungs- und Gegenübertragungsphänomene haben. Aber jeder, der sich ihnen aussetzt, weiß, wie schwierig und risikoreich ihre Handhabung ist, und wie notwendig eine sorgfältige Ausbildung, wenn wir dieses wirkungsvolle Instrumentarium benützen wollen. Die österreichischen Gesetzgeber mögen sich Rechenschaft darüber geben, ob sie gut beraten waren, die Zugangsbedingungen zu diesem Beruf zu ermäßigen. Denn schon jetzt darf man daran zweifeln, ob sie gut genug sind.

Kürzlich konnten wir in der Presse (Der Spiegel) von zwei Studien lesen, in denen niederländische und nordamerikanische Psychotherapeuten, Psychologen und Psychiater zu sexuellen Kontakten mit Patientinnen befragt worden waren. 6% in der einen, 13% in der anderen Untersuchung gaben solche Beziehungen zu (Pope). Ein inzwischen berühmtes Beispiel ist die Affäre von C. G. Jung mit seiner Patientin Sabina Spielrein (Cremerius). Es wäre eine Untersuchung wert, ob C. G. Jung sich deshalb von der Bedeutung der Sexualität ab- und den insofern ungefährlichen Archetypen zuwandte, oder ob er umgekehrt das unvorbereitete Opfer aufgrund des Mangels an Sexualität in seiner Theorie war. Patientinnen wie psychotherapeutisch Tätige laufen also ein beträchtliches Risiko, auf diese Weise aneinander zu scheitern. Die Ursachen sind unterschiedlich: Neben dem altbekannten ödipalen Agieren sind es vor allem Patienten und Therapeuten mit schwereren Ich-Defekten, für die große Ansprüche an Objektkonstanz, narzißtische Gratifikationen, die Kompensation von Leeregefühlen, die Unfähigkeit, Übertragung von anderen Realitäten zu unterscheiden u. a. m., die unaufschiebbaren Gesichtspunkte sind. Auch ein ideologischer Überbau unterstützt auf seiten mancher Therapeuten derartige Verhaltensweisen, ebenso wie die generelle Tendenz unserer Gesellschaft, die Grenzen von Privatheit und Öffentlichkeit aufzulösen. So sehr dies ein eigenständiges Problem ist, das unsere Zunft blamiert, so ist es in diesem Rahmen vor allem ein relativ leicht benenn- und meßbares Beispiel für die unterschiedlichen Arten, wie wir mit unseren Patienten scheitern können.

Psychoanalytiker werden oft wegen des Gegenteils solcher Verwahrlosung verspottet. Es wird von der „Strenge" ihrer Rituale und von ihrer „Orthodoxie" gesprochen, und gemeint ist damit etwas Lebens-, Trieb- und Menschenfeindliches. In der Tat findet man abstruse Beispiele wie jenes, das ich von Cremerius hörte: Ein Patient (oder auch eine Patientin) bringt dem Analytiker einen Blumenstrauß mit. Der legt ihn auf der Heizung ab, deutet das Geschenk nach den Regeln der Kunst und gibt dem Patienten den vermutlich halbverwelkten Strauß nach der Therapiestunde wieder mit. Es ist die Karikatur von Rahmenbedingungen, die von Psychoanalytikern mit gutem Grund ernstgenommen werden. Es handelt sich hier um zwei Extreme von Versagung und Wunscherfüllung. Das eine ist in vernünftigem Maße die Vorbedingung für die Bearbeitung von Übertragung und Gegenübertragung, das andere wünschen sich die Patienten, genauer die in der Therapie regredierten, auf einem infantilen Niveau operierenden Patienten. Diesem Dilemma entgehen wir nicht, auch wenn wir weder mit Patienten schlafen noch Blumensträuße auf Heizungen welken lassen. Freud hat zwar betont, daß die Analyse unter der Bedingung der Versagung von Triebwünschen (Abstinenz) stattfinden müsse (GW X, XII, XIV, XVI), aber er hat auch anerkannt, daß manche Patienten ein gewisses Maß an Wunscherfüllung brauchen.

Um es an einem Beispiel zu erläutern: Was Geschenke betrifft, habe ich selbst früh Lehrgeld bezahlt. Ein Patient brachte mir in meinen ersten psychoanalytischen Lehrjahren ein Geschenk mit. Ich nahm es zwar an und bedankte mich angemessen, fühlte mich aber der korrekten Technik verpflichtet und interpretierte sein Motiv. Er reagierte mit der kategorischen Ankündigung, wenn ich es deutete, werde er das Geschenk wieder mitnehmen. Nun ist es nicht grundsätzlich ein Fehler, das Motiv für das Schenken und das Geschenk selbst zu deuten, aber bei diesem narzißtisch gestörten Patienten war es zu diesem Zeitpunkt ein Fehler, und wäre ich meinem Gefühl anstelle meiner Vorstellung von einer korrekten Technik gefolgt, so hätte ich diesen Fehler sicher nicht begangen. Ich hatte damals aber noch nicht bei Balint gelesen, daß die Vorstellung von der korrekten Technik eine Chimäre ist.

Für die Bewältigung dieser Dilemmata hat uns Michael Balint sehr hilfreiche theoretische Grundlagen und technische Hinweise geliefert. Er hat uns gezeigt, daß Freuds Metapher vom wohlgeschliffenen Spiegel, der der Analytiker für den Patienten zu sein hat, oder seine Chirurgenmetapher zum einen nicht bedeuten, daß der Analytiker alle Emotionen an sich abprallen läßt, sondern daß er dem Patienten die unverzerrte, nicht durch Übertragungsprojektionen getrübte innere Wirklichkeit wiedergeben soll. Zum anderen hat Balint auch die Bedingungen genannt, unter denen diese Art therapeutischer Beziehung, d. h. einer Beziehung, deren Methode die Deutung ist, angemessen ist und funktioniert, und wo sie scheitert. Er hat uns gezeigt, daß ein relativ starkes, kohärentes Ich mit der Fähigkeit zur Verinnerlichung nötig ist, damit Deutungen als Deutungen und nicht als Beschimpfungen, Vorwürfe, Demütigungen oder auch nur als leere, unlebendige Worte aufgenommen werden. Deutungen sind als verbale Interaktionsform – als Sprache der Erwachsenen – an das ödipale Niveau geknüpft, während im Zustand tiefer Regression oder angesichts sogenannter früher bzw. struktureller Störungen Deutungen unangemessen seien.

Balint hat in strikter, kategorialer Abgrenzung aufgrund der Erfahrung, daß manchen Patienten Deutungen nicht helfen, die Stufen vor der ödipalen, die auch als präödipale bezeichnet werden, die Ebene der Grundstörung genannt. Hier gibt es nicht, wie auf der ödipalen Stufe, Konflikte, sondern Fehler. Deutungen werden als Angriffe erlebt oder allenfalls als Äußerungen eines mächtigen Objektes, die der Aufrechterhaltung des falschen Selbst im Sinne Winnicotts, das diese Menschen aufzubauen genötigt sind, aufgenommen werden, bzw. im Sinne einer Überich-Intropression, wie es Ferenczi formulierte. Die Ebene der Grundstörung ist diejenige der primären Liebe, in der unmittelbare Befriedigung stattzufinden hat.

Nun sind aber alle Versuche, den Patienten diesen Bedingungen entsprechend mit einem großen Maß an Befriedigung in der Therapie zu helfen, fehlgeschlagen. Insbesondere Ferenczi hatte mit solchen Befriedigungsangeboten experimentiert. Einer Patientin hatte er Stunden zu jeder Zeit, auch nachts, angeboten und sie, um die Behandlung nicht zu unterbrechen, auch in die Ferien mitgenommen, und das über mehrere Jahre. Das Ergebnis war trotz gewisser Erfolge enttäuschend.

Patienten mit einer Grundstörung neigen wegen ihrer Bedürftigkeit oft dazu, in die persönliche Sphäre des Therapeuten eindringen zu wollen, und eben deshalb entsteht für den Therapeuten das schon beschriebene Dilemma, entweder seine professionelle Integrität abwehrend zu verteidigen, und sei es mit Deutungen, oder der Bedürftigkeit nachzugeben. Wohin das führen kann, beschreibt der Chicagoer Psychoanalytiker Giovacchini: Ein Therapeut wurde von seiner Patientin bedrängt, ein Bild zu entfernen, das in seinem Zimmer hing, und das sie häßlich fand. Kaum hatte er es abgehängt, wünschte sie, daß er ein Bild aufhänge, das sie selbst gemalt hatte. Mit großem Widerstreben nahm er ihr Bild an und hängte es auf. Er war aber damit unzufrieden und mochte das Bild auch nicht; er fürchtete jedoch, er würde die Patientin verlieren, wenn er ihrem Wunsch nicht folgte. Nun äußerten sich aber andere Patienten zu dem neuen Bild ganz negativ. Sie fühlten offenbar, daß es nicht zu der Zimmereinrichtung und dem persönlichen Stil des Therapeuten paßte. Was noch schlimmer war: Die Patientin fuhr mit ihren Veränderungswünschen fort; sie wollte ihr eigenes Kissen mitbringen und sie nahm die Couchdecke mit sich, um sie am nächsten Tag wiederzubringen, auch wenn sie keine Stunde hätte. Deren Abwesenheit wurde natürlich von den anderen Patienten bemerkt. Kurz: Die Sache war dem Kollegen aus dem Ruder gelaufen. Nun scheint er aber kein Anfänger oder Stümper gewesen zu sein. Vielmehr hatte er etwas gespürt, was den Umgang mit Frühgestörten oft schwierig macht: Was wir für trivial halten, ist für sie unter Umständen eine Sache auf Leben und Tod, und der Kollege hatte gefürchtet, sie würde psychotisch, wenn er ihren Wunsch abschlüge. Schließlich war er aber doch gezwungen, die alten Verhältnisse wiederherzustellen.

Es zeigt sich, daß wir den Patienten leere Versprechungen machen, wenn wir in unangemessener Weise ihre Wünsche erfüllen: Wir können ihnen nicht erfüllen, was sie sich wünschen, und so ist die Enttäuschung um so größer. Ich werde sogleich noch ein Beispiel liefern, in dem die Geschichte für den Therapeuten schlecht auslief. In dem geschilderten Fall brach die Patientin die Behandlung tatsächlich ab und suchte andere Therapeuten auf, die aber weniger nachgiebig waren, und die sie ebenfalls enttäuscht verließ. Nach zwei Jahren kehrte sie zurück und akzeptierte nun das Setting (Giovacchini).

Balint beschreibt die Quelle der Grundstörung als ein Nicht-zueinander-Passen der Bedürfnisse des Kindes und des materiellen und psychischen Versorgungsangebotes der Umgebung. Dies wiederholt sich dann in der Praxis des Psychotherapeuten und führt zu dem dem Wesen nach unauflösbaren Dilemma. Giovacchinis Fall ist ein schönes Beispiel.

Ich will ein eigenes anfügen. Vor einigen Jahren behandelte ich einen Patienten, der sehr begabt und auch therapeutisch erfahren war. Er verfügte über das Talent, seine innere Situation, seine Beziehungen und die dazugehörigen biographischen Zusammenhänge in oft erstaunlicher Klarheit zu sehen. Manchmal hatte auch ich das Gefühl, sehr bedeutsame Entdeckungen zu machen. Dazwischen gab es aber lange Phasen, in denen ich mich unwirksam und insgesamt schlecht fühlte, und die Vorwürfe des Patienten, ich sei nicht wirklich für ihn da, er fühle sich in den Stunden schlechter als draußen, es gehe überhaupt nicht voran, trafen mich. Einerseits stellte ich fest, daß ich trotz aller gemeinsamer Erleuchtungen mit ihm nichts erreichte, daß wir oft sehr getrennt waren und ich nicht wußte, was in ihm vorging. Ich hatte dann oft Schuldgefühle und öfter noch eine Wut, weil er nicht endlich einmal sein Schicksal in die Hand nahm und aus seiner Begabung das Beste machte. Die Tatsache, daß seine Herzneurose ausgebrochen war, nachdem sein Doktorvater ihn schwer enttäuscht hatte, war für mich ein Anlaß, die Enttäuschung am Vater – und an mir – zu fokussieren. Die Herzneurose ist übrigens im Laufe der Therapie verschwunden. Zum Vater hatte er auch viele Jahre nach dessen Tod eine große innere Nähe. Allmählich lernte ich verstehen, in welche Position er mich brachte: Er begann die Stunden damit, daß es ihm inzwischen schlecht gegangen sei. Ich konnte mich also nicht als guter und erfolgreicher Therapeut fühlen. Es folgten dann lange Schweigepausen, in denen ich meinem Wunsch, ihn zu verstehen, nicht näherkam. Gefühle von Hilflosigkeit, Unfähigkeit, aber auch Wut ergriffen mich, und wenn ich ihm meine Gefühle als seine Wut anbot, so konnte er dies bestätigen, und wir konnten eine Korrespondenz unserer Gefühlslage feststellen. Aber wer war ich für ihn? Es blieb lange unklar. Manchmal war es wie ein verzweifelter Versuch, mich aus der Gegenübertragungsdepression zu befreien, wenn mir Einfälle kamen, wie er seine Talente und Erfahrungen nutzen könnte. Wenn dies dann zur Sprache kam, wies er mich damit zurück, daß er mir versicherte, mit der Realitätsbewältigung habe ich gar keine Probleme, und in der Tat bewies er in mancher Hinsicht große Lebenstüchtigkeit, jedenfalls soweit es sich nicht um die weiterreichende Lebensplanung handelte. Wir konnten uns darauf einigen, daß wir beide miteinander in einer Art Totenreich lebten. Es war, als könne er nur lebendig werden, wenn sein Vater wieder auferstünde. Warum aber harrte er beim Vater im Reich der Toten aus? Als er zuletzt von einer Auslandsreise zurückkam, aktualisierte sich in der Begegnung mit der Mutter das alte Problem mit ihr: Während sie in den leuchtendsten Farben von den Ereignissen im Leben des älteren Bruders sprach, kam er mit seinem Wunsch, von seinen Ferien zu erzählen, gar nicht zu Wort, bis er mit einer Mischung aus Enttäuschung und Wut resignierte. Ich konnte ihm nun schildern, daß ich mich ihm gegenüber so fühlte, wie er sich gegenüber seiner Mutter, und daß meine Gefühle vielleicht auch denen seiner Mutter ihm gegenüber entsprächen, denn sie schien gutwillig und bemüht, aber sie tat immer das Falsche (Kochen und Backen statt Verstehen), und weil er mit ihrem Unverständnis schon von vornherein rechnete, wies er sie innerlich von sich, so wie mich, wenn ich von den beruflichen Realitäten sprach. Dabei hatte ich ja auch jeweils das Gefühl, nur Backwaren geliefert zu haben.

Dieses Beispiel ist vielleicht geeignet, zu illustrieren, daß unsere Gegenübertragung und ihre Handhabung ein Kernkonzept für das Verständnis der unbewußten Probleme unserer Patienten ist. Es ist aber schwierig zu benutzen, weil wir in ihm zunächst die Barriere eines Kränkungspotentials überwinden müssen, und weil wir mit ihm unseren Omnipotenz- oder Superioritätsanspruch opfern. Wir sind deshalb immer geneigt, die Last auf die Übertragung, d. h. auf die Neurose des Patienten zu verlagern und damit aber viel Erkenntniskapital unserem Berufsnarzißmus zu opfern.

Wie Gegenübertragung zu definieren ist, wäre das Thema eines eigenen Vortrages. Ich benütze die allerweiteste Definition, nämlich im Sinne der Gefühle des Psychotherapeuten dem Patienten gegenüber. Deren wichtigster und risikoträchtigster Antei' sind die unbewußten Gefühlsantworten der infantilen Persönlichkeitsanteile des Therapeuten auf die entsprechenden des Patienten.

Bei Freud spielt dieser Begriff eine untergeordnete Rolle. Im gesamten Werk kommt er nur viermal vor, zuerst 1911 in „Die zukünftigen Chancen der psychoanalytischen Therapie". Hier schreibt Freud: „Wir sind auf die ‚Gegenübertragung' aufmerksam geworden, die sich beim Arzt durch den Einfluß des Patienten auf das unbewußte Fühlen des Arztes einstellt, und sind nicht weit davon, die Forderung zu erheben, daß der Arzt diese Gegenübertragung in sich erkennen und bewältigen müsse" (GW VIII). Dies ist gewiß bis heute gültig. Aber Freud hat, ähnlich wie Jahre zuvor vorübergehend den Widerstand, die Gegenübertragung als Störfaktor gesehen, und zwar offenbar zeitlebens. Ihm waren natürlich die Erfahrungen mit Breuer und Anna O. noch frisch im Gedächtnis, und vielleicht auch seine eigenen. Der vermutlich erste Bericht über Gegenübertragungsagieren nach Breuer stammt von ihm selbst: Er hatte einen Patienten – seinen ersten Zwangsneurotiker –, der immer mit scheinbar nagelneuen, in Wirklichkeit gebügelten, Papiergulden bezahlte, was natürlich schon sehr verdächtig im Hinblick auf Unsauberes ist, und in der Tat stellte sich heraus, daß der Herr sich laufend in der Maske eines „lieben alten Onkels" an jungen Mädchen vergriff. Die verständliche, aber gewiß nicht bewältigte Gegenübertragung wird in Freuds Bemerkung deutlich: „Ja, fürchten Sie denn nicht, daß Sie ihr schaden, wenn Sie mit Ihrer schmutzigen Hand in ihren Genitalien herumarbeiten?" So wundert uns das abrupte Ende der Behandlung nicht: „Er nahm meine Beanstandung sehr übel auf und kam nie wieder" (Freud, GW VII).

In der Psychoanalyse blieb das Interesse an der Gegenübertragung weit hinter dem an der Übertragung zurück, und noch bis zu der Arbeit von Annie Reich wurde der Begriff im Sinne Freuds verstanden. Aber seit den Studien von Winnicott und Little, besonders aber Paula Heimann in England und Racker in Argentinien, um 1950 herum, wurde die Gegenübertragung als wertvolles diagnostisches und therapeutisches Instrument verstanden, dessen sinnvoller Gebrauch allerdings viel Empathie und Erfahrung voraussetzt. Einige Autoren, wie Little und Searles, teilten ihre Gefühle ihren Patienten ziemlich offen mit. Ich halte solche Empfehlungen für gefährlich, denn es erfordert eine sehr genaue Kenntnis des Patienten, bevor man hinreichend beurteilen kann, ob derartige Mitteilungen nicht schaden. Wie Sie sahen, teilte ich meinem Patienten recht freimütig meine Gefühle mit, aber es geschah nach zwei Jahren, als ich seine innere Situation recht genau überblickte und im engen Kontext seiner Übertragung, von der ich wußte, daß er sie richtig verstehen würde.

Heutzutage ist die Mitteilung von Therapeutengefühlen an Patienten eher populär, oft im Sinne von klischeehaften Pseudoemotionen im Stile von „ich spüre, daß ich sauer auf Sie bin", oder auch als unangemessene Offenheit der Mitteilung eigener Probleme. Zu einer Psychoanalytikerin kam eine Patientin, die nach einer gescheiterten Ehe von B. nach H. umgezogen war und berichtete, daß sie bei einem bekannten Psychiater zu einem Gespräch gewesen sei. Auf ihren Ehebericht hin meinte er, seine Ehe sei auch zwischen B. und H. zerbrochen. Da wußte die Patientin, daß er ihr nicht helfen könne und verzichtete auf seine Dienste.

Wir müssen also an der Gegenübertragung, die ein ubiquitäres Geschehen in allen psychotherapeutischen Beziehungen ist, zwei gleich wichtige Aspekte unterscheiden: den des Risikos für die Therapie, wenn unbewußte und infantile Reaktionen unverstanden transportiert, wie wir sagen „agiert" werden, und den des zentralen therapeutischen Konzeptes.

Ich werde mich zunächst mit dem Risikoaspekt beschäftigen. Ein wichtiges Risiko ist die Neigung schwerer gestörter Patienten, aus unterschiedlichen Gründen die Grenzen des Settings zu sprengen, die professionelle Identität des Therapeuten in Frage zu stellen, in seine persönliche Sphäre einzudringen, die therapeutische Beziehung zerstören zu wollen, die Therapie mit ihren Ansprüchen zu überfordern. Das ist um so wahrscheinlicher, je schwerer die Störung ist, denn spätestens seit den Studien der Howard-Gruppe in Chicago (Orlinsky u. Howard) wissen wir, daß der Patient um so mehr braucht, je schwerer gestört er ist, und wieviel er braucht, wächst logarithmisch mit dem Grad seiner Störung. Der Psychotherapeut gerät somit in ein oft unausweichliches Gegenübertragungsproblem, und wenn er nicht mit seiner Gegenübertragung umzugehen gelernt hat, kann es zu einer Beziehungskatastrophe kommen.

Im äußersten Fall wird der Psychotherapeut erschossen. Gott sei Dank passiert das selten. Einen solchen Fall berichtete Giovacchini, und er ist sehr aufschlußreich. Er war nämlich mutig genug, einen Patienten in Therapie zu übernehmen, der seinen vorigen Psychotherapeuten erschossen hatte. Es ergab sich außerdem, daß Giovacchini einen Arzt in Psychoanalyse nahm, der den Erschossenen flüchtig kannte, weil er im selben Ärztehaus arbeitete. So hatte Giovacchini zusammen mit vorhandenen Akten drei unterschiedliche Erkenntnisquellen. Es ergab sich, zusammengefaßt, folgendes Bild: Der Patient war als schizophren klassifiziert worden. Von Anfang an ein „looser", ein Versager, wurde er vom lebenstüchtigeren Bruder betreut, der auch die Behandlung finanzierte. Der Patient schildert den Therapeuten als anfänglich sehr warm, nett, nicht ängstigend und freundlich, und bald waren sie "on a first-name-basis", also entsprechend dem bei uns mancherorts üblichen Duzen zwischen Patienten und Therapeuten, einer Form von Gegenübertragungsagieren. Das Klima der Therapie änderte sich aber, und an einem bestimmten Punkt sagte der Therapeut dem Patienten, er habe passiv-homosexuelle Gefühle gegenüber seinem Bruder, und er, der Therapeut, werde die Behandlung abbrechen, bis der Patient seine Behandlung selber bezahlen könne. Der Bruder war entsetzt, weil er wußte, daß der Patient damit überfordert sein würde, und der Patient fühlte sich vernichtet, verraten im Hinblick auf die first-name-Beziehung, ohne Boden und wie eingefroren. Seine Erinnerung setzte für die nächsten Tage aus und erst wieder ein, als er einen Revolver, den er inzwischen gekauft haben mußte, vor sich liegen sah. Ohne jedes Gefühl machte er sich auf den Weg zu seinem Therapeuten und erschoß ihn wortlos.

Die Rekonstruktion der Problematik des Psychotherapeuten ergab: Er war offenbar ein Mensch gewesen, der ein ungeheures Gespür für unbewußte Vorgänge in anderen Menschen hatte, aber kein Gefühl für die Angemessenheit von Interpretationen und für die Grenzen der privaten Sphäre anderer. Er hatte also, wie wir in der Umgangssprache sagen würden, kein Taktgefühl und war dementsprechend auch vielen in seiner Umgebung unsympathisch. Man darf nach allem vermuten, daß er ein Frühgestörter war; jedenfalls finden wir bei ihnen öfter die beschriebene Kombination von Qualitäten. Der Arztpatient Giovacchinis berichtete eine charakteristische Vignette: Als er eines Tages mit einem Kollegen im Fahrstuhl zum Arbeitsplatz fuhr, stieg der später getötete Therapeut hinzu und fragte die beiden unvermittelt: "Do you two go together?" Die Anekdote bedarf keines Kommentars, aber Menschen dieser Art haben oft, wegen ihrer Hellsichtigkeit, eine unglückliche Liebe zur Psychotherapie, und es ist natürlich kein Zufall, daß ihre Praxis oft sehr dramatisch verläuft. Im günstigeren Fall laufen die Patienten weg – bevor sie zur Pistole greifen.

Ich will den Fall eines gewalttätigen Patienten dagegenstellen, um daran zu veranschaulichen, daß der Verlauf wesentlich eine Funktion der Gegenübertragung ist. Jener Psychiater, von dessen Ehegrab die Rede war, schickte mir eines Tages einen Patienten mit der eindringlichen Bitte, ich müsse unbedingt etwas für ihn tun. Ich fand einen Enddreißiger vor, bei dem eine intellektuelle Höchstbegabung und ein sympathischer Eindruck mit einer verheerenden Geschichte kontrastierte: Mehrfach wäre er fast zum Totschläger geworden, und er hatte eine Rache-Mord-Liste, die ich bitter ernst nahm. Auch sein scharfer Intellekt war eine oft tödliche Waffe. Außerdem war er durch extreme Alkoholexzesse bedroht, in denen er zur gefährlichen Bombe wurde. Also eine Art von Patienten, die wir gewöhnlich lieber an unseren Todfeind überweisen würden. Es wurde aber eine achtjährige Analyse daraus, die ich zu meinen erfolgreichsten zähle. Lange allerdings hatte ich große Angst und fürchtete von Sitzung zu Sitzung, daß ich ihn entweder auf dem Friedhof oder im Gefängnis besuchen müßte. Inzwischen begann ich mich zu wundern, warum ich selbst keine Sekunde lang Angst vor seiner Aggressivität hatte. Es war aber etwas geschehen, und zwar ganz früh, was uns beide schützte und uns einen so unerwarteten Erfolg bescherte. Ziemlich am Anfang der therapeutischen Arbeit hatte ich den Einfall: So einen hätte ich gern als Sohn – was angesichts seiner Symptomatik paradox klingen mag. Als er sich nach acht Jahren verabschiedete, weil er sich nun gesund genug fühlte, fiel mir ein, was ich vergessen hatte. Im ersten Gespräch hatte er seinerzeit gesagt: „Sie haben mir meinen Vater acht Jahre zu früh genommen" (der Vater war in Rußland gefallen). Er hatte also die Begabung gehabt, sich meiner in dieser Funktion und Zeitdauer zu bedienen, und wir hatten neben der Deutungsarbeit zustande gebracht, was Balint als das zweite therapeutische Mittel der Psychotherapie bezeichnete, die Objektbeziehung.

Unser Alltag verläuft zum Glück nicht so dramatisch wie das, was Redner in Sonntagsvorträgen dem erstaunten publico zu erzählen pflegen. Mit so einem unspektakulären Fall und der Wirkung der Gegenübertragung will ich schließen. Ich hatte zwei Jahre lang einen Patienten behandelt, dessen Analyse bis dahin sehr gut verlaufen war. Wie oft in solchen guten Verläufen war der Patient tief regrediert gewesen und hatte von der Kleinstkinderzeit bis zur Adoleszenz in der Analyse Schritt für Schritt alle Lebensphasen in seiner Übertragungsneurose durchlaufen. Eines Tages machte ich bei der Begrüßung eine verblüffende Entdeckung: Ich stellte fest, daß er mindestens einen halben Kopf größer ist als ich. Zwei Jahre lang hatte ich geglaubt, er sei eher kleiner als ich. So sehr also hatte er sich mir als kleinen Sohn angeboten, und so sehr hatte ich ihn in der Gegenübertragung dazu gemacht. Seine wirkliche Körpergröße nahm ich erst mit Beginn seiner pubertären Übertragungsphase wahr, in der er sich auch kritisch mit mir auseinandersetzte.

Michael Balint hat die Psychoanalytiker ermahnt, nicht das Deuten bei Grundstörungen ad absurdum zu führen. Ich habe den Eindruck, daß inzwischen die Mahnung an Psychotherapeuten angebracht ist, über der Containerfunktion der primären Liebe zum Frühgestörten nicht die Interpretation im rechten Maß zur rechten Zeit zu vergessen.

Zum Thema der Gegenübertragung hat Balint eine hübsche Anekdote hinterlassen: Eine sehr schöne Patientin sagte eines Tages zu ihm: „... und ich werde Sie doch noch verführen." Balint antwortete: „Ja, ich glaube, es ist besser, Sie suchen sich einen anderen Therapeuten." Natürlich kann ich mich für den Wahrheitsgehalt nicht verbürgen. Aber wie man in Italien sagen würde: Si non e vero, e ben trovato.

Literatur

Balint, M.: Therapeutische Aspekte der Regression. Die Theorie der Grundstörung. Stuttgart, Klett 1970.
Breuer, J.: Beobachtung I. Frl. Anna O. In Freud, S.: GW, Nachtragsband, 221–243. Frankfurt/M., Fischer 1987.
Cremerius, J.: Sabina Spielrein – ein frühes Opfer der psychoanalytischen Berufspolitik. Forum der Psychoanalyse, 3, 127–142 (1987).
– Mündliche Mitteilung

Freud, S.: Bemerkungen über die Übertragungsliebe. GW X, 3. A., 306–321. Frankfurt/M., Fischer 1963.
– Die zukünftigen Chancen der psychoanalytischen Therapie. GW VIII, 4. A., 104–115. Frankfurt/M., Fischer 1964.
– Bemerkungen über einen Fall von Zwangsneurose. GW VII, 4. A., 379–463. Frankfurt/M., Fischer 1966.
– Wege der psychoanalytischen Therapie. GW XII, 3. A., 181–194. Frankfurt/M., Fischer 1966.
– Die Frage der Laienanalyse. GW XIV, 4. A., 207–216. Frankfurt/M., Fischer 1968.
– Die endliche und die unendliche Analyse. GW XVI, 3. A., 57–99. Frankfurt/M., Fischer 1968.
Giovacchini, P. L.: Countertransference – triumphs and catastrophes. New Jersey, London, Aronson 1989.
Heimann, P.: On countertransference. Internat. J. Psycho-Anal. 31, 81–84 (1950).
Jones, E.: Sigmund Freud. 3 Bde. Bern, Stuttgart, Huber 1960, 1962.
Kordy, H.: Time and its relevance for a successful psychotherapy. Psychother. and Psychosom. 49, 212–222 (1988).
Little, M.: Countertransference and the patient's response to it. Internat. J. Psycho-Anal. 32, 32–40 (1951).
Nitzschke, B.: Skizzen aus dem Leben von Bertha Pappenheim („Anna O."). Psyche, 44, 788–825 (1990).
Orlinsky, D., Howard, K.: Process and outcome in psychotherapy. In Garfield, S. L.; Bergin, A. E. (Eds.): Handbook of Psychotherapy and Behavior Change. New York, Wiley 1986.
Pope, G. G.: Abuse of psychotherapy: Psychotherapist – Patient intimacy. Psychother. and Psychosom. 54, 191–198 (1990).
Racker, H.: A contribution to the problems of countertransference. Internat. J. Psycho-Anal. 34, 313–324 (1953).
Reich, A.: On counter-transference. Int. J. Psycho.-Anal. 32, 25–31 (1951).
Searles, H. F.: Countertransference as a path to understanding and helping the patient. In Slakter, E. (ed.): Countertransference, 131–165. New Jersey, London, Aronson 1987.
Spiegel, 28, 146–148 (1990).
Spielrein, S.: Tagebuch einer heimlichen Symmetrie, Krore. Freiburg/Br., Hensch 1986.
Winnicott, D. W.: Hate in the countertransference. Internat. J. Psycho-Anal. 30, 61–74 (1949).

Die apostolische Funktion

Balints Konzeption von Übertragung und Gegenübertragung des Arztes in seiner Praxis

Von Ulrich Rosin, Düsseldorf

Vorbemerkungen

Der Ausdruck apostolisch mag heute, insbesondere im nicht ausdrücklich christlichen Sprachgebrauch, etwas antiquiert wirken. Apostolisch bezieht sich, wenn auch von Balint nie in dieser Direktheit formuliert, auf zwei Aspekte: (1) Den Missionsbefehl des Neuen Testaments, in dem Jesus die Apostel anweist: „Darum gehet hin und machet zu Jüngern alle Völker, indem ihr sie taufet ... und sie halten lehret, was ich Euch befohlen habe ..." (Matthäus 28, 19-20). (2) Die apostolische Nachfolge, nämlich das Sich-berufen der Päpste auf ihre Verbundenheit mit den Aposteln. – Balint hat die Bezeichnung apostolisch im Zusammenhang mit „apostolischer Nachfolge" und „apostolischer Bekehrungswut" verwendet (Balint 1948, 279; 1954, 295). Er verglich einige Beschreibungen des Apostels Paulus mit manchen Verhaltenszügen bei Mitgliedern psychoanalytischer Gesellschaften. Bei Paulus habe die Introjektion eines vorher gehaßten und verfolgten Objekts, das nach der Bekehrung idealisiert worden sei, zu Intoleranz und Sektierertum geführt. Analog gäbe es auch bei manchen Psychoanalytikern eine apostolische Nachfolge, was sich bereits an einem harmlosen Beispiel dann zeige, wenn Redner bei psychoanalytischen Kongressen jeweils ihre „eigene Reihe von Autoren zitieren". Es gehe um die „Treue"-Haltung von Anhängern einer bestimmten Glaubens- oder Wissenschafts-Richtung den eigenen „Lehrern" gegenüber. Die Erwartung von Lehrern, daß ihre Anhänger Loyalität zeigen, ist nicht nur für die Kirche charakteristisch. Auch die beiden anderen großen Institutionen des Abendlands, Armee und Medizin, legen auf Gehorsam und Gefolgschaft großen Wert. Vielleicht ist dabei bedeutsam, daß die abendländische Medizin sich zunächst im kirchlichen und militärischen Bereich entwickelt hat. – Loyalitäten gegenüber einer „Schule", in bezug auf die akademischen Lehrer während des Studiums und die Chefärzte während der Assistentenzeit, waren früher häufiger zu beobachten als heute. Mit oft deutlichem Stolz wurde darauf hingewiesen, bei wem man als Student oder Assistent „gewesen" sei. Dabei ist auch in der Medizin die Ausbildung von Schulrichtungen um so ausgeprägter, je weniger überprüfbar die deklarierten Theorie- und Praxiselemente sind, zu denen die „Anhänger" sich bekennen sollen. Insofern sind die Gebiete Psychiatrie und Psychotherapie besonders gefährdet für das Entstehen von Dissidenten (Cremerius 1982, 481). – Balint hat immer wieder betont, er selber wolle keine

„Schule" begründen. Manche Erscheinungen der Balint-Bewegung in Deutschland (Rosin 1989, 18 ff.) lassen jedoch befürchten, daß er, aus heutiger Sicht, ähnlich kritisiert werden könnte, wie er es bei Freud tat: Die ersten Schüler Freuds nämlich, der „intim-legendäre Kreis in der Berggasse", habe für sich Autorität und Unfehlbarkeit in Anspruch genommen sowie eine apostolische Nachfolge propagiert. Manche Psychoanalytiker hätten, beim Verlassen ihres Elfenbeinturms der reinen Psychoanalyse, ein fadenscheiniges Gehabe angeblicher Überlegenheit angenommen. Balint wies auf die Gefahr hin, daß Jünger von sogenannten Starlehrern sich zu Starschülern entwickeln und damit rigide Lehrmeinungen vertreten könnten.

1. Einleitung

Viele Kollegen sehen in Balint einen Begründer, ja den Stifter einer „neuen" Medizin. Er selber verstand sich als Kritiker der „traditionellen" Medizin. Da, insbesondere in Deutschland, viele Ärzte den Zugang zur Psychotherapie über die Teilnahme an einer Balint-Gruppe finden, erfolgt oft ein Teil ihrer beruflich-psychotherapeutischen Identität mittels einer zumindest partiellen Identifizierung mit dem Werk und der Person Balints. Bei jeder Idealisierug von Personen besteht jedoch eine Minderung der Fähigkeit, das Ausmaß der Vergänglichkeit einzuschätzen, der alle wissenschaftlichen, philosophischen und religiösen Ideen (also auch Freuds Theorien und Balints Anschauungen) ausgesetzt sind (Thomä und Kächele 1985, X).

Balint hat im letzten Abschnitt seines Hauptwerkes „Der Arzt, sein Patient und die Krankheit" (1957, 430) einige Aspekte der Persönlichkeit von psychotherapeutischen Weiterbildern behandelt. Er lehnte es ab, daß sich zwischen Gruppenleiter und Seminarteilnehmer ein Lehrer-Schüler-Verhältnis entwickele. Der Psychoanalytiker sei eben kein „überlegener Mentor, der weiß, was für den praktischen Arzt gut und bekömmlich ist …".

2. Beschreibung der apostolischen Funktion

Die apostolische Funktion – Balint verwendete die Ausdrücke Mission, Sendung und Eifer synonym – ist die Bezeichnung für das Phänomen, daß jeder Arzt „eine vage, aber fast unerschütterlich feste Vorstellung davon (habe), wie ein Mensch sich zu verhalten habe, wenn er krank ist" (Balint 1957, 290). „Die wichtigste Erscheinungsweise der apostolischen Mission … (ist) die einzigartige, charakteristische Atmosphäre jedes Arztes", die er unwillkürlich durch die Art seines Praktizierens schaffe. Ein solcher Arzt verhalte sich so, als sei es seine „heilige Pflicht", als habe er eine „Offenbarung", bzw. als sei es sein „fester Glaube", bei seinen Patienten bestimmte Einzelheiten der eigenen ärztlichen Tätigkeit durchzusetzen. Gerade so, als müsse er, der Arzt, seine Patienten „bekehren", als ob diese nämlich „Unwissende" oder „Ungläubige" seien. – Diese apostolische Funktion habe für den Arzt eine besondere Bedeutung: Es gehe ihm um das „Bedürfnis, seinen Patienten, der Welt als ganzer und vor allem sich selber zu beweisen, wie gut, nett, gescheit und tüchtig er ist" (Balint 1957, 309).

Gelegentlich verwendete Balint den Begriff apostolische Funktion synonym mit den Bezeichnungen „Droge Arzt" und „Gesunder Menschenverstand"; diese Gleichsetzungen mögen irritierend wirken. Ähnliche begriffliche Unschärfen finden sich jedoch bei Balint häufiger.

2.1 Kennzeichen der apostolischen Funktion

Die apostolische Funktion eines Arztes, so Balint, sei von Außenstehenden sehr leicht daran erkennbar, daß der Arzt selber, in bezug auf diese Eigenschaften, mangelnde Selbstwahrnehmung und geringe Selbsterkenntnis zeige. Der Arzt sei im allgemeinen der letzte, der seine ihm eigentümlichen Erlebnis- und Verhaltensweisen gewahre. Wenn in den Balint-Gruppen-Sitzungen verschiedene Standardreaktionen (als Erscheinungsformen der apostolischen Funktionen eines Arztes) deutlich geworden seien, dann sei es fast immer so gewesen, daß dies „allen durchaus einleuchtete, außer dem behandelnden Arzt selber, der nicht zu überzeugen war" (Balint 1957, 290).

Ein weiteres Kennzeichen apostolischer Funktionen sei die stereotype Wiederholung von Verhaltensweisen, die der Arzt nicht selbst erkennen und überprüfen könne. Auf die Erkrankung und auf die Person eines Kranken gebe es meist nicht nur eine, sondern mehrere Möglichkeiten ärztlichen Reagierens. Die apostolische Funktion zeige sich darin, daß ein Arzt ganz fest davon überzeugt ist, daß seine Handlungsweise „die einzig mögliche, natürliche und vernünftige Behandlungsweise sei, das betreffende Problem (des Patienten) anzugehen" (Balint 1957, 289). – Allerdings wies Balint auch darauf hin, daß sicherlich kein Arzt so „elastisch" sei (und werden könne), um selber über alle Varianten des Helfens zu verfügen. Ziel der Balint-Gruppen-Arbeit sei es jedoch, die Ärzte dazu anzuleiten, das eigene Erleben und Verhalten zu relativieren und ihr persönliches Repertoire zu erweitern.

2.2 Kollektive apostolische Funktionen in der Ärzteschaft

Balint wies darauf hin, daß es nicht nur individuelle apostolische Funktionen, sondern auch eine „gleichsinnig einsetzende apostolische Funktion der gesamten Ärzteschaft" (Balint 1957, 262) gebe. Die Ärzte einer jeden Gesellschaft würden die Menschen von Kindheit an daraufhin trainieren, was sie von den Ärzten erwarten können und dürfen. So sei den Patienten z. B. gelehrt worden, „sich nicht unnötig zu schämen, wenn sie uns (Ärzten) ihren Körper zeigen sollen" (Balint 1957, 308). Wenn es für die zukünftigen Ärzte selbstverständlich wäre, sich auch mit dem Erleben und der Persönlichkeit ihrer Patienten zu beschäftigen, dann könnten sie die Bevölkerung lehren, in der Sprechstunde auch ohne unnötiges Schämen über die eigene psychische Verfassung zu reden und sich hinsichtlich ihrer seelischen Probleme untersuchen zu lassen. Die Anpassungsfähigkeit der Patienten an die apostolische Funktion der Ärzte sei sehr bemerkenswert (Balint 1957, 318).

2.3 Typische Erscheinungsformen der apostolischen Funktion

Balint hat beschrieben, wie es zwischen jedem einzelnen Arzt und seinen Patienten zu charakteristischen Wechselwirkungen kommen kann. Er meinte, typische Ergebnisse solcher Lern- und Aushandlungsprozesse seien:

– Verhalten des Arztes bei Telefonanrufen, insbesondere bei nächtlichen Hausbesuchen; diesem Thema wurde von Clyne (1961), einem Mitglied der „alten Garde" (so die Bezeichnung für die Teilnehmer an der ersten von Balint geleiteten Gruppe), ein eigenes Buch gewidmet.

– Abweisen oder Wiederannehmen von Patienten, die einmal weggeblieben und zu einem anderen Arzt gegangen waren.

– Einholen einer sogenannten zweiten Meinung, d. h. die Bereitschaft des Arztes, seinen Patienten zum Konsil an einen Facharzt zu überweisen.

– Grundsätzliche Haltung der Ärzte zu ihrer Aufgabe den Patienten gegenüber: Einnehmen einer sogenannten Reparatureinstellung oder die Bereitschaft, eine Subjekt-Subjekt-Beziehung mit wechselseitiger menschlich-persönlicher Beteiligung herzustellen.

– Grad des therapeutischen Ehrgeizes, im Extrem ein Furor therapeuticus, nämlich die Tendenz zum „Behebenwollen des Leides um jeden Preis". Oder die Absicht, „jeden der Patienten, ohne Ausnahme und ohne Gnade, zu kurieren" (Balint 1957, 309 u. 315).

– Einstellungen der Ärzte dazu, „wieviel Schmerzen, Leid und Versagungen grundsätzlich zur menschlichen Existenz dazugehören und daher ertragen werden müßten" (Balint 1957, 306).

– Überzeugungen der Ärzte davon, „was das Leben lebenswert macht" und wann sich ein Leben nicht mehr lohne.

– Selbstverständnis der Ärzte als Heiler und „Seelentröster", auch als eine Art von Beichtvater, von dem eine Stellungnahme zu „Schuld" und „das Erteilen der Absolution" erwartet werde.

Diese kollektiven apostolischen Funktionen in der Ärzteschaft insgesamt fänden, so Balint, bei jedem Arzt besondere individuelle Ausprägungen. Er beschrieb folgende Typen:

– Der Arzt als neutraler Wissenschaftler; als ein Mentor, der fachkundiges Wissen anbietet und sich als ein Vertreter der Vernunft versteht.

– Der Arzt als eine Elternfigur, z. B. als gütiger Vater oder behütende Mutter.

– Der Arzt als ein feinfühliger, teilnahmsvoller und verständnisbereiter Mensch, vielleicht sogar ein sanftmütig-dulderischer und demütiger Helfer, „der alle Schuld auf sich nimmt".

– Der Arzt mit „onkelhafter Autorität", der vom Patienten verlangt, als „weiser Uhu" anerkannt zu werden, der alles besser weiß und kann.

– Der Arzt als Inquisitor, der Fragen stellt; als ein Anwalt der „Wahrheit um jeden Preis", der Vorwürfe macht, „Missetaten bestraft" oder „Reue für Sünden" verlangt.

Diese Beispiele verdeutlichen, wie anschaulich und beobachtungsnah Balints Beschreibungen sind; er verzichtet weitgehend auf das Verwenden psychoanalytischer Termini; bei den obigen Beschreibungen wäre es ja auch möglich gewesen, Bezeichnungen wie z. B. narzißtisch, oral-befriedigend, anal-kontrollierend oder ödipal-strafend zu verwenden.

2.4 Zur Entstehung apostolischer Funktionen

Balint hat sich mit den Faktoren beschäftigt, die der Elastizität im Erleben des Arztes Grenzen setzen und die sein Verhaltensrepertoire einschränken. Seine These ist, daß die Art, in der jeder Arzt seine Tätigkeit ausübt, eine wichtige Befriedigung für seinen Gefühlshaushalt gewährleiste. Es handele sich dabei keineswegs um bewußte Entscheidungen, sondern um persönlich-routinehafte Reaktionen. Der Arzt selber könne die eigenen Motive kaum erkennen und benennen; alles, was er darüber zu sagen vermöge, seien „durchsichtige Rationalisierungen". Die Normen des Arztes, sein „Glauben", daß seine Art des Umgangs mit den Patienten gut und richtig sei, werde durch Wiederholung und Bestätigung stabilisiert. – Balint meinte, von allen Patienten, insbesondere denen, die funktionell-körperliche Beschwerden „anbieten", gehe indirekt eine Aufforderung an den Arzt aus, dieser möge eine Lösung „geben", die ihm selber, dem Arzt, helfen würde. Dazu schrieb Balint (1957, 101): Durch die wohl überwiegend unbewußten Konflikte der Patienten „können wir Ärzte nicht umhin, uns persönlich angesprochen zu fühlen …, und so müßten wir … auch unser eigenes Leben Revue passieren lassen … und entdecken, welche eigenen Vorstellungen und Wünsche … in uns aufsteigen". Meist leiste der Arzt jedoch dann nicht die erforderliche „Selbstprüfung"; er unterscheide nicht hinreichend zwischen seiner eigenen Entwicklung einerseits und den biographischen Besonderheiten seiner Patienten andererseits. Vielmehr weiche der Arzt meist der erforderlichen Differenzierung und Selbstkontrolle aus, weil er sich nicht in Frage stelle, sich nicht etwa folgende Frage stelle: Was wäre für mich persönlich gut – und was, vielleicht aber anders, wäre für diesen Patienten gut? Oft halte der Arzt hingegen seine eigenen Problemlösungen für die besten und preise diese seinen Patienten mit großem Eifer an.

In diesen Beschreibungen wird deutlich, daß Balint die Intensität der Interaktionen zwischen Patient als Subjekt und Arzt als Subjekt betonte. Das ist mit „Zwei-Personen-Psychologie", anstatt der sogenannten „Ein-Person-Psychologie" gemeint. – Ähnlich wie Balint hatte bereits Freud etwa 40 Jahre zuvor die Psychotherapeuten davor gewarnt, sich als „Ratgeber aufzutreten genötigt zu fühlen", um die Patienten nicht „zu unserem Leibgut" zu machen (Freud 1912, 305).

Der Psychoanalytiker dürfe das Schicksal des Patienten nicht für ihn formen, die eigenen Ideale sollten dem anderen nicht aufgedrängt werden. Insbesondere sei es unzulässig, „den Kranken im Hochmut des Schöpfers zu unserem Ebenbild, an dem wir Wohlgefallen haben wollen, zu gestalten" (Freud 1923, 279). Als Begründung für diese Warnungen heißt es bei Freud (1937, 93): „Es ist unbestreitbar, daß die Analytiker in ihrer eigenen Persönlichkeit nicht durchweg das Maß an psychischer Normalität erreicht haben, zu dem sie (ihre Patienten) erziehen wollen."

2.5 Auswirkungen der apostolischen Funktion

Balint beschrieb, wie unterschiedlich die Patienten auf die apostolische Funktion ihres Arztes reagieren: Meist „bekehre" der Arzt seinen Patienten. Diese Kranken würden den Glauben und die Gebote ihres Doktors übernehmen und versuchen, sich das, was der Arzt zu geben hat, nutzbar zu machen. Oft komme es zwischen Arzt und Patient zu Kompromissen. Günstig sei es, wenn es einen ausgewogenen Einigungsprozeß zwischen den „Angeboten" des Patienten einerseits und den Standardreaktionen des Arztes andererseits gebe. – Häufig träten jedoch schädliche Einigungen zwischen Arzt und Patient auf: So z. B. in Form eines „Stillschweige-Abkommens" oder einer „friedlichen Ko-Existenz" bei unterschiedlichen Ansichten, die an sich gar nicht miteinander zu vereinbaren sind. Selten wage der Patient eine direkte Auseinandersetzung mit seinem Arzt, eine strikte Ablehnung dessen Reaktionen. „Chronische Scharmützel" gäbe es kaum einmal, meist müsse der Patient sich einen anderen Arzt suchen, dessen Glauben und Gebote besser zu den Angeboten des Patienten passen.

2.6 Zusammenfassend zur apostolischen Funktion

Balint hat verdeutlicht, daß die Standardreaktionen, als Erscheinungsformen der apostolischen Funktion des Arztes, etwas für das psychische Gleichgewicht des Arztes sehr Wichtiges sind. Jeder Arzt habe, hinsichtlich seiner Selbstwert- und sonstigen seelischen Gleichgewichtsregulation, seine „guten Gründe" dafür, gerade in der ihm eigentümlichen Art und Weise zu „arzten". Auf dem Hintergrund dieser Überlegungen ist es konsequent, daß Balint (1957, 402) meinte, eine Veränderung des Verhaltens der Ärzte in der Beziehung zu ihren Patienten sei nur dadurch zu erreichen, daß eine „wesentliche, wenn auch auf das Berufsfeld begrenzte Wandlung der Person des Arztes" (Balint 1957, 403) herbeigeführt werde. Wie eine solche Modifikation, es handelt sich psychoanalytisch gesehen um eine Strukturveränderung des Teilnehmers, in der Balint-Gruppe erfolgen kann, wird nicht dargestellt. Es gibt lediglich die Andeutung bei Balint u. Balint (1961, 114), daß in den Seminaren keine Therapie „des" Arztes, sondern eine Therapie „am" Arzt geschehe.

3. Balints Konzeptionen von Übertragung, Gegenübertragung und Widerstand

3.1 Grundpositionen bei der Konzeption von Übertragungsphänomenen

Es seien hier drei Aspekte unterschieden:

– Das Verständnis der Übertragung als einer Disposition im Patienten, „falsche Verknüpfungen" (Freud 1895, 121) herzustellen. Diese könnten, quasi objektiv, an ihrer stereotypen Wiederholung mit Unangemessenheit in Qualität, Quantität und Dauer erkannt werden (Greenson 1966, 82).
– Übertragungsphänomene können auch verstanden werden als unbewußt-intentionale und somit sinnvolle Prozesse, auch wenn sie das Ziel oft nicht erreichen. Der Psychoanalytiker könne die Übertragungsphänomene des Patienten erfassen, indem er auf seine antwortenden Gefühle (Heigl-Evers u. Heigl 1983, 381) bzw. auf seine Gegenübertragung achte. Freud (1912, 381) hatte mit seinem Receiver-Beispiel darauf hingewiesen, das unbewußte Erleben des Psychoanalytikers habe die Aufgabe, wie ein Mikrophon in Resonanz zu geraten und als eine Art Echo zu dienen. – Ein Beispiel für einen solchen Prozeß wäre: Der Analytiker nimmt bei sich wahr, daß er sich eingeengt fühlt, kontrolliert erlebt und bei ihm ein Kopfdruck auftaucht; er verstehe dies als seine Reaktion auf etwas, was vom Patienten ausgehe. Deshalb sei der Rückschluß berechtigt, daß bei dem Patienten eine zwangsneurotische Persönlichkeitsstruktur mit interaktionell-einengenden Verhaltensweisen vorliege.

– Die dritte Konzeption der Übertragungsphänomene könnte als interaktionell-subjekthaft (Körner u. Rosin 1985, 33 ff.) bezeichnet werden. Der Psychoanalytiker merkt bei sich ein intensives Einbezogensein in die Problematik seines Patienten, so daß die Beziehungsschwierigkeiten seines Patienten zu einem Konflikt mit dem Psychoanalytiker führen. Es würde sich um eine therapeutische Arbeit nicht „an", sondern „in" der Übertragung (Körner 1980) handeln. Die Aufgabe des Psychoanalytikers wäre es dann, diesen Prozeß zu reflektieren, aus einer exzentrischen Position Erkenntnis und Interventionen zu gewinnen. Damit wäre ein „Neubeginn" (Balint 1950) möglich, eine heilende Wirkung durch teilweise Wiederholung, dann aber Ablösen des alten. Ein Loslassen-können sowohl des Patienten als auch des Psychoanalytikers, so daß beide dann das Gefühl haben, „sich nichts schuldig geblieben zu sein".

3.2 Übertragung und Gegenübertragung bei Balint

Balint hat die artifizielle Trennung zwischen den Phänomenen Übertragung und Gegenübertragung relativiert. Gegenübertragung sei häufig „lediglich ein euphemistischer Begriff für Übertragung" (Balint u. Balint 1939, 218), wobei diese Übertragungsreaktionen als neurotische Phänomene des Psychoanalytikers verstanden wurden. Ähnlich meinte Balint (1950, 234), Übertragungstendenzen des Psychoanalytikers seien auch daran zu erkennen, welche Art der Behandlung und welchen Rahmen dafür er seinen Patienten „anbiete".

Die Übertragungsphänomene, die von Ärzten in die Balint-Gruppen „hineingetragen" wurden, beschrieb Balint (1957, 289) so: „Es ist hier keine Überraschung, daß der Arzt selber im allgemeinen der letzte war, seine eigentümlichen Züge zu gewahren, geschweige denn, sie schwarz auf weiß wiederzuerkennen. Oft war die eine oder andere dieser Eigenarten dem ganzen Seminar deutlich, während der betreffende Arzt noch keine Ahnung davon hatte, oder immer noch fest überzeugt war, daß eine bestimmte Handlungsweise die einzig mögliche und vernünftige Weise sei, das betreffende Problem anzugehen." Weiterhin formulierte Balint (1957, 301): „Es war wirklich überraschend, wie viele unserer Ärzte in ihrer Praxis die eigene Lösung ihrer Probleme anpriesen, in der Erwartung, daß sich der betreffende Patient nach ihrem Bild richten würde." Und in den Sitzungen der Balint-Gruppe hätten diese Ärzte erwartet, daß alle anderen Teilnehmer die eigenen Vorgehensweisen als die einzig richtigen bestätigen würden. Solche Ärzte könnten zu einer Gefahr für ihre Patienten werden. – In diesem Zusammenhang sei an eine Warnung Freuds (1912, 383) erinnert: Manche Analytiker seien in Versuchung, das, was sie in dunkler Selbstwahrnehmung von den Eigentümlichkeiten der eigenen Person erkennen, als allgemein gültig hinauszuprojektieren.

3.3 Balints Beitrag zur Überwindung der Ein-Person-Psychologie

Balint hat sich dafür eingesetzt, daß Psychoanalytiker die „persekutorische Haltung" (Loch 1973, 8) aufgeben. Der Psychoanalytiker solle darauf verzichten, alles vom Patienten Angebotene verstehen zu wollen sowie möglichst rasch Widerstände zu erkennen und zu deuten („Deutungs-Schuß", Rosin 1981, 137). Einen ähnlich flexiblen Umgang empfahl Balint (1933, 183) mit dem „so gefährlichen und unhandlichen Thema der Abstinenz". Obgleich „das Unbewußte mit immer neuen Listen versucht, den Analytiker zu zwingen, seine passive Rolle aufzugeben", gewähre eine defensive Haltung dem Psychoanalytiker noch keine Sicherheit gegenüber den Triebwünschen des Patienten. Das „unglaublich weite Entgegenkommen" von Ferenczi bei der „aktiven Technik" habe bei den Psychoanalytikern zu einem tragischen und peinlich-erschütternden Schock geführt (daß nämlich ein prominenter Psychoanalytiker, zumal ein Lehranalysand von Freud selber, so aktiv nicht-abstinent war). Die Diskussion der Themen Abstinenz und Gegenübertragung seien dadurch lange Zeit belastet und unberührt gewesen. – Balint (zusammen mit Alice Balint 1939, 215) betonte, daß eine „nicht-aktive" Technik keineswegs zu einer „unangreifbaren Haltung im luftleeren Raum" führen müsse; so habe, wie allgemein bekannt war, Freud selbst sich um eine Förderung des „unanstößlichen Anteils der Übertragung", um natürliche Wärme und spontane Menschlichkeit in der Beziehung zu seinen Patienten bemüht. Eine erfolgreiche psychoanalytische Arbeit sei stets „das Ergebnis eines Ineinanderspielens von Übertragung des Patienten und Gegenübertragung des Analytikers (Balint u. Balint 1937, 214). Die sonst entstehende „Keimfreiheit" sei „nicht fruchtbringend". – Mit diesen Hinweisen auf das dynamische und subjekthafte Konzept Balints von der Gegenübertragung wird deutlich, wie aktiv die Mitwirkung des Analytikers am Übertragungs-Gegenübertragungsprozeß ist. Bereits mehr als 20 Jahre vor Heimann (1960) hat Balint die eigene Beteiligung des Psychoanalytikers berücksichtigt; Gegenübertragung war für ihn nicht nur eine „Schöpfung" des Patienten im Psychoanalytiker. In diesem Sinne weisen auch Thomä u. Kächele (1965, 88) darauf hin, daß im auch unbewußten Erleben des Psychoanalytikers eine persönliche Reaktion auf die Übertragung der Patienten erfolge. – Um diese Induktionen zu ermöglichen, habe der Analytiker die Aufgabe, eine bestimmte Atmosphäre zu schaffen (Balint 1950, 234); es handele sich dabei um eine libidinös getönte Einstellung, so daß der Analytiker den Analysanden „so wie das Wasser den Schwimmenden" trage (Balint 1961, 160). – Aus dieser Sicht könnte der „Grundregel" der freien Assoziation für den Patienten eine „Grundregel" für den Arzt gegenübergestellt werden; auch der Analytiker solle alles Fremde, Unsinnige und Anstößige in sich zulassen (vgl. Freud 1912, 377).

3.4 Balints Auffassung von den Widerstandsphänomenen

Der interaktionell-subjekthaften Konzeption Balints von der Übertragung entspricht ein auf Sinnfinden ausgerichtetes Verständnis der Widerstandsphänomene. – Balint (1957, 406) beschrieb einige Verhaltensweisen von Ärzten in seinen Seminaren, die er als Äquivalent zu dem ansah, „was man in der Psychoanalyse Widerstand nennt". Ziel der Balint-Gruppen-Arbeit sei es, „daß der einzelne Arzt sich seines Anteils und seiner persönlichen Widerstände im Verhältnis zu seinem Patienten und zur übrigen Gruppe bewußt wird und sie bis zu einem gewissen Grade sogar versteht" (Balint 1957, 415). Ein solcher Widerstand bestehe z. B. darin, daß ein Arzt „sich fast ausschließlich auf das Erheben objektiver Fakten oder Tatbestände" (beschränkt) und dem Patienten gegenüber eine unbeteiligte, „wissenschaftlich-objektive Haltung" einnimmt (Balint 1957, 404). (Vgl. dazu auch die Unterscheidung zwischen Widerstandsphänomenen und Lernbarrieren in Balint-Gruppen; Rosin 1981.) – Balint (1957, 9 u. 23) wies mehrfach darauf hin, daß während der Balint-Gruppen-Sitzungen, analog zum Auftreten von Widerstandsphänomenen in der analytischen Arbeit, unlustvolle Affekte wie Kränkung und Ärger entstehen, „wenn der Arzt seine eigene tägliche Erfahrung einmal mit anderen Augen ansieht bzw. ansehen muß".

4. Veränderungen der apostolischen Funktion in der Balint-Gruppen-Arbeit

Balint beabsichtigte, den Teilnehmern in seinen Seminaren die unbewußten Phänomene Übertragung und Widerstand „auch ohne eigene Analyse" zugänglich zu machen. Beim Erzählen und Diskutieren eigener problematischer Beziehungen zu den Patienten sollten die Ärzte ihren Anteil an diesen Konflikten erkennen, insbesondere wenn diese Problematik sich in der Beziehung zu den anderen Teilnehmern und zum Leiter der Gruppe teilweise neu entfaltet.

Beim Entstehen solcher aktuell-unmittelbarer konflikthafter Objektbeziehungen würden die einzelnen Teilnehmer, manchmal auch der Leiter, per unbewußter Identifikation einige Aspekte des Erlebens und des Verhaltens sowohl des erzählenden Arztes als auch des vorgestellten Patienten übernehmen. Das Vorgehen, das zu einem Wandel in der Persönlichkeit des Teilnehmers führe, sei: Der Leiter und auch die Teilnehmer sagen, sie würden sich mit einem problematischen Patienten, mit einem „Fall" beschäftigen; weitgehend unbemerkt würden sich in der Balint-Gruppe jedoch nicht so sehr die Übertragungs- und Widerstandsphänomene des vorgestellten Patienten, sondern die der vorstellenden und diskutierenden Teilnehmer entfalten. Dadurch komme es, wenn auch nur allmählich und nicht bei allen Teilnehmern, zu dem angestrebten wesentlichen Wandel in der Person des Arztes.

5. Überlegungen zur apostolischen Funktion des Balint-Gruppen-Leiters

Balint hat gelegentlich auf seine eigene apostolische Funktion als Leiter eines Diskussionsseminars, auch als Autor von Büchern, hingewiesen. Es ist interessant, daß Balint seinerseits, für die Charakterisierung des Verhaltens vieler Ärzte, mit der Wahl der Bezeichnung apostolisch, einen Begriff aus dem religiösen Bereich gewählt hat; er selber wurde häufig nicht nur mit neutestamentlichen, sondern sogar mit jüdisch-archaischen Worten beschrieben. Bloomfield (1983), eine Teilnehmerin an einer der von Balint persönlich geleiteten Gruppen, bezeichnete ihn als „eine Art Moses unserer Tage", als „eine Art Gesetzgeber" und als einen „alttestamentlichen Propheten". Einige Mitglieder der ersten von Balint geleiteten Balint-Gruppe (die „alte Garde") zeigten Verhaltensweisen, so als hätten sie einen quasi apostolischen Auftrag bekommen, wie „Jünger" in die Welt hinauszugehen und alle Ärzte die patienten-zentrierte Ganzheitsmedizin zu lehren, damit das „Arzten" wieder „human-heilend und menschlich warm" werde. Balint (A study of doctors, 1966) meinte zu der von ihm in Gang gebrachten Bewegung, daß leider einige der von ihm verwendeten Begriffe zu unscharf, zu metaphorisch und zu sehr einer „poetischen Atmosphäre" entnommen seien; manche seiner Forschungsvorhaben seien ziemlich hochgestochen und viel zu ehrgeizig gewesen, auch würden einige Berichte mit nur nettklingenden Phrasen enden.

Für jeden Balint-Gruppen-Leiter stellt sich die Frage, wie seine eigenen Standardreaktionen und die eigene apostolische Funktion sind. Vielleicht ist hier Balints Empfehlung ganz hilfreich, „innezuhalten"; dann, wenn man meint, sich einer Ansicht „ganz sicher " zu sein, sich an eine Aufforderung Ferenczis (1927, 398) zu erinnern, immer im Geiste ein „Salvo errore" (also: „Irrtum vorbehalten") mitzudenken.

6. Ausblick

Die Äußerungen von Balint (zuerst aus dem Jahre 1957) über die apostolische Funktion von Hausärzten sind heute, nach über 30 Jahren, in ihren manchmal doch recht apodiktischen Ansprüchen deutlich zu relativieren. Dabei spielt sicherlich eine Rolle, daß es in vieler Hinsicht zu einer Veränderung des (Selbst-)Verständnisses von der Rolle der Ärzte in unserer Gesellschaft gekommen ist. Die mehr aufgeklärten und besser informierten Patienten sehen im Mediziner heute häufiger einen sachlichen Diagnostiker und nüchternen Indikationen-Steller. Und die Ärzte ihrerseits betrachten sich meist weniger als berufen denn in der medizinischen Praxis berufstätig.

Für die heutige Einschätzung der Bedeutung der Balint-Gruppen-Arbeit ist es auch wichtig, daß diese Form der Klärung von Problemen in Arzt-Patient-Beziehungen nicht unbedingt auf dem Hintergrund einer psychoanalytischen Wahrnehmungseinstellung des Leiters erfolgen muß. Wenn die sogenannte charakteristische Normalform des Gruppenablaufs (Giesecke u. Rappe 1982) berücksichtigt wird, können auch für verhaltens- und gesprächs-therapeutisch oder anders ausgerichtete Leiter wichtige Kenntnisse über den vorgestellten Patienten, den erzählenden Arzt und die Interaktionen im Seminar gewonnen werden.

Darüber hinaus hat die Balint-Gruppen-Arbeit zunehmend auch einen interdisziplinären Charakter insofern, als sie recht erfolgreich in anderen Berufsfeldern eingesetzt werden kann (wie z. B. in der Sozialarbeit, in Schule und bei Gericht, in Krankenpflege und Seelsorge).

Die wissenschaftliche Beschäftigung mit Fragen und Problemen der Balint-Gruppen-Arbeit hat in den letzten Jahren leider etwas nachgelassen. Dies mag damit zusammenhängen, daß ein überzeugender Nachweis für die Effektivität und Effizienz der Balint-Gruppen-Arbeit bisher nicht empirisch nachgewiesen werden konnte.

Literatur

Balint, E., Norell J. S. (1973): 5 Minuten pro Patient. Eine Studie über die Interaktionen in der ärztlichen Allgemein-Praxis. Frankfurt/M., Suhrkamp 1975.

Balint, M. (1933): Zur Übertragung von Affekten. In Balint, M.: Die Urformen der Liebe und die Technik der Psychoanalyse. Frankfurt/M., Fischer 1969.

– (1937): Frühe Entwicklungsstadien des Ichs. Primäre Objektliebe. In Balint, M.: Die Urformen der Liebe und die Technik der Psychoanalyse. Frankfurt/M., Fischer 1969.

– (1948): Über das psychoanalytische Ausbildungssystem. In Balint, M.: Die Urformen der Liebe und die Technik der Psychoanalyse. Frankfurt/M., Fischer 1969.

– (1950): Wandlungen der therapeutischen Ziele und Techniken in der Psychoanalyse. In Balint, M.: Die Urformen der Liebe und die Technik der Psychoanalyse. Frankfurt/M., Fischer 1969.

– (1954): Analytische Ausbildung und Lehranalyse. In Balint, M.: Die Urformen der Liebe und die Technik der Psychoanalyse. Frankfurt/M., Fischer 1969.

– (1957): Der Arzt, sein Patient und die Krankheit. Stuttgart, Klett 1965[3].

– (1966): The need for selection. In: Balint, M., Balint, E., Gosling, R., Hildebrand, P.: A study of doctors. London, Tavistock 1966.

Bloomfield, I.: Michael Balint. Persönliche Erfahrungen mit seinem Forschungsseminar. In Bräutigam, W., Knauss, W., Wolff, H. H.: Erste Schritte in der Psychotherapie. Erfahrungen von Medizinstudenten, Patienten und Ärzten mit Psychotherapie – Michael Balint als Lehrer. Berlin, Heidelberg, New York: Springer 1983.

Clyne, M. B. (1961): Der Anruf bei Nacht. Bern, Stuttgart, Wien, Huber 1964.

Cremerius, J.: Die Bedeutung der Dissidenten für die Psychoanalyse. Psyche 36, 481–514 (1982).

Ferenczi, S. (1927/28): Die Elastizität der psychoanalytischen Technik. In Ferenczi, S.: Bausteine zur Psychoanalyse, Bd. 3. Bern, Stuttgart: Huber 1964.

Freud, S. (1895): Zur Psychotherapie der Hysterie. London, Imago 1940.
– (1912): Ratschläge für den Arzt bei der psychoanalytischen Behandlung. London, Imago 1945.
– (1923): Das Ich und das Es. London, Imago 1940.
– (1937): Die endliche und die unendliche Analyse. London, Imago 1950.
Giesecke, M., Rappe, K.: Setting und Ablaufstrukturen in Supervisions- und Balint-Gruppen. Ergebnisse einer kommunikations-wissenschaftlichen Untersuchung. In Flader, D., Grodzicki, W.-D., Schröter, K.: Psychoanalyse als Gespräch. Interaktionsanalytische Untersuchungen über Therapie und Supervision. Frankfurt/M., Suhrkamp 1982.
Greenson, R. R. (1967): Technik und Praxis der Psychoanalyse. Stuttgart, Klett 1973.
Heigl-Evers, A., Heigl, F. S.: Das interaktionelle Prinzip in der Einzel- und Gruppentherapie. Zeitschrift Psychosom. Medizin 33, 63–68 (1983).
Heimann, P. (1960): Bemerkungen zur Gegenübertragung. Psyche 18, 483–493 (1964).
Körner, J.: Übertragung und Gegenübertragung, eine Einheit im Widerspruch. Forum der Psychoanalyse 5, 1–18 (1990).
Loch, W.: Anmerkungen zur Einführung und Begründung der „Flash"-Technik als Sprechstunden-Psychotherapie. In Balint, E.; Norell, J. S.: 5 Minuten pro Patient. Eine Studie über die Interaktionen in der ärztlichen Allgemeinpraxis. Frankfurt/M., Suhrkamp 1975.
Rosin, U.: Lernbarrieren und Widerstände in der Balint-Gruppen-Arbeit mit Psychiatern. Gruppenpsychotherapie und Gruppendynamik 16, 360–382 (1981).
– Balint-Gruppen: Konzeption – Forschung – Ergebnisse. Berlin, Heidelberg, New York, Springer 1989.
Thomä, H., Kächele, H.: Lehrbuch der psychoanalytischen Therapie, Bd. I, Grundlagen. Berlin, Heidelberg, New York, Springer 1975.

Die heilende Begegnung
Die maßvolle Ausformung und kreative Synthese wichtiger Therapiekriterien im Balint-Ansatz

Von Franz Sedlak, Wien

In diesem Beitrag werden zehn wichtige Kriterien angeführt, die eine Differenzierung verschiedener therapeutischer und beratender Ansätze erlauben. Anhand dieser Kriterien wird zugleich die integrative, vermittelnde, ausbalancierte Position des Balint-Ansatzes in der therapeutischen Landschaft aufgezeigt.

Unter Balint-Ansatz soll in diesem Zusammenhang vor allem die besondere Beziehung zwischen Therapeuten und Patienten, aber auch die besondere Form der Beziehungen in der sogenannten „Balint-Gruppe" verstanden werden. Von Therapeut (bzw. Therapeutin) ist hier die Rede, weil die Überwindung der pathogenen Objektbeziehung (bzw. Objektbeziehungen) des Patienten durch die heilsame Begegnung mit einem nicht pathogenen Du sich nicht auf die Arzt-Patient-Beziehung beschränken muß, sondern in allen helfenden Berufen fruchtbar geworden ist.

Die zehn herangezogenen Differenzierungsmerkmale sind nicht willkürlich aneinandergefügt, sondern einem umfassenden psychoökologisch-personalen Modell des Verfassers entnommen. Dieses Modell ist zugleich eine Matrix, in der sich das Proprium der praktischen Arbeit mit dem Balint-Ansatz abbilden läßt. Dies wird anhand von Merksätzen und wichtigen therapeutischen Fragestellungen aufgezeigt, die sich aus dem umfassenden Modell ableiten lassen und im Sinne Balints beantwortet werden.

Kriterium 1
Der Spezifikationsgrad

Beratungen und Therapien können sich – ohne damit eine Wertung vorzunehmen – in der Größe des Ausschnittes aus der Realität, in der Größe ihres perspektivischen Winkels unterscheiden. Als einfachstes Beispiel wäre hier eine Linie zu ziehen von Einflußnahmen, die sich auf bestimmte, eng umgrenzte *Teilaspekte eines* Individuums beziehen, bis hin zu einem Behandlungssetting, das sich mit *mehreren* Personen und deren *Interaktionen* beschäftigt. Auf der einen Seite dieses Kontinuums gibt es z. B. *aufgabenzentrierte Beratungsformen, lösungsorientierte Therapieformen,* die sich bewußt und intendiert mit einem problematischen Teilaspekt des Erlebens und Verhaltens eines Individuums befassen. Auf der anderen Seite des Kontinuums gibt es *systemische Ansätze* (von der *Paar-Dynamik*, vom *Familiensystem* bis hin zur *Soziodynamik* einer *Milieuberatung bzw. -therapie)*. Aber auch innerhalb einer einzelnen Methode oder Schule kann es unterschiedliche Spezifikationsgrade geben: Auf der einen Seite würde hier z. B. die *Fokaltherapie* stehen, die sich mit einem bestimmten, besonders wichtigen, zentralen Problemfokus beschäftigt. Auf der anderen Seite würde sich eine umfassende, mit der Rekonstruktion oder Umstrukturierung der Persönlichkeit befaßte *analytische Therapie* oder andere *ganzheitliche Therapie* befinden. Alle diese verschiedenen Akzentsetzungen zeigen auf, daß jedes Ereignis (in unserem Zusammenhang jedes zu beratende oder therapierende Problem) zweifach betrachtet werden kann, nämlich im Hinblick auf seine Komponenten und bezüglich der Zusammenhänge, in denen das Ereignis steht. Daraus ergeben sich die Unterschiede zwischen Mikroansätzen und Makroansätzen der Therapie und Beratung.

Für mich stellt der Balint-Ansatz eine fruchtbare Synthese und integrative Vermittlungsposition zwischen den Extremen einer sozio-ökologischen Makroperspektive einerseits, und einer elementenhaften, funktionsstörungsbezogenen Mikroperspektive andererseits dar. Der Balintsche Ansatz leugnet nicht die Verdienste einer theoretischen und praktischen Spezialisierung. Aber er betont gegenüber dem Puzzle einer hochfunktionalisierten Therapie die Ganzheit der Person. Diagnose und Therapie dürfen sich nicht nur oder ausschließlich auf pathologisch veränderte Teile ausrichten und dabei die Person in ihrer Ganzheit vernachlässigen oder ignorieren.

Noch in einer weiteren Hinsicht ist der Balintsche Ansatz vermittelnd und kreativ-integrativ: Einerseits wendet er sich von einer monadologischen Betrachtung des „Objekts" ab und rückt die Interaktion, die Begegnung zwischen Patient und Therapeut in den Mittelpunkt. Andererseits bleibt er dem holistischen Gedanken treu, indem er betont, wie wichtig es ist, die Verantwortung für den Patienten beim Behandelnden zu belassen und sie nicht auf viele Spezialisten aufzusplittern. Die intuitive Erfassung des Begegnungsgeschehens gelingt besser, leichter und zuverlässiger durch einen einzigen Menschen, als durch mehrere. (In dieser Hinsicht gewinnt, so scheint es mir, der in Österreich gebräuchliche Titel für den Allgemeinpraktiker „Dr. med. universalis" eine neue tiefere Bedeutung – zugleich auch einen Signalcharakter für ähnliche umfassende Berufe.)

Noch in einer dritten Hinsicht ist der Balintsche Ansatz durch einen vermittelnden Charakter ausgezeichnet: Er ist ein ganzheitlicher Ansatz, der aber – schon aus Zeitgründen – nicht eine alle Tiefen erfassende Umstrukturierung der Gesamtpersönlichkeit anpeilt, sondern momentane Aspekte, Episoden, aufblitzende Eindrücke (flash) herausgreift.

Kriterium 2
Der Bezug zur (therapeutischen und beratenden) Praxis

Verschiedene Schulen können sich in der Distanz zur methodischen Verwertbarkeit für die beratende und therapeutische Praxis unterscheiden. So kann z. B. ein kybernetischer und am Beispiel der Datenverarbeitung orientierter Ansatz, wie er in modernen *lösungsorientierten Kurztherapien* gegeben ist, eine sehr starke Nähe zur praktischen Verwertbarkeit aufweisen. Dies mag nicht verwundern, kann ja die Kybernetik bzw. die Beobachtung der Informations- bzw. Datenverarbeitung auch als eine aus der Praxis abgeleitete Theorie verstanden werden. Andererseits können mehr philosophisch ausgerichtete Lehrgebäude eine gewisse Ferne zur praktischen Methodenumsetzung bzw. eine erhöhte Operationalisierungsschwierigkeit (praktische Umsetzung) aufweisen, wie z. B. *eher existentielle Therapie- und Beratungsformen (Logotherapie, Daseinsanalyse).* Dies ist allerdings nicht als Nachteil für die letztgenannten Methoden und Schulen zu verstehen, weil es diesen ja um eine ganzheitliche, umfassende Einstellungsorientierung zum Leben und zur Existenz geht und daraus abgeleitete praktische Implikationen mehr oder minder dem einzelnen überlassen werden.

Derzeit findet eine nicht unbedenkliche Entwicklung statt: Viele fühlen sich berufen, ihre „Stammtätigkeit" zu verlassen, um sich in die vielversprechenden Gefilde der Psychotherapie zu begeben. Damit aber wird unter Umständen eine Spaltung betrieben, die auf dem Gebiet der Medizin von Balint als die unglückliche Trennung zwischen patientenzentrierter und krankheitszentrierter Tätigkeit des Arztes bezeichnet wurde (im Zusammenhang damit, daß es ursprünglich nicht möglich schien, für alle Patienten den gleichen Zeitaufwand eines eingehenderen, einfühlsamen Gespräches zu betreiben). Der Balintsche Ansatz zeigt auch hier ein vermittelndes Verständnis. Der Therapeut soll nicht eine zusätzliche Aufgabe zu seinen bereits vorhandenen Aufgaben übernehmen, sondern einen neuen Blickwinkel dazu gewinnen, ja noch mehr, eine neue Einstellung und Haltung entwickeln, durch die ein tieferes und wirksameres Eingehen auf das Leiden des Patienten möglich wird. Der Balintsche Ansatz strebt daher nicht eine Ausbildung zum „Mini-Therapeuten" an, sondern zu einem kompetenteren Wirken im eigenen Bereich, sei dies – wie ursprünglich konzipiert – die praktische Medizin, sei dies die Arbeit als Psychologe, Lehrer, Sozialarbeiter usw. Die Episoden-Technik und die Flash-Technik sind die für die „fünf Minuten pro Patient" entwickelten Methoden, deren erstaunliche Originalität und Integrativität darin besteht, die Qualität des therapeutischen Wirkens erheblich zu steigern, ohne eine quantitative Minderung (Verringerung der Patientenzahl) in Kauf nehmen zu müssen. Das Sensibilisieren für die praktische Tätigkeit stellt auch eine Richtschnur dar, nach der sich die Balint-Arbeit zu richten hat. Entlang dieser Linie entwickelt sich die Arbeit in der Gruppe, setzt den Hauptakzent auf die berufliche Aktivität der Teilnehmer, ohne einerseits zu einer rein objekt-zentrierten, krankheits- bzw. problemorientierten Fallbesprechung zu werden, bzw. ohne andererseits in Gruppentherapie bzw. reine Selbsterfahrung abzugleiten.

Kriterium 3
Die theoretische Fundierung

Verschiedene Beratungsformen und Therapieschulen können sich in dem Grad unterscheiden, in dem sie explizit auf eine bestimmte Theorie Bezug nehmen. Allerdings sind diese Unterscheidungen auch innerhalb der einzelnen Richtungen kontroversiell. Grundsätzlich geht es um die Frage, ob sich eine Methode und Schule primär als theoriegeleitet versteht oder eher als pragmatisch (als Beispiel für das erstere mag die *Verhaltensmodifikation* und *Verhaltenstherapie* dienen, die sich auf wissenschaftliche Erkenntnisse der Lerntheorie stützen kann); als Beispiel für das zweite, eher pragmatische Vorgehen kann das *neurolinguistische Programmieren* verstanden werden, wo es um eine Verwertung verschiedener, nicht eindeutig bestimmter Theorien zuzuordnenden Erkenntnissen geht. Neben dieser Unterscheidung und zwischen *theoriegeleitet* und *pragmatisch* existiert noch die Unterscheidung zwischen *integrativ* und *eklektisch*. Das heißt, ob nun eine Methode theoriegeleitet oder pragmatisch ist, im günstigsten Fall ist sie integrativ (d. h. die einzelnen Behandlungstechniken ergänzen sich zu einem sinnvollen Ganzen), im ungünstigsten Fall ist sie eine bloße Ansammlung verschiedener Bausteine, um deren Zusammengehörigkeit oder Einfügbarkeit in ein sinnvolles Ganzes man sich überhaupt nicht kümmert (eklektischer Ansatz). Einig sind sich die einzelnen Schulen oder Methoden im Hinblick darauf, daß Integrativität höher zu werten ist als ein eklektisches Ansammeln, sie sind aber kontroversiell hinsichtlich der Notwendigkeit des Bezugs zu einer Theorie bzw. darüber, was überhaupt als Theorie im wissenschaftlichen Sinn gelten kann (z. B. Auseinandersetzungen zwischen *Verhaltenstherapie und Psychoanalyse, Verhaltenstherapie* im Sinne eines *behavioristischen* Ansatzes und *humanistisch-psychologischen Ansätzen* usw.). Jedenfalls läßt sich festhalten: So wie man zum vorangegangenen Kriterium hinzufügen könnte, daß Theorie ohne jeglichen Praxisbezug leer bleibt (womit zumindestens im Bereich der Therapie und Beratung Abschied zu nehmen ist von „Hirngespinsten", die weder handlungsbezogene Umsetzungen, noch existentielle Neuorientierungen ermöglichen), so könnte zum vierten Kriterium hinzugefügt werden, daß Praxis ohne jeglichen Theoriebezug blind bleibt und sich vom abergläubischen Zufallsverhalten nicht wesentlich unterscheidet.

Der Balintsche Ansatz ist zwar umfassend und vielseitig einsetzbar, ist aber nicht als eklektisch, sondern integrativ zu sehen. Seine theoretische Fundierung leitet sich von der Tiefenpsychologie, insbesondere der Psychoanalyse ab, bezieht aber Weiterentwicklungen des Freudschen Gedankens voll mit ein, so insbesondere die Objektbeziehungstheorie, die primären Formen (Urformen) der Liebe. Balint sah die Arbeit mit Praktikern als gemeinsame Forschungsarbeit an. Wer im Balintschen Geist eine Gruppe leitet oder eine therapeutische Begegnung zuläßt, wird davon ausgehen, daß ein Lernen auf beiden Seiten stattfindet. Gruppenleiter und Gruppe, Therapeut und Patient sind ein Forschungsteam (dies nicht nur als eine reizvolle Umschreibung bzw. Kosmetisierung aufzufassen, sondern als tatsächlicher Auftrag). Wer im Balintschen Geiste arbeitet, belehrt nicht, sondern leitet zum selbständigen Entdecken von Erkenntnissen an, stimuliert Forschungsprozesse, die sich mit dem Geschehen innerhalb und zwischen Personen auseinandersetzen. Balint-Gruppen sind Trainingsgruppen, dieses Training ist ein Training durch Forschung, diese Forschung wiederum zeichnet sich durch eine besondere Forschungsmethodik aus, die Forschungsmethodik ist ihrerseits eine Anwendung der Psychoanalyse. Der Psychoanalyse geht es um das Bewußtmachen unbewußter Anteile, um das Erkennen von Abwehrformen, um die Sichtbarmachung von Übertragung und Gegenübertragung und vieles andere mehr. So reichen die Wurzeln des Balint-Ansatzes tief in den Boden der Freudschen Lehre, bereichert durch die eigenen Forschungsarbeiten von Balint, wie sie etwa in seiner Kritik der Ausschließlichkeit der Lehre von den prägenitalen Libido-Organisationen, seiner Beschreibung der frühen Entwicklungsstadien des Ichs und der primären Objektliebe, unreifen und reifen Formen der Objektbeziehung usw. zum Ausdruck kommen. Obwohl es keinen Hinweis auf eine gegenseitige Beeinflussung zwischen dem dialogischen Denken von Martin Buber oder dem personzentrierten Ansatz von Rogers und dem Konzept von Michael Balint gibt, ist es dennoch interessant, einen kurzen Blick auf die Verwandtschaft zu diesen beiden Denkansätzen zu werfen.

Es wäre reizvoll, sich das Zusammentreffen von Martin Buber, Michael Balint und Carl Rogers vorzustellen: Buber, Religionswissenschaftler, Bibelübersetzer, Philosoph, Mitbegründer der Philosophie des Dialogismus; Michael Balint, Arzt, Biochemiker, Psychoanalytiker, Mentor einer eigenen Entwicklung der Liebesfähigkeit des Menschen und einer praxisrelevanten, auf der Grundlage der Beziehung konsequent aufbauenden Forschungs- und Fortbildungsarbeit; Carl Rogers, Psychologe (mit einem breiten Interessens- und Erfahrungsspektrum z. B. im theologischen, heilpädagogischen, beratungspsychologischen, klinisch-psychologischen und psychotherapeutischen Bereich), Mitbegründer der Humanistischen Richtung der Psychologie, der die personzentrierte Methode, die sogenannte Gesprächspsychotherapie entwickelt hat.

Allen drei Persönlichkeiten ist ein gewisses Weltbürgertum zu eigen, eine interkulturelle Erfahrung, die ihre Konzepte und Ansätze wesentlich bereichert und beeinflußt hat. Zwischen allen dreien, wenn auch von so unterschiedlichen Orten wie Medizin, Philosophie und Religionswissenschaft und Psychologie herkommend, ergibt sich eine erstaunliche Konvergenz im Gemeinten, wenn auch in der jeweils eigenen Terminologie ausgedrückt. So sieht Buber im Dogma, woher es auch immer kommen mag, ein gefährliches sich Abschließen gegenüber der Offenbarung, das heißt gegenüber der nur dialogisch erfahrbaren Wirklichkeit. Balint spricht von der apostolischen Funktion des Arztes, die ihn deformiert und daran hindert, sich rational und emotional verstehend und einfühlend auf den Patienten einzulassen. Rogers spricht von der bedingungslosen Aufmerksamkeit, um den inneren Bezugsrahmen des anderen möglichst exakt und empathisch wahrzunehmen, mit allen seinen emotionalen Komponenten und Bedeutungen, ohne freilich in einen Zustand der völligen Identifizierung zu gelangen. Buber, 18 Jahre älter als Balint, dieser 6 Jahre älter als Rogers, alle drei entwerfen somit ein dreidimensionales, geistig-leiblich-seelisches Szenario, innerhalb dessen sich eine heilsame, wesenhafte Begegnung ereignen kann. Buber legt die ontologische Basis, er spricht vom faktischen Begegnungsgeschehen, von der Wesensberührung, von der Ontologie des Zwischenmenschlichen. Balint redet von der gemeinsamen, die Heilungsarbeit damit schon initiierenden Erarbeitung eines Krankheitskonzeptes zwischen Arzt und Patient. Er sieht Parallelen zwischen der biologischen, psychosexuellen Entwicklung des Menschen und der Entwicklung der Liebesfähigkeit, betont aber die Eigenständigkeit der letzteren. Seine tiefenpsychologische Konzeption einer Entwicklung des Weltbezugs und des Bezugs zum anderen ist grundlegend dialogische Therapie, ebenso wie sein Bekenntnis zum wichtigsten Medikament, nämlich der Person (bzw. Persönlichkeit) des Arztes. Rogers erarbeitet eine Persönlichkeitsentwicklungstheorie, in der er konsequent die persönliche Kompetenz des Therapeuten analysiert. Nur der, welcher empathisch auf den anderen eingehen kann, ihm gegenüber uneingeschränkte, vorurteilsfreie Wahrnehmung und Akzeptanz einbringen kann, nur der, welcher darüber hinaus um möglichste Selbstkongruenz, Ehrlichkeit und Transparenz bemüht ist, kann dem anderen zu einer verzerrungsfreieren, realitätsstimmigeren Selbst- und Fremdwahrnehmung verhelfen. Die dialogische Struktur des Menschen, seine Ich-Werdung am Du, liefert die philosophischen Fundamente für den Balintschen Ansatz der Arzt-Patient-Beziehung. Die verfeinerte Analyse des personzentrierten Vorgehens bzw. der nötigen Therapeutenvariablen bilden wichtige methodische Ergänzungen für den Balintschen Ansatz. Dazwischen liegt der Kernpunkt der Balintschen Arbeitsweise, das Aufspüren der inneren Resonanz, das Sich-selbst-Einbeziehen als Projektionsfläche, als Testinstrument, um diese Erfahrungen auf der Grundlage des Wissens um den entscheidenden Stellenwert einer gesunden oder pathologischen Objektbeziehung für die Gesundung des Patienten einzusetzen.

Kriterium 4
Das anthropologische und wissenschaftstheoretische Fundament

Therapiemethoden und -schulen unterscheiden sich in ihren anthropologisch und wissenschaftstheoretischen Fundamenten voneinander. Das jeweilige Bild vom Wissen bestimmt, was in der Beratung oder Therapie erkannt, besprochen und bearbeitet wird. Das jeweilige Bild vom Menschen bestimmt, welche Handlungsziele als anstrebenswert gesehen und verfolgt werden. Als Beispiel mag die *klassische und die neuere Form der Verhaltenstherapie* herangezogen werden. Die klassische Form orientierte sich am naturwissenschaftlichen Verständnis und am Behaviorismus, d. h. sie blieb auf das beobachtbare Verhalten beschränkt und behandelte den Menschen ansonst als eine *black box*. Nach der sogenannten *„kognitiven Wende"* wurde es auch als legitim angesehen, die nicht naturwissenschaftlich meßbaren, sondern nur indirekt erschließbaren Gedanken, Bewußtseinsinhalte (Kognitionen), Einstellungen und andere wichtige Determinanten des menschlichen Verhaltens zuzulassen (d. h. aber auch in die Beobachtung und in die Behandlung einzubeziehen). Ein anderes Beispiel bieten die *körperorientierten Verfahren.* In dem Maß, in dem etwa *Bioenergetik, Konzentrative Bewegungstherapie, Funktionelle Entspannung* (wie z. B. *Autogenes Training*) und andere Methoden den Leib als wichtiges Ausdrucksmedium, als Partner, als Ort der Veränderung erkannten, entdeckten auch *verbal-orientierte Schulen* (wie z. B. neuere Ansätze in der Psychoanalyse) die Wichtigkeit der Berücksichtigung der leiblichen Dimension. Unser Bild vom Wissen bzw. vom Wissenswerten bestimmt also, was wir in unseren Erkenntnisprozeß hineinnehmen. Auch die Anthropologie ist ein wichtiges Unterscheidungskriterium zwischen verschiedenen Ansätzen. Dabei sollte man von den Extremformen eines *deterministischen Ansatzes* (z. B. frühere Erlebnisse – postnatal oder pränatal – bestimmen totaliter unser gegenwärtiges Handeln) und eines illusionären, *pseudoesoterischen Ansatzes* (wie z. B. der Mensch verfügt totaliter über seine Existenz, seine Lebensform, seine Krankheitsbilder etc.) absehen. Zwischen diesen Extrempolen gibt es aber sinnvolle und beachtenswerte Abstufungen, je nachdem welches Ausmaß der individuellen Freiheit des Menschen zugestanden wird. So kann man reaktive und proaktive Ansätze voneinander unterscheiden, die Akzentuierung der Determinanten könnte vergröbernd eher tiefenpsychologischen und lerntheoretischen Richtungen zugeordnet werden (aber auch hier gibt es schon viele neue Tendenzen), die Betonung von Freiheit und Originalität könnte eher personzentrierten, *existentiellen,* die Entscheidungsfähigkeit und die *Selbstak-*

tualisierung des Menschen betonenden Richtungen zugeordnet werden. Auch die Stellung des Menschen in und zu der Gesellschaft ist ein Unterscheidungsmerkmal. Auf der einen Seite mag dann, wieder etwas vergröbernd, eine mehr auf die *Individuation* ausgerichtete *analytische Therapie* nach Jung stehen, und auf der anderen Seite eine *emanzipatorischen und solidaritätsfördernden* Interessen dienende *Gruppendynamik*. Um den hier gegebenen Rahmen nicht zu sprengen, soll nur noch ein weiteres Beispiel für die Wichtigkeit der anthropologischen Bestimmung angeführt werden: So wirft die *Logotherapie* und *Existenzanalyse* anderen, nur am Biologischen, Psychischen oder Soziologischen orientierten Verfahren einen *Reduktionismus* vor, der das Wesentliche des Menschen, seine personale und geistige Dimension vernachlässigt.

Wissenschaftstheoretisch ist der Ansatz von Balint eine doppelte Erweiterung: Einerseits gegenüber einer rein naturwissenschaftlich, positivistisch orientierten Datenerfassung (das nötige naturwissenschaftliche, medizinische, therapeutische Wissen wird vorausgesetzt, soll aber nicht verabsolutiert werden); andererseits gegenüber einer phänomenologischen „Objektbetrachtung" (die intuitive und intentionale Erfassung des Gegenübers wird bereichert durch die Hineinnahme des Subjekts der Beobachtung in den Beobachtungsprozeß, ja noch viel mehr: Das dialogische „Zwischen", wie Martin Buber den Bereich zwischen Ich und Du kennzeichnet, wird zum wichtigsten Terrain der Erkenntnis). Dabei wird nicht verkannt, daß diese intuitive Einfühlung und das Erspüren nur idealiter vollständig geschehen kann, de facto aber durch eigene Filterprozesse verzerrt oder verstümmelt wird. Balint bezieht sich dabei nicht auf die grundsätzlich tendenziöse Wahrnehmung (Apperzeption im Adlerschen Sinn), sondern insbesondere auf die Filterprozesse, die sich durch die berufliche Vorbildung ergeben. Sobald sich der Therapeut als Apostel einer durch das Studium eingelernten und in ihrer spezifischen Art eingeengten Denkweise versteht, geschieht durch diese „apostolische Funktion" eine Informationsdeformation, die im besten Fall eine Simplifizierung, im schlechtesten Fall eine iatrogene Schablonisierung und Nötigung darstellt. Die freie Rezeption dessen, der seine apostolische Funktion transzendieren kann, umfaßt Verbales und Nichtverbales, Kleidung, Haltung, Stimmlage, Mimik, sucht die wohlwollende Annäherung an den anderen und die kritische Selbstdistanz. Der Balintsche Ansatz macht auch Gebrauch von der Erkenntnis, daß jeder Mensch, der Definitives über sich selbst aussagt, Grenzen zieht und Unterscheidungen trifft, die sowohl von innen, als auch von außen her bestimmt werden können. So kann der Mensch durch das, was er sagt, aber auch durch das, was er nicht sagt, erfaßt werden. Deshalb werden nicht nur die geleisteten Aussagen, sondern auch die unterlassenen ernst genommen und in die Erkenntnis miteinbezogen. Die Person des Therapeuten ist nicht nur das wichtigste Therapiemittel, sie ist zuvor auch das wichtigste Diagnoseinstrument. Im

Wahrnehmen der eigenen Gefühle, die der Patient auslöst und bewirkt, wird der Therapeut zum ungleich komplexeren und reichhaltigeren Erfassungsinstrument, als es jeder Anamnesebogen oder jeder diagnostische Apparat jemals sein könnten. In dieser ganzheitlichen Zugangsweise wird das „objektiv Feststellbare" nicht ausgeklammert, es werden die verschiedenen Determinanten im biologischen, sozialen und psychologischen Sinn, sowie das Erlernte und Erworbene berücksichtigt, aber es wird auch dem Neuen, Einmaligen, Eigenschöpferischen der Person Rechnung getragen. So tritt der Therapeut auch nicht schulmeisterlich-autoritativ auf, sondern sucht die Begegnung im Gespräch, stellt – möglichst offene – Fragen, die er gleichzeitig auch an sich selber richten muß.

Kriterium 5
Die Vorgangsweise

Beratungsformen und Therapieschulen können sich in der Art und Weise unterscheiden, wie sie von Beobachtungen zu Beschreibungen, Bewertungen und praktischen Folgerungen gelangen. Abhängig vom Bild vom Menschen und vom Wissen(swerten) können Verfahren eine sehr starke Strukturierung aufweisen (*präzise Diagnostik, festgelegtes Diagnoseschema,* als optimal empfohlene *Handlungssequenzen* – hier sind wieder eher verhaltenstherapeutische, aber auch Verfahren der modernen *Kurztherapien* anzuführen, die sogar eine gewisse *Digitalisierung der Therapieabläufe* oder Beratungsabläufe ermöglichen). Auch Verfahren, die sich eher am *klassisch-medizinischen Modell* orientieren, werden zunächst eine klare Befunderhebung anstreben, um daraus einen Therapieplan zu entwickeln. Dem gegenüber stehen z. B. *nondirektive, personorientierte Ansätze,* die Diagnose und Beratung bzw. Therapie als untrennbar verwobenen Vorgang betrachten. (Es muß gesagt werden, daß es auch in moderneren verhaltenstherapeutischen Ansätzen die Auffassung einer therapiebegleitenden Diagnostik gibt.) Unterschiede ergeben sich auch zwischen den Methoden hinsichtlich der Frage, welche Daten in die Beobachtung einbezogen werden. Zum Beispiel können *soziometrische* und andere Beobachtungskriterien von vornherein festgelegt sein, etwa wenn es um die Beobachtung von Gruppenprozessen geht. Andererseits kann es aber auch das Besondere des jeweiligen Ansatzes sein, daß der Therapeut oder Berater völlig „naiv und offen" an die therapeutische oder beratende Begegnung herangeht. *Tiefenpsychologisch orientierte* bzw. *dialogisch ausgerichtete Familientherapeut(inn)en und Berater(innen)* lassen sich faktisch vom „System einsaugen", sie werden zu einem Teil des Ganzen, um so aus der eigenen Resonanz zu spüren, welche geheimen Botschaften hin und her gehen, welche Muster hier aktiviert werden, wie man sich als einzelne abgrenzen kann und muß usw. Hingegen wahren andere eher strukturellere Ansätze die Distanz zum Beobachteten (bis hin zum *Einwegspiegel,* hinter dem das beobachtende Team, das „*reflecting-team"* sitzt und nach bestimmten Kategorien Auswertungen trifft). So wie die Interpretation der Beobachtungen und die anschließenden praktischen Folgerungen vom jeweiligen Standpunkt der Therapie bzw. Beratung abhängen, so ist eben auch die Beobachtung und ebenso das Beschreibungsvokabular unterschiedlich zwischen den einzelnen Richtungen. Die „*szenische Information",* die uns ein Patient, eine Patientin liefert, in der Art, wie er oder sie uns z. B. in der ersten Kontaktstunde begegnen, wird in einigen Therapieansätzen vernachlässigt, in anderen als eine der Hauptquellen wichtiger Informationen angesehen. Wie auch immer: Aktivitäten in der Beratung und in der Therapie müssen die richtige Reihenfolge einhalten, es sollten immer Beobachtungen am Anfang liegen, die in adäquate Beschreibungen übersetzt werden, bevor eine Bewertung der Daten bzw. dann eine praktische Konsequenz daraus abgeleitet wird.

Diese Abfolge darf man sich freilich nicht einmalig-linear vorstellen, denn genaugenommen handelt es sich um eine hermeneutische Spiralbewegung, da ja die Konsequenzen bzw. vorangelagerten Interpretationen ihrerseits wiederum das Beobachtungsfeld bestimmen und sich dadurch Wechselwirkungen ergeben. Balint findet viele markante Bezeichnungen dafür, wie vorsichtig und umsichtig und möglichst vorurteilsfrei man sich in die Beobachtungssituation hineinbegeben soll. Die Kluft zwischen einer autogenen Krankheitssicht und einer iatrogenen Krankheitsklassifikation muß in einem Aufeinander-Zugehen von Therapeut und Patient überwunden werden. Ganz wichtig ist es, die „unorganisierte Phase" möglichst lange am Leben zu erhalten, um nicht von vornherein gewisse Schablonen oder Schemata an die individuellen und originellen Expressionen gestörter Befindlichkeit anzulegen. Der Balintsche Ansatz warnt daher vor zu frühen Übereinkünften, unheiligen Allianzen, flexibilitätsreduzierenden apostolischen, das heißt medizinisch-naturwissenschaftlich-missionarischen Begriffseinschränkungen.

Außer dieser Vorsicht vor der Originalität des Patienten, der man mit Vorurteilen nicht gerecht wird, zeichnet den Balintschen Ansatz gerade in Hinsicht auf die Datenerfassung noch eine zweite wesentliche Charakteristik aus. Diese besteht im dialogischen Wechselwirkungsprozeß bzw. in der Vernetzung und Reziprozität der einzelnen Erkenntnisträger und -akte. So steht nicht nur die Frage im Raum, wie der Therapeut den Patienten behandelt, sondern auch wie der Patient den Therapeuten behandelt. Oder: Nicht nur die Frage, was macht der Therapeut mit dem Patienten, sondern auch, was macht der Patient mit dem Therapeuten? Noch weiter: Was macht der Therapeut aus dem Patienten? Diese Frage muß ergänzt werden durch: Was macht der Patient aus dem Therapeuten? Aber nicht nur diese Teilaspekte stehen in einer fruchtbaren Reziprozität, sondern auch Teil und Ganzes, Einzel- und Teildiagnose und Gesamtdiagnose müssen einander gegenseitig befruchten, eins zum anderen sich fügen können. Aber auch Diagnose und Therapie stehen in einer sinnvollen wechselweisen Beziehung zueinander. Diagnostik beeinflußt die Therapie, das ist nicht weiter erstaunlich, sondern im Gegenteil ja erforderlich. Aber Therapie beeinflußt auch die Diagnostik, es gibt sogar Bereiche, in denen Therapie und Diagnose (-Mitteilung) zu einem werden. Wechselbezüglich sind auch die Prozesse der Datenerfassung und der Datenbewertung und -verwertung. Bei der Rezeption beeinflussen wiederum einander rationales und emotionales Verstehen und Zuhören, bzw. gibt es auch eine Reziprozität zwischen den Angeboten des Patienten und den Antworten des Therapeuten.

Kriterium 6
Die zeitliche Dimension

Therapiemethoden bzw. Beratungsansätze können sich in der Rolle unterscheiden, die bei ihnen die Entwicklung, die Genese von Störungen, die Biographie des einzelnen Ratsuchenden etc. spielt. Zwar leugnen *gegenwartsbezogene Methoden* wie etwa die *Gesprächspsychotherapie* oder die *Gestalttherapie* trotz ihres Bekenntnisses zum *„Hier und Jetzt"* nicht die Tatsache, daß uns der Patient oder der Klient nicht als eine „tabula rasa" begegnen, aber sie konzentrieren sich auf die im Augenblick gegebenen Möglichkeiten der Veränderung. Hingegen zeichnen sich tiefenpsychologische Ansätze durch die Bedeutung aus, die sie der bisherigen Entwicklung und Erfahrung zumessen. Wahrscheinlich ist es kein Zufall, daß die Entstehung der *Psychoanalyse* zeitlich mit dem *Historismus* zusammenfällt, jenem zeitgenössischen Paradigma, dem die Herleitung des Gegenwärtigen aus den Wurzeln der Vergangenheit ein zentrales Anliegen war. Die Rückführung auf das Gewesene und Geschehene als Determinanten des weiteren geschichtlichen, biographischen Verlaufes ist freilich nur die Grundlegung einer Matrix, auf der bzw. in der weitere Erfahrungen und Erlebnisse organisiert werden können. Kein aufgeschlossener Tiefenpsychologe wird der Vergangenheit eine völlige Determinationskraft zuweisen. Die zeitliche Dimension spielt noch eine weitere Rolle in der Unterscheidung verschiedener Therapie- und Beratungsansätze. So könnte man verschiedene Schulen und Methoden auch danach einteilen, in welchem Abschnitt der Entwicklung eine Störung passiert ist. Ist z. B. eine sehr frühe Störung passiert, dann wird eine Therapie bzw. Beratung mütterlich, stützend, nährend und aufbauend sein müssen (sei dies nun eine *„mütterliche" – analytische Richtung* oder ein *personorientierter Ansatz mit Wertschätzung, Einfühlung* etc.). Ist die Störung zu einem Zeitpunkt anzusetzen, ab dem sich das Individuum als solches zu begreifen beginnt, ist eine Therapie oder

Beratung angezeigt, die das Ich ernst nimmt und seine Auseinandersetzung und seine Konflikte mit sich selbst und der Umwelt bearbeitet (das *klassische Terrain der Psychoanalyse, der Individualpsychologie, sowie anderer konfliktzentrierter Methoden*). Wenn eine Störung eher am Ende des Sozialisationsprozesses anzusiedeln und schon eine relativ reife Persönlichkeit vorauszusetzen ist, dann wird eine Therapie oder Beratung schon von der rationalen Selbststeuerung des Menschen ausgehen können und hier appellativ (wie z. B. die *Logotherapie*) oder diskursiv (wie z. B. die *Rational-Emotive-Therapie* usw.) vorgehen können. Eine andere Einteilung der therapeutischen und beraterischen Methoden könnte die Entwicklungsstufen (vom sinnlichen Be-Greifen über die Phantasie- und Symbolbildung zum abstrakten Begriff) bzw. die dabei gegebenen Möglichkeiten des Menschen insofern ernst nehmen, daß das vordringliche Element der Auseinandersetzungsform mit der Umwelt und mit sich selbst besonders berücksichtigt wird, sei dies nun der taktile, körperliche, leib- und sinnenhafte Modus; sei dies der imaginativ-phantasievolle und emotionsreiche Modus oder sei dies der kognitiv-verbale Weg der Interaktion mit der Eigenwelt und der Umwelt. Jedenfalls ist grundsätzlich zu berücksichtigen, wenn auch in verschiedenen Ausprägungsgraden, daß jedes gegenwärtige Ereignis Wurzeln in der Vergangenheit besitzt und man eine vorhandene Situation besser beurteilen kann, wenn man die Entwicklung kennt, die dazu geführt hat.

Der Balintsche Ansatz sieht im Krankheitsbild, in der autogen angebotenen Definition der Beschwerden, in der Symptomatik nicht nur Anzeichen einer momentan akuten Befindlichkeit, sondern Hinweise auf die gesamte Lebensführung im Dort und Dann und im Hier und Jetzt. Symptome sind sozusagen die Bilanzen der individuellen Lebenserfahrung. Im Linienspiel der akuten Problematik liegt mehr oder minder deutlich erkennbar oder manchmal tief verborgen die „Skizze" einer tiefen, zugrundeliegenden Störung, der Grundstörung. Wer oder was immer diese Skizze angefertigt hat, das Individuum mit exzessiven Bedürfnissen oder die Umwelt mit exzessiven Anforderungen: In diese Grobstruktur wurden alle weiteren Erfahrungen eingearbeitet. Damit ist der Balintsche Ansatz völlig mit der vorangegangenen Ansicht konform, wonach man zwar nicht unbedingt (vergleichbar mit modernen Therapieansätzen) eine Symptomatik bis zu ihren historischen Wurzeln hin verfolgen muß, um eine nachhaltige Veränderung zu bewirken, wonach aber doch das tiefere Verständnis der aktuellen Betroffenheit, des in der Gegenwart sich vollendenden oder wiederkehrenden Grundmusters einer mehr oder minder ausgeprägten Beziehungspathologie nur durch die Hinzunahme der historischen, entwicklungsgeschichtlichen, lebenserfahrungsbezogenen Perspektive erzielt werden kann.

Das Erarbeiten eines gemeinsamen Konzeptes des Leidens des Patienten ist ein dialogisches Kunstwerk. Dabei genügt freilich nicht der Hausverstand der

Alltagspsychologie des Laien. Die „Natürlichkeit" und „Leichtigkeit" der Interaktion, der frei schwebenden Aufmerksamkeit, des intuitiven Zuhörens darf nicht die methodische, fundiert erworbene psychotherapeutische Kompetenz des Therapeuten übersehen lassen.

Therapie ist kontrollierte Begegnung, weder die Kontrolle allein (krankheitszentrierte Therapie), noch die Begegnung allein (der emotional-verständnisvolle Kontakt zum Patienten ist zwar unabdingbar, bleibt aber ohne die „Techniken" der Strukturierung, Konflikterhellung etc. ohne tiefer gehende Effekte). Im Wechselspiel zwischen Person und Technik, Kontrolle und Begegnung ereignet sich das Besondere der Therapeut-Patient-Beziehung.

Kriterium 7
Die Dimensionen der Individualität

Beratungsformen und Therapierichtungen unterscheiden sich darin, welche Dimension des Individuums sie besonders betonen. Dies kann einerseits die kognitive Dimension sein: Faßt man „kognitiv" als das auf, was Inhalt des Bewußtseins sein kann, so kann man einerseits unterschiedliche Bewußtseinsgrade unterscheiden, andererseits unterschiedliche Inhalte. Therapien und Beratungen können zu höchster aktiver Bewußtheit stimulieren (wie z. B. *Gestalttherapie, Logotherapie, Gesprächspsychotherapie* in der besonderen Ausrichtung des *Focusing*) oder sie gehen von abgesenkten Bewußtseinsstufen aus (wie z. B. die *Hypnotherapie*, das *Katathyme Bilderleben* oder *Symboldrama*). Hinsichtlich der Inhalte des Bewußtseins kann unterschieden werden zwischen Ansätzen, die sich auf produktive oder unproduktive Gedanken und Überzeugungen beziehen (wie z. B. die *Rational-Emotive-Therapie*) oder auf existentielle Grundannahmen, Lebensstil etc. (wie in der *Logotherapie und Existenzanalyse, Daseinsanalyse, Analytischen Therapie nach C. G. Jung, Individualpsychologie* usw.). Andere Formen der Therapie oder Beratung betonen die psychische Dimension, und hier besonders die Gefühle (z. B. in der *Gesprächspsychotherapie* bzw. im *Focusing*) oder die Motivationen (z. B. in der *Psychosynthese*) oder sehr basale, archaische Gefühle (z. B. die *Primärtherapie*). Es kann aber auch die aktionale Seite betont sein (z. B. im *Psychodrama*, in der *Tanztherapie*, im *themenzentrierten Theater* oder in übertragener Form in der *Realitätstherapie* und jeder anderen Form der lösungs- und strategiebezogenen Beratung und Therapie, z. B. in den *kommunikationstheoretischen* oder in den *paradoxen Therapien* und Beratungen). Wichtige Therapien und Beratungen sehen aber auch einen entscheidenden und vorrangigen Einsatzbereich im Somatischen (die *Vegetotherapie*, die *Bioenergetik,* und andere *körperorientierte Verfahren*). Wichtig ist jedenfalls, daß trotz einer Bevorzugung einer Dimension auch die anderen Dimensionen nicht unberücksichtigt bleiben.

Der Balint-Ansatz zeichnet sich dadurch aus, daß er eine Gesamtschau zu erreichen versucht. Dies hebt ihn von einseitigen, reduzierenden Zugangsweisen auf das Individuum ab. Während andere Versuche, eine rein somatozentrierte Medizin bzw. Therapie zu überwinden, durch ihre Schwerpunktsetzung (z. B. im Organismischen, im Anthropologischen) eingeschränkt bleiben, bezieht Balint den psychischen Bereich voll mit ein, läßt aber dabei auch die kognitive und die aktionale Dimension nicht außer acht. Balint fordert eine umfassende Rezeptivität des Therapeuten, er verlangt sein aufmerksames Zuhören ohne einengende Fragestellungen, er gebietet vor allem den Respekt vor dem Patienten und seinen Krankheitsangeboten und mahnt dazu, die unorganisierte Phase der noch nicht benannten Krankheit nicht zu schnell zu verkürzen und durch ein iatrogenes Schema zu „organisieren". Ein Beispiel mag dazu genügen. Balint schreibt in seinem Standardwerk „Der Arzt, sein Patient und die Krankheit" (Seite 364):

„So hatte die Patientin mindestens vier Krankheiten ‚angeboten'. Eine leichte Hypertrophie der Schilddrüse, ein Muskelrheumatismus, eine Depression und chronische sexuelle Frustrierung, die als Unglück empfunden wurde."

Mit Einschränkungen könnte man hier in diesen vier Krankheitsangeboten der Patientin durchaus die somatische Dimension, die psychische Dimension, aber auch in Anklängen die kognitive und aktionale Dimension entdecken.

Dieses Nebeneinander der verschiedenen Dimensionen bedeutet nun nicht eine Relativierung des Entstehungszusammenhanges. Balint überlegt sehr wohl, was Ursache und was Folge ist, was sich aus dem anderen ergeben haben mag.

„War die Patientin z. B. eine echte Depressive, deren ständige Verstimmung und unterdrückte ambivalente Feindseligkeit der Ehemann nicht ertragen konnte, so daß schließlich ‚seine Zuneigung anderweitig gebunden' war, oder war sie eine ziemlich normale Frau, die zu ihrem Unglück an einen, seinem Wesen nach untreuen Ehemann geraten war? Dann konnte ihre Trauer der Ausdruck einer unlösbaren ambivalenten Liebe sein, die vielleicht zu einer reaktiven Depression geführt hatte. Ferner könnte man ihre vagen Schmerzen als Konversionssymptome betrachten, die ihre Unfähigkeit ausdrückten, entweder alle Last verzeihender Liebe zu tragen oder sich aggressiv davon zu befreien. Oder deuteten etwa das Knötchen in der Schilddrüse und die vagen Muskelschmerzen auf eine endogene Störung, so daß sowohl die Depression wie die sexuelle Frustrierung Sekundärsymptome waren?" (Seite 364 f.).

Für Balint sind diese Überlegungen keine nutzlosen Spekulationen, sondern die Grundlage für die Entscheidung, was, wann und wie behandelt werden soll. Der Balintsche Ansatz bedeutet aber auch, daß diese umfassende Kenntnis bzw. diagnostische Zugangsweise von einer entsprechend subtilen und vorsichtigen Verhaltensweise des Therapeuten begleitet wird. Der Therapeut soll nicht in die entgegengesetzte Gefahr verfallen, alle körperlichen Symptome beiseite zu schieben und den Patienten zu zwingen, sich einen quälenden Konflikt anzusehen, auf dem das Symptom möglicherweise beruht. Der Therapeut ist auch für seine Diagnosemitteilung verantwortlich und soll nicht durch tiefe Schlußfolgerungen, die zu früh kommen, Leiden verursachen. Er muß weiters zwischen dem verursachenden Konflikt und der funktionellen Krankheit als Lösungsversuch des Patienten unterscheiden. Daher soll der Patient nicht gleich zum Zentrum des Konflikts vorzustoßen versuchen, sondern die klagbare und aussprechbare Leidensproblematik, mit der der Patient kommt, ernst nehmen, aber die verschiedenen Angebote, die der Patient hinsichtlich seines Leidenszustandes macht, besonders aufmerksam aufgreifen. Diese notwendige Balance erschien so wichtig, daß abweichend zu den übrigen, allgemeinen Ausführungen zu den einzelnen Kriterien in diesem Abschnitt praktische Überlegungen zu Wort kamen. Balints Gedanken haben gerade in diesem Punkt, wenn auch seine Ausführungen schon Jahrzehnte zurückliegen, eine unerhörte Aktualität. Durch das Bekanntwerden verschiedenster therapeutischer Techniken bzw. Modalitäten besteht die Gefahr, Barrieren in den Intimraum des Patienten durch subtile Taktiken zu unterwandern und damit das dialogische Grundanliegen zu verletzen. Zwar versuchen einige Techniken, wie z. B. das Neurolinguistische Programmieren, sich am äußeren Erscheinungsbild (etwas verwirrend als „Physiologie" bezeichnet) zu orientieren, bzw. Veränderungen herbeizuführen, ohne daß der Klient alles mitteilen muß, was in ihm vorgeht. Gegenüber einer echt dialogischen Begegnung erscheint aber diese Psychotechnik defizitär. Der Therapeut wird zum Kybernetiker bzw. Katalysator, der Patient konstatiert Veränderungen, bleibt aber mit wesentlichen Lebensfragen und Problemen einsam. (Selbstverständlich gilt das nur für einige Zerrformen des an sich durchaus interessanten Ansatzes des neurolinguistischen Programmierens.) Auch die Hypnotherapie hat Wege entwickelt, Widerstände des Patienten zu umgehen und Veränderungen auf tiefer, nicht bewußter Ebene zu bewirken. Zwar wird durch einen Rückgriff auf die Ressourcen des Patienten versucht, eine iatrogene Schablonisierung zu vermeiden, dennoch besteht auch hier die Gefahr, bei falscher Anwendung einen therapeutischen Monolog über den Patienten hinweg mit sich selbst zu führen, anstatt gemeinsame Erkundungsschritte vorzunehmen und mit dem eigenen Wissen dosiert umzugehen. (Die Hypnotherapie im ureigensten Sinn zeigt sich sehr respektvoll, wenn sie einen Dialog mit dem Unbewußten des Patienten bzw. des Patienten mit seinem Unbewußten oder zwischen dem Unbewußten des Therapeuten und des Patienten anregt bzw. thematisiert.) Jedenfalls zeigt sich, abschließend gesagt, der Balint-Ansatz wiederum in seiner integrativen und vermittelnden Potenz: Es wird eine Gesamtschau versucht, die Krankheit wird als Lebensform betrachtet, es werden die Angebote des Patienten ernst genommen, es wird aber auch das Miteinander zwischen Patient und Therapeut in seinen richtigen Proportionen und Dosierungen entsprechend hervorgehoben.

Kriterium 8
Der Kontext

Zu jedem Ereignis (Problem, Symptom etc.) trägt nicht nur das Individuum bei, sondern auch die Umwelt, und auch dies wiederum in der umfassenden Weise des Kognitiven, Somatischen, Psychischen und Aktionalen. *Sozialtherapien, Milieutherapien, Systemische Therapien, Familientherapien, Netzwerktherapien* und deren beraterische Äquivalente sehen einen wichtigen Ansatzpunkt im jeweiligen situativen Kontext. Keine Therapie bzw. Beratung kann ohne soziale Überlegungen auskommen, doch liegt der Akzent bei der *Individualpsychologie* mehr auf dem sozialen Leben und Erleben und Gestalten (Gemeinschaftsgefühl), während hingegen in der *analytischen Psychologie* nach *C. G. Jung* mehr die *Individuation* (wenngleich auch in einer kulturellen Eingebettetheit) akzentuiert wird. *Systemische Ansätze* bedeuten nicht unbedingt eine *Mehr-Personen-Therapie oder -Beratung*. Wenn die Art und Weise der Beziehung, wie sie der einzelne zur Umwelt gestaltet, in den Mittelpunkt rückt, dann ist auch eine *familientherapeutische Arbeit am einzelnen* möglich. Auch jene Ansätze, die bewußt die Beziehung zwischen Therapeut und Patient einbeziehen, sind im ureigensten Sinn systemisch und somit im ausgeprägten Sinn kontextbewußt.

Das Kontextbewußtsein im Balintschen Ansatz zeigt sich auf vielfältige Weise. In einer nicht zu übersehenden Analogie und in einem dennoch reizvollen Kontrast zur Gestalttherapie geht auch die Balint-Gruppen-Arbeit von Figur und Hintergrund aus. Die Figur ist einerseits der Patient auf dem Hintergrund der dyadischen Beziehung zwischen Patient und Therapeut. Andererseits ist die Figur gerade eben jene Beziehung zwischen Therapeut und Patient, und der Hintergrund ist die Gruppe selbst. Noch genauer formuliert: Jeder einzelne der Gruppe bildet einen jeweils spezifischen Hintergrund. In der unterschiedlichen und dennoch auch teilweise ähnlichen Art, wie sich dasselbe Beziehungsgeschehen in den individuellen Rezeptionen der Gruppenteilnehmer abbildet, zeigt sich in der Überlagerung dieser Einzelerfassungen und individuellen Bilder das Zufällige, aber auch das Wesentliche dieser therapeutischen Begegnung.

Auch im Begriff der „funktionellen Störung" ist der Kontext miteinbezogen. „Funktionell" inkludiert ja immer funktionsfähig bzw. -unfähig für etwas. Dieses etwas ist die Anforderung seitens der Umwelt, sie ist der kulturelle, gesellschaftliche Auftrag an den einzelnen. Die relativen Defizite des einzelnen gegenüber diesen gesellschaftsgebundenen Aufgaben bzw. die relativen Exzesse der Forderungen, die von außen an den einzelnen herankommen, sind der Begründungszusammenhang für die „funktionale Gestörtheit", es wird nicht ein Teil im Individuum als schadhaft aufgespürt und repariert, sondern das Individuum selbst als Teil eines übergeordneten Gesamten, des gesellschaftlichen

Organismus gesehen. Die Anpassungsproblematik, die Pathologie der Objektbeziehungen (wobei das Pathologische nicht nur im jeweiligen Individuum liegen muß) werden zum Angelpunkt einer kontextbewußten Krankheitslehre.

Dennoch bleibt die „Figur" das Hauptthema, das heißt, der in der spezifischen
Übertragungs-Gegenübertragungssituation erfühlte und umfaßte Patient. Nicht
aber wird der Therapeut selbst bzw. die Interaktion in der Gruppe selbst zum
Vordergrund gemacht: Die Balint-Arbeit in der Gruppe bleibt eigenständig, auch
wenn sie die Fruchtbarkeit der beiden Nachbarbereiche anerkennt und auch da
und dort deren Angebote durchaus wertschätzen mag.

Das Kontextbewußtsein der Balint-Arbeit zeigt sich auch in der Schaffung und
Erhaltung einer geeigneten Atmosphäre, in welcher der Patient imstande ist, sich
dem Therapeuten verständlich mitzuteilen. Zu aktives Vorgehen des Therapeuten kann ebenso hemmend wirken wie zu passives, zu fürsorgliches ebenso wie
zu provokantes, zu rätselhaftes ebenso wie zu stark interpretatives.

Noch in einer weiteren Art ist die Kontextbewußtheit des Balint-Ansatzes
bemerkenswert. Sie besteht in einer konsequenten Einbeziehung der Dyade
Patient und Therapeut, so sehr auch die Untersuchung bzw. das Interview stan-
dardisiert sein mögen. Das Reizmaterial, das für die Untersuchung verwendet
wird, mag zwar normiert und standardmäßig festgelegt sein, dennoch werden
sich die Antworten je nach der Art der Dyade unterscheiden, abgesehen davon
ist die Hinzunahme der Daten, die sich außer durch das Material, den Reaktionen des Patienten auf den Therapeuten ergeben, außerordentlich wertvoll, und
seine Vernachlässigung wäre eine ungeheure Verarmung.

Kriterium 9
Intraindividuelle und interindividuelle Prozesse

Methoden und Richtungen können sich unterscheiden, inwieweit sie bewußte,
aber auch unbewußte oder vorbewußte *Prozesse* berücksichtigen. So ist z. B.
eines der wesentlichen Merkmale *tiefenpsychologischer Ansätze* in der Annahme unbewußter *Prozesse* zu sehen. Hingegen vernachlässigen andere, *sympto-
morientierte Verfahren* absichtlich die außerbewußten Aspekte des Erlebens und
Verhaltens und konzentrieren sich mehr aus Symptom-Wechselwirkungen.
Andererseits sind Unterschiede dadurch gegeben, ob sich die Prozeßbeobach-
tung auf den einzelnen bezieht (z. B. das *neurolinguistische Programmieren,
Focusing,* die *Gestalttherapie* etc.) oder vorzugsweise auf interindividuelle Prozesse (*gruppentherapeutische* und *gruppenberaterische Ansätze* verschiedenster
Provenienz). Jedenfalls ist die Vernetzung der Prozesse, die Wechselseitigkeit
der Einflüsse, die Abkehr von linearen Verursachungsketten zugunsten zirkulä-
rer Prozeßwirkungen ein Kennzeichen moderner Therapie-Beratungsparadigmen.

Im Balint-Ansatz wird eine fruchtbare Synthese zwischen dem intraindividuellen und dem interindividuellen Erkundungsvorgang erreicht. Ebenso auch eine originelle Verbindung zwischen bewußten und unbewußten Prozessen. Diese fruchtbare Synthese des Balint-Ansatzes zeigt sich einerseits in der Dyade Therapeut-Patient, andererseits in der Gruppen- und Seminararbeit. In der Zweierbeziehung Therapeut-Patient lehrt der Balint-Ansatz insbesondere den notwendigen, elastischen Wechsel zwischen unorganisierten und organisierten Phasen. Im Organisierungsprozeß geht es um die gemeinsame Benennung eines Krankheitsgeschehens, um ein gemeinsames Aushandeln der Definition des Leidenszustandes, um ein vorsichtiges und annäherndes Zursprachebringen des Unsagbaren. In der Gruppenarbeit zeigt sich diese dosierte Verknüpfung bewußter und unbewußter, intra- und interindividueller Prozesse z. B. in der Arbeitsweise, in der freien Berichtform, in den freien Assoziationen unter Berücksichtigung grundsätzlicher Abstinenz. Anders aber als in der analytischen Situation beschränkt sich die Deutung auf die „öffentliche Übertragung", das heißt: Die Gruppenteilnehmer sollen zwar den Mut zur eigenen Dummheit bekunden, sich unbekümmert in ihren Einfällen äußern, einander dadurch auch helfen, blinde Flecke bei sich selbst und anderen zu entdecken, insbesondere aber beim vortragenden Fallberichterstatter, auf der anderen Seite werden zu persönliche Details ausgeklammert, es geht nach wie vor in erster Linie um den Patienten bzw. die Interaktion zwischen Patient und Therapeut, nicht aber um das persönliche Hinterland des Therapeuten. Dabei findet ebenso, wie in der Patient-Therapeut-Dyade nicht nur der Wechsel von einer unorganisierten Phase (das Problem ist noch nicht benennbar) in eine organisierte statt, sondern sehr oft ist auch der Wechsel vom organisierten Zustand in den unorganisierten beobachtbar (vorgefaßte Meinungen über das Krankheitsbild bzw. über die Beziehung zum Patienten werden aufgelockert, im Spiegelbild der unterschiedlichen Teilnehmerreaktionen aus neuen Perspektiven gesehen). Im Mittelpunkt der Gruppenarbeit steht (ebenso wie in der Begegnung mit dem Patienten) die Objektbeziehung unter Nutzung der Gegenübertragung des Therapeuten. Diese Gegenübertragung wird in der Therapeut-Patient-Beziehung beobachtet, in der Beziehung zwischen dem berichtenden Teilnehmer und den übrigen Gruppenmitgliedern. Ebenso ist die Gegenübertragung der Gruppenteilnehmer auf den geschilderten Patienten interessant. Auch die Beziehung zwischen dem Berichtenden und dem Gruppenleiter kann thematisiert werden, steht aber im Balint-Ansatz nicht so sehr im Vordergrund, um nicht ein Absinken in therapeutische Bereiche zu bewirken. Eher wird das Miteinander des „Forschungsteams", gleichwertiger und gleichberechtigter Mitglieder einer Gruppe, einer „Bruderhorde", also das Geschwisterliche betont, als eine Übertragung zu einer Elternfigur (Gruppenleiter) zu begünstigen. (Letzteres würde nicht mehr dem eigentlichen Forschungszweck des

Balint-Seminares entsprechen.) Im Gegenteil, der „Urvater" soll in die Reihen treten, selbst Fehler und Kritik ertragen können, unauffälliger Begleiter bzw. Moderator des „Forschungsprozesses" sein. So zeigt sich wiederum im Balint-Ansatz eine geglückte Synthese, eine ausbalancierte Position, eine analytische Arbeit an der Bewußmachung – aber unter Einhaltung entsprechender Rahmenbedingungen; eine Arbeit am und mit dem einzelnen, aber unter Zuhilfenahme der übrigen Gruppenmitglieder.

Kriterium 10
Verhaltensaspekte

Therapien und Beratungsformen können sich darin unterscheiden, ob sie Verhalten induktiv (bottom up) aus der Multiplikation aller vorgenannten Bestimmungsmerkmale erschließen oder deduktiv (top down) vom Verhalten ausgehen und dann die nähere Aufschlüsselung vollziehen, oder auf der Verhaltens- bzw. Symptomebene bleiben. Die Verhaltenstherapie und -modifikation schlüsselt das Verhalten nach verschiedenen Aspekten *(Auslöser, Konsequenz, Kontingenzen* etc.) auf, die psychoanalytische Technik versucht im *Erinnern, Wiederholen, Durcharbeiten,* im Durchdringen von Deckerinnerungen (die das eigentliche Problematische verdecken), im *Analysieren* von *Träumen, Widerständen, Übertragungen* und vor allem im Setting der *freien, spontanen Assoziation* festgefahrene Muster, neurotische Struktur-„Verbiegungen" abzubauen, aufzulösen, um eine Rekonstruierung zu ermöglichen. Andere Verfahren setzen Hauptakzente auf die *Integration* von Verhaltenselementen, Gefühlsteilen, Rollenanteilen, Persönlichkeitsaspekten: Dies tun auf unterschiedliche Weise etwa die *Psychosynthese* (die die Persönlichkeitssatelliten bündeln will), die *Gestalttherapie* (die offen Problemgestalten schließen will), die *Analytische Psychotherapie nach Jung* (die die Vereinigung der Gegensätze, das mysterium coniunctionis anstrebt), die *objektbeziehungstheoretischen Ansätze,* die sich mit Persönlichkeitsfragmentierungen, strukturellen Schwächen und Pathologien des Selbst befassen, und andere Richtungen und Methoden. Keine Beratung oder Therapie kann aber letztlich der Analyse und der Synthese, der Regression und der Progression entbehren: Man muß zerlegen, aber dann wieder zusammenfügen, die Vergangenheit bewußt machen, um für die Zukunft abgeschlossen zu werden. Die Unterschiede liegen in verschiedenen Akzentsetzungen bzw. Gewichtungen.

In der Suche nach der zugrundeliegenden pathogenen Objektbeziehung, die das momentane Krankheitsbild verursacht hat, ist der Balint-Ansatz ein top-down-Verfahren, es bleibt allerdings nicht bei dieser deduktiven, analytischen Vorgangsweise, sondern die volle Bewegung schließt sich im aufsteigenden Ast, der bottom-up Bewegung, die das Vergangene mit dem Gegenwärtigen wieder in

Beziehung bringt. Dies zeigt sich besonders in der Episoden-Technik (hier nützt der Therapeut jene Gefühle, die ihm in der Beziehung zum Patienten aufsteigen, indem er diese Gefühle mit dem Problem des Patienten in Verbindung bringt und aufgrund dieses Einfalls dann dem Patienten ein Angebot zum Verständnis seines Leidensgeschehens macht) sowie in der flash-Methode, die durch eine tiefe, innere Resonanz des Therapeuten auf den Patienten möglich wird, und die sich mehr im Tonfall, in Haltung und Gestik, als im verbalen Bereich zum Ausdruck bringen läßt. In diesem Hinuntertauchen und Aufsteigen wird das „kranke" Verhalten aufgeschlüsselt und wieder zusammengefügt zu einer neuen Gestalt, wobei dem Therapeuten als wichtiges Verhaltensvorbild eine besondere Rolle zukommt. Er ist ein nicht pathogenes Objekt, die Beziehung zu ihm unterscheidet sich von vielen anderen, krankmachenden Beziehungen. Dadurch kann sich der Patient als Subjekt wahrnehmen, durch die gesunde Beziehung zum Therapeuten auch eine neue, konstruktive Beziehung zu sich selbst herstellen. Der Balint-Ansatz ist aber auch hierin wieder maßvoll und mit den richtigen Proportionen versehen, denn in diesem Wechselspiel zwischen regressiven und progressiven Schritten berücksichtigt der Therapeut das persönliche Tempo des Patienten, fragt diesen nicht gewaltsam aus, sondern läßt ihn selbst Entdeckungen machen.

Die Grenzen der angeführten Methoden und Ansätze

Vergleicht man die Persönlichkeit mit einem Baum, so kann man den Wurzeln die *tiefenpsychologischen Methoden* zuordnen, dem Stamm die *humanistisch-psychologischen, wachstumsorientierten, persönlichkeitszentrierten, ich-psychologischen Methoden,* und schließlich der Krone die *„höhenpsychologischen",* *existentiellen, insbesondere sinn- und wertorientierten Verfahren,* an deren Außengrenzen sich Übergangsbereiche der *transpersonalen Therapie* oder der *initiatischen Therapie, der meditativen Form der Oberstufe des Autogenen Trainings,* der *progressiven,* hoffnungsgeleiteten und zukunftsorientierten *Formen der Imagination* befinden. Unterhalb der Wurzeln aber, im Wurzelgrund, und oberhalb der Kronenspitze, im Kosmos der Werte, gelangen wir in den Bereich des *Religiösen* (gleich welchen Namens), das sich ontologisch tiefer und höher befindet als alles kollektive Mythologische, Archetypische, Transpersonale. Auf die Frage, woher wir – letztlich – leben und wohin wir – letztlich – streben, kann nur die Religion antworten.

Bedenkt man diese grundsätzlichen Grenzen der Psychotherapie und der Beratung, dann kann das folgende Modell von Sedlak, in dem die vorangegangenen Bestimmungsstücke integriert sind, als psychoökologisch und auch als personal – innerhalb des Bereichs des Aussagbaren – angesehen werden.

Dieses psychoökologische Modell ist eine Übersicht (<u>Matrix</u>) über die wesentlichen individuell gültigen (<u>idiografischen</u>) und allgemein gültigen (<u>nomothetischen</u>) <u>Datenbereiche</u> der Beratung und Therapie. Die Anfangsbuchstaben der unterstrichenen Wörter bilden das Akronym: MIND (das soviel heißt wie Geist, Sinn, Gefühl, Vernunft, Sache ...).

Das Modell kann eine Zuordnung von Therapie- und Beratungsformen ermöglichen, und zwar unter dem – wie wir in den obigen Ausführungen sahen – Aspekt der Akzentsetzungen bestimmter Faktoren. In gewisser Weise kann das Modell auch herangezogen werden, um die „Anpassung" der jeweiligen Vorgangsweise an die jeweilige(n) Person(en) zu optimieren (z. B. mit der Frage: Will ich mehr systemisch oder individuumsbezogen, mehr kognitiv oder leibbezogen, mehr gegenwartsbezogen oder vergangenheitsorientiert oder zukunftsgeleitet [intentional] vorgehen?, usw.). Das Modell bietet aber nicht nur den Grundraster für die angeführten Kriterien, es ist zugleich auch die Matrix, in der das Propium der Praxis des Balint-Ansatzes sich abbilden kann. Dazu eignen sich die aus dem Modell abgeleiteten Merksätze und praktischen Fragen, die von Balint her beantwortet werden sollen.

Überblick über die 10 Merksätze
(mit Leitfragen für Beratung und Therapie)

1. Jedes Ereignis kann zweifach betrachtet werden: Im Hinblick auf seine Komponenten und bezüglich der Zusammenhänge, in denen das Ereignis steht. (Wie groß/klein wird das Beratungs-/Therapiefeld von mir gewählt?)

2. Theorie ohne Praxis bleibt leer. (Welche lebenspraktische Relevanz – und damit auch Beratungs- und Therapierelevanz – hat eine Theorie, auf die ich mich stütze?)

3. Praxis ohne Theorie bleibt blind. (Welches – theoretische – Fundament trägt mein beratendes, therapeutisches Vorgehen?)

4. Unser Bild vom Wissen bestimmt, was wir erkennen.
Unser Bild vom Menschen bestimmt, wie wir handeln.
(Was ist für mich wahr, erkennbar und anstrebbar in Therapie und Beratung?)

5. Aktivitäten müssen in der richtigen Reihenfolge durchgeführt werden, zunächst muß beobachtet werden, dann wird die Beobachtung beschrieben, dann muß die Erfahrung beurteilt werden, schließlich können Maßnahmen befolgt werden. Diese führen zu neuen Beobachtungen usw. (Wie gewinne ich Daten, und wie verwerte ich sie beratend, therapeutisch?)

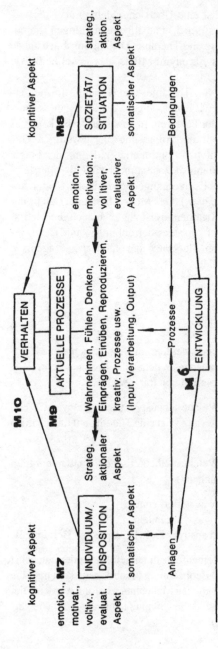

Das MIND-Modell von F. Sedlak
(MIND = Matrix idiografischer und nomothetischer Datenbereiche)

M5 TÄTIGKEITEN: (Mikro-Ebene) Beobachten/Beschreiben (verg.., ggw. und zukünft. Ereignisse)/Beurteilen (Begründen, Bewerten)/Befolgen

M4 GRUNDANNAHMEN: Anthropologische Basis　Wissenschaftstheoretische Basis

M2 und 3 THEMATISCHER bzw. ZIELBEREICH (Makroebene): Forschung　Anwendung

M 1 Spezifikationsgrad: allgemein　spezifisch　subspezifisch

6. Jedes gegenwärtige Ereignis hat Wurzeln in der Vergangenheit. Man kann die vorhandene Situation besser beurteilen, wenn man die Entwicklung kennt, die dazu geführt hat. (Welche Bedeutung kommt in meiner Form der Beratung/Therapie den Erfahrungen der Kindheit etc. zu? Welche Rolle spielt die Vergangenheit, Gegenwart, Zukunft?)

7. Bei jedem Ereignis müssen grundsätzlich vier Aspekte überlegt werden, die sich auf das jeweilige Individuum beziehen: Die kognitive, die somatische, die psychische (emotionale, motivationale), die aktionale (handlungsmäßige) Perspektive. (Welche Dimension des Menschen berücksichtige ich besonders in meiner Beratung/Therapie?)

8. Zu jedem Ereignis trägt nicht nur das Individuum bei, sondern auch die Umwelt, und zwar in kognitiver, somatischer, psychischer (emotionaler, motivationaler) und aktionaler (handlungsmäßiger) Weise. (In welcher Weise berücksichtige ich den jeweiligen Lebenskontext?)

9. Im Individuum wie auch in der Gruppe laufen viele Prozesse ab, die sich gegenseitig beeinflussen. Jedes Ereignis kann als ein Resultat vieler Prozesse angesehen werden, die sich gegenseitig stützen oder hemmen können. (Welche Prozesse – bewußt, unbewußt, intraindividuell, speziell – berücksichtige ich besonders in der Beratung/Therapie?)

10. Das Verhalten ist als die Summe der Wechselwirkungen zwischen Individuum und Umwelt, der Prozesse innerhalb des Individuums, der Einflüsse der gegenwärtigen Situation und vergangener Erfahrungen zu betrachten. Die Beurteilung des Verhaltens hängt davon ab, wie allgemein oder spezifisch es gesehen wird, welches Bild vom Menschen als richtig erachtet wird und welche Art der Beobachtung, Beschreibung, Beurteilung und der praktischen Befolgung gewählt wird. (Sucht der/die Rat- und Hilfesuchende die Wurzeln, den Stamm, die Krone, oder darüber hinaus die Antworten auf die Fragen: Woher lebe ich? Wohin strebe ich?)

Auf alle diese Fragen hat der Balint-Ansatz eine überzeugende, integrative und vermittelnde Antwort parat. Dies sei nochmals belegt, indem die Reichhaltigkeit der Gedanken Balints in seinem vor mehr als einem Vierteljahrhundert erschienenen Standardwerk „Der Arzt, sein Patient und die Krankheit" aufgezeigt wird. Die folgenden Zitatangaben beziehen sich auf die 1988 in Stuttgart bei Klett-Cotta erschienene 7. Auflage des Werkes.

Keinesfalls wird der Anspruch erhoben, alle Gedanken Balints zum jeweiligen Fragenbereich zu referieren, es wird vielmehr eine Auswahl getroffen, die den Interessierten ermuntern soll, Balints Gedanken weiter zu verfolgen.

1. Wie groß bzw. klein wird das Beratungs-Therapiefeld von mir gewählt?

Balint spricht von Niveauunterschieden und von unterschiedlicher Tiefe der Beobachtung, der Fallberichte, der Diagnose, der Therapie, je nachdem, ob über übliche Muster der Krankenblätter hinausgehend zusätzlich zu den faktischen Daten noch charakteristische Äußerungen, affektives Verhalten der Patienten, Beziehungsdynamik etc. eingebaut werden oder nicht (Seite 37).

Bei der Frage, was das eigentliche zu bearbeitende Problem sei, muß sich der Therapeut fragen: „Was braucht der Patient von mir und was wird ihm in Wirklichkeit gegeben? Was ist das, was der Patient vergeblich von mir erlangen möchte und wegen dessen er immer wieder kommen muß? Was ist dagegen das, was ich ihm gebe und was dieser weder will noch braucht?"

Die Wahl des Ausschnittes aus der Realität bzw. der Größe des perspektivischen Winkels hängt von der Angemessenheit der therapeutischen Behandlungsmöglichkeiten auf die Angebote des Patienten ab. Daher muß auch die (Seite 41) erhobene komplexe Fragestellung ergänzt werden durch: Was braucht der Patient und was kann der Therapeut ihm in Wirklichkeit geben?

Balint plädiert auch für eine Gesamtdiagnose, einen Überblick über die Gesamtsituation, die nicht nur die momentane Problematik erhellt, sondern auch die weitere Entwicklung prognostizierbar macht (Seite 64 f.).

2. Welche lebenspraktische Relevanz – und damit auch Beratungs- und Therapierelevanz – hat die Theorie, auf die ich mich stütze?

Balint grenzt sich vom Berliner System der Trennung zwischen Lehranalyse (die auch die Gegenübertragung des Therapeuten erarbeitet) und Kontrollanalyse (die sich hauptsächlich mit der Psychodynamik des Patienten und seinen Übertragungen befaßt) ab und verfolgt konsequent das ungarische System, bei dem im Vordergrund die Wechselwirkung zwischen Übertragung des Patienten und Gegenübertragung des Patienten steht.

„Um diese Gegenübertragung in allen Einzelheiten zu studieren, mußte ich Voraussetzungen schaffen, unter welchen sie so frei wie möglich zum Ausdruck kommen konnten. Ich duldete daher kein geschriebenes Material in den Fallkonferenzen; jeder mußte frei über seine Erlebnisse mit dem Klienten berichten. Dies erinnert in einer Hinsicht an die ‚freie Assoziation' und läßt auch alle möglichen subjektiven Einstellungen, Auslassungen, Überlegungen, spätere Interpolationen usw. zu. … Sowohl die Gedanken des Berichtenden wie Kritik und Kommentare der zuhörenden Gruppe wurden wie freie Assoziationen behandelt. Die Probe auf die Richtigkeit oder Unrichtigkeit der Rekonstruktion dessen, was sich in der Beratung zwischen Fürsorger und Klienten zugetragen hatte, war die nächste Beratung, ähnlich wie der folgende Traum gewöhnlich die Interpretation des vorigen Traumes bestätigt oder als falsch enthüllt" (Seite 401).

Dieses Zitat bezeugt die solide Anwendung psychoanalytischen Gedanken-
gutes in einer angemessenen Form, d. h. eine praktizierbare Art und Weise, ohne
aufwendige und kostspielige Langzeitanalyse den Therapeuten eine Möglichkeit zu schaffen, daß

„sie ihre eigenen Methoden und Reaktionen auf ihre Patienten sozusagen mit einigem Abstand sehen, Züge in ihrer eigenen Art des Umgangs mit dem Patienten erkennen lernten,
die nützlichen unter ihnen verstehen und entwickeln konnten, während andere, die nicht
so nützlich schienen, wenn ihre dynamische Bedeutung verstanden war, modifiziert oder
sogar aufgegeben werden mußten" (Seite 402).

3. Welches theoretische Fundament trägt mein beratendes, therapeutisches Vorgehen?

Die Grundlage des Balint-Ansatzes ist die Psychoanalyse, und zwar in einer ganz
spezifischen Art und Weise, die Balint treffend formuliert hat. Dabei geht Balint von der Grund-Krankheit bzw. Grund-Störung in der biologischen Struktur
des Individuums aus, die durch Unstimmigkeiten zwischen den Bedürfnissen
des Individuums in seinen ersten, entwicklungsbestimmenden Jahren oder auch
nur Monaten und der ihm zuteil gewordenen Pflege und Zuwendung und den
daraus resultierenden Mangelzuständen hervorgerufen wurde.

„Wenn sich diese theoretische Annahme als richtig erweisen sollte, so würden alle pathologischen Zustände der späteren Lebensjahre, die ‚klinischen Krankheiten' als Symptome
oder Exacerbationen jener ‚Grundstörung' angesehen werden müssen, die durch die verschiedenen Krisen in der Entwicklung des Betreffenden, und zwar äußeren wie inneren,
seelischen wie biologischen, entstanden wären. Wenn wir von dieser Vorstellung ausgehen, so verwandelt sich die Kontroverse zwischen äußerem und innerem Ursprung der
Krankheit zu einer Komplementärreihe. Je intensiver der eine Faktor, um so weniger wird
vom anderen benötigt. Das so entstehende Bild ist das eines Konflikts zwischen den Kräf-
ten des Individuums und seiner Umgebung" (Seite 343).

Balint bezeichnet (Seite 344) die Verbindung zwischen den Krankheiten des Er-
wachsenenalters mit den Erfahrungen der ersten Lebensjahre als originell. Und
er sieht in dieser Theorie die Möglichkeit einer Arbeitshypothese für das Verständnis der Prozesse, die in dem Patienten vorgehen, während er mit seiner Krankheit allein ist. Die Forschungsarbeit im Balint-Seminar bezieht sich auf die
Beziehung Therapeut-Patient, Patient und Krankheit, Therapeut und Gruppe bzw.
Gruppenleiter (Seite 419). Es ergibt sich eine Analogie zu den Beziehungspro-
blemen zwischen Sexualpartnern, die sich durch eine Beziehung zu einem äußeren Objekt verstehen lassen. Ebenso ließe sich erwarten, daß zum äußeren Objekt „Therapeut" ähnliche Ängste, Abwehrmechanismen, angstvolle Erwartungen und Wünsche am Werk sein werden. Aber der Therapeut befindet sich in
einer dennoch anderen Situation, wenn es um die Krankheit des Patienten geht.

„In der Beziehung des Patienten zu seiner Krankheit gibt es kein eindeutig äußeres Objekt. Ihre wichtigsten Aspekte sind der körperliche Schmerz, die geschädigten Körperfunktionen, möglicherweise sichtbare körperliche Veränderungen, neue, angsterzeugende Empfindungen usw. Man weiß in der Psychoanalyse ziemlich viel über Angst und neurotische Hemmungen, auch etwas – nicht sehr viel – über seelischen Schmerz, aber fast nichts vom Wesen derjenigen Probleme, vor die der Arzt sich gestellt sieht."

Aus diesem Zitat wird ersichtlich, daß die Psychoanalyse zwar die wichtigste Grundlage des Balint-Ansatz bietet, dennoch in einigen Bereichen unzureichend ist, weil sich hier neue Konstellationen und Fragestellungen ergeben, auf die das klassische Gedankengut noch zu wenig oder überhaupt nicht eingegangen ist.

4. Was ist für mich wahr, erkennbar und anstrebbar in Therapie und Beratung?

Balint verwehrt sich gegen die sogenannte „Psychologie des gesunden Menschenverstandes", indem er ausführt:

„Aber es ist ein Trugschluß, daß der erfahrene Arzt über genügend erprobte Alltags-Psychologie verfüge, um mit den seelischen oder Persönlichkeitsproblemen seiner Patienten, sogar ohne eine Diagnose, fertig zu werden. Auch der Chirurg zum Beispiel wird für die sogenannte ‚kleine Chirurgie' nicht etwa ein erprobtes Bratenmesser oder ein vernünftiges Schreinerwerkzeug nehmen, um damit zu operieren. Im Gegenteil, er muß alle Vorschriften der Antisepsis und Asepsis sorgfältig beachten, muß genau die Techniken der lokalen und allgemeinen Anästhesie kennen, muß große Geschicklichkeit im Gebrauch von Skalpell, Forceps und Nadel, den Werkzeugen der Chirurgen, erworben haben. Genauso ist es mit der Psychotherapie in der Allgemeinpraxis. Die empirischen Methoden, die man sich für das Alltagsleben erwirbt, sind für die ärztliche Psychotherapie ebenso beschränkt einsatzfähig wie Bratenmesser und Schraubenzieher in der Chirurgie" (Seite 155 f.).

Zu dieser praktisch relevanten, aber auch wissenstheoretisch und erkenntnismäßig wichtigen Unterscheidung zwischen praktischem Alltagsverstand und dem notwendig zusätzlich erworbenen spezifischen therapeutischen Wissen ergänzt Balint auch die notwendige Einstellung des Therapeuten. Besonders lesenswert sind dazu die Ausführungen von Balint zur apostolischen Sendung oder Funktion (Seite 290 ff.) z. B.:

„Wir meinen mit der apostolischen Sendung oder Funktion in erster Linie, daß jeder Arzt eine vage, aber fast unerschütterlich feste Vorstellung davon hat, wie ein Mensch sich verhalten soll, wenn er krank ist. Obwohl diese Vorstellung keineswegs klar und konkret ist, ist sie unglaublich zäh und durchdringt, wie wir festgestellt haben, praktisch jede Einzelheit der Arbeit des Arztes mit seinen Patienten. Es war fast, als ob jeder Arzt eine Offenbarung darüber besäße, was das Rechte für seine Patienten sei, was sie also hoffen sollten, dulden müßten, und als ob es seine, des Arztes, heilige Pflicht sei, die Unwissenden und Ungläubigen unter den Patienten zu diesem, seinem Glauben zu bekehren. Dies nannten wir die ‚apostolische Funktion'" (Seite 290).

Diese Einstellung bewirkt auch, was der Therapeut aus den Angeboten des Patienten herausfiltert, besonders aufgreift und verstärkt. Balint führt auch aus, wie das Selbstbild des Therapeuten die Behandlung beeinflußt. Er unterscheidet verschiedene Formen, in welcher der Arzt sich selbst verschreiben will oder soll. Etwa als autoritäre Elternfigur, als fachkundiger Mentor, als neutraler Wissenschaftler, als guter und behütender Vater, als Anwalt der Wahrheit um jeden Preis usw. (Seite 307). Er warnt auch vor dem Extrem des Helfenwollens, dem „furor therapeuticus" (Seite 311). Diese Überlegungen gelten auch für Ausbildungsseminare, wo ebenfalls die Versuchung besteht, ein Lehrer-Schüler-Verhältnis zu zementieren, ein überlegener Mentor zu sein, der weiß, was für die Auszubildenden gut und bekömmlich ist, ein „guter Arzt" zu sein, der sich vom Seminarleiter in einen Therapeuten verwandelt (Seite 428 f.). Dagegen ermuntert Balint zum „Mut zur eigenen Dummheit",

„Das heißt, der Arzt soll sich dem Patienten gegenüber nicht fühlen, frei er selbst zu sein, und ohne viele Hemmungen alle seine früheren Erfahrungen und bisher erworbenen Kenntnisse anzuwenden. Zugleich ist er darauf vorbereitet, sich eventuellen Einwänden der Gruppe zu stellen und gelegentlich auch einmal eine gründliche Kritik seiner sogenannten ‚Dummheit' hinzunehmen" (Seite 407 f.).

Auch der Gruppenleiter darf und soll ruhig Fehler machen und Kritik aushalten können. Wie wir sehen, gibt Balint keine inhaltlich festgelegte Antwort auf die oben gestellte Frage, was wahr, erkennbar und anstrebbar in Therapie und Beratung sei, aber er verschärft das Bewußtsein für die Notwendigkeit, sich dieser Frage immer zu stellen.

5. Wie gewinne ich Daten und wie verwerte ich sie beratend und therapeutisch?

Balint beschreibt die Schwierigkeit der Diagnose „Neurose", die Versuchung, sich lieber an eine körperliche Diagnose zu halten, weil sie sicherer und fester erscheint, umschrieben und manifester erscheint, eine nicht so große Bedrohung für das Wohlbefinden des Patienten im rein seelischen Problembereich gesehen wird, weil außerdem durch eine physische Diagnose eine Begründung und Erklärung gegeben ist, die leichter akzeptierbar ist, die auch eventuelle Mißerfolge entschuldbar macht (durch den gegenwärtigen Stand unseres Wissens) usw. (Seite 68 f.). Deswegen wird der Therapeut fast gezwungen, eine

„eigenartige fast obligatorische Folge von Maßnahmen zu ergreifen, eine Reihenfolge, die fast mechanisch eingehalten wird, ohne daß über ihre Vor- und Nachteile nachgedacht wird" (Seite 69).

Was beim Arzt die Maßnahmenfolge als „Ausschließung durch geeignete physische Untersuchungen" bezeichnen läßt, ist in anderen Berufen unter Umständen die Suche nach externen Faktoren.

Bei diesem Vorgehen wird den äußeren Fakten der größere und bedeutendere Rang zugeteilt, „die Neurotiker sind gewissermaßen der Bodensatz, der überbleibt, wenn alles andere abgesiebt worden ist" (Seite 69).

Ist der Therapeut jedoch sensibilisiert für die umfassendere Zugangsweise zum Problem des Patienten, dann kann er wesentlich mehr entdecken, ähnlich wie der Arzt mit dem Stethoskop umzugehen lernt, es dann häufiger benützt und mehr hört als einer, der das nicht gelernt hat; und wenn er es ständig benützt, so auch mehr Daten erhält, weil sich die Patienten darauf einstellen, daß er sie damit untersucht (Seite 83).

In diesem Zusammenhang spricht sich Balint auch für die Notwendigkeit der richtigen Einschätzung und Bewertung der Daten, die durch eine neue Methode geliefert werden, aus (Seite 83). Neurotische Symptome wahrzunehmen, bedeutet nicht unbedingt auch die Neurose mitbehandeln zu müssen. In jedem Fall geht es um ein ökonomisches Abwägen der positiven und negativen Folgen. Andererseits ist es aber gefährlich, eine neurotische Problematik mit einem körperlichen Etikett zu versehen. Balint meint in diesem Zusammenhang

„daß nicht nur die Gefahr besteht, ein körperliches Symptom zu übersehen, sondern auch die, eines zu finden" (Seite 95).

Dazu kommt noch ein weiteres Problem, nämlich, daß die Anamnese-Erhebung quasi ein Grenzland zwischen der Ein-Mann-Situation der körperlichen Untersuchung und der Zweier-Beziehung der psychologischen Diagnostik darstellt. Jede nach dem Muster der körperlichen Untersuchung aufgebaute Zweier-Situation besteht aus einer Reihe von Fragen, die der Patient zu beantworten hat (Seite 169 f.). Mit dieser Diagnose- und Datengewinnungstechnik erhält der Therapeut aber nur Antworten auf seine Fragen. Will er zu einer tieferen Diagnose kommen, muß er zunächst einmal lernen zuzuhören. Er muß den Patienten dazu bringen, daß er sich entspannt und imstande ist, frei zu sprechen.

„Während nämlich der Arzt in sich die Fähigkeit entdeckt, bei seinen Patienten auf Dinge zu hören, die kaum aussprechbar sind, weil sich der Patient ihrer nur nebelhaft bewußt ist, beginnt er, auch bei sich selber auf diese kaum hörbare Sprache zu horchen. Während dieses Prozesses wird er bald gewahr werden, daß es keine direkten, unumwundenen Fragen gibt, die das ans Licht bringen könnten, was er wissen will" (Seite 171).

Die vielen anderen Überlegungen zum Verhältnis von Diagnose und Therapie hier anzuführen, würde den Rahmen sprengen. Stellvertretend darf noch ein Zitat angeführt werden:

„Sein Hauptproblem, das er nicht allein lösen kann, ist: Was ist das für eine Krankheit, die ihm soviel Schmerzen und Angst bereitet? Mit seinen eigenen Worten: ‚Was sagt denn das Buch darüber?' Ich möchte hier betonen, daß dies fast immer ein großes und dringendes Anliegen ist, *die Frage nach dem Namen der Krankheit, nach der Diagnose*. Erst in zweiter Linie fragt der Patient nach der Therapie, das heißt danach, was getan werden kann, um einerseits seine Leiden zu erleichtern und andererseits die Beschränkungen und Entbehrungen, die ihm die Krankheit auferlegt, zu beheben" (Seite 47).

Wie sehr sich auch die Therapie und Diagnostik ineinander und miteinander verschränken können, so ist dennoch die aufgezeigte Prioritätsfolge einzuhalten, denn damit wird die Beziehung zwischen Therapeut und Patient grundgelegt. Ohne gemeinsame Benennung des Leidenszustandes können Enttäuschungen gesetzt werden, Ängste entstehen (über die namenlose Krankheit) usw.

6. Welche Bedeutung kommt in meiner Form der Beratung bzw. Therapie den Erfahrungen der Kindheit etc. zu? Welche Rolle spielt die Vergangenheit, Gegenwart, Zukunft?

Drei Beispiele mögen die Reichhaltigkeit der Balintschen Gedanken aufweisen. Balint leugnet nicht die Möglichkeit einer neurotischen Veranlagung bzw. einer Vererbung dieser.

„Aber zusätzlich zu einer neurotischen Veranlagung gibt es auch die direkte neurotische Prägung der jüngeren Generation durch die ältere, ein Weiterreichen der Neurose von Generation zu Generation, ein Phänomen, das man als ‚Neurosen-Tradition' beschreiben könnte. Das Kind als Symptom der Krankheit des einen oder beider Elternteile bietet ein leicht zugängliches Beobachtungsfeld für diese Tradition" (Seite 56).

Wie das Vergangene in das Gegenwärtige hereinspielt, zeigt Balint auch an der Situation des Patienten, die der des Kindes ähnelt, das sich einer ganzen Welt von Erwachsenen gegenübersieht, die es in ihrem Sinne erziehen wollen.

„Entscheidungen, die für das Kind lebenswichtig sind, werden anonym von ‚den Erwachsenen' getroffen. Wenn alles gutgeht, sind alle betreffenden Erwachsenen – Eltern, Verwandte, Freunde, die Schule, die Erziehungsberatung usw. – erfreut und stolz. Wenn es schiefgeht, ist niemand verantwortlich. Jeder, der in beruflicher Eigenschaft oder privat mit der Umwelt eines ‚schwierigen Kindes' zusammentrifft, hat die traurige Wahrheit dieser beiden komplementären Erscheinungen kennengelernt. Kein Wunder also, daß in dem ‚schwierigen Patienten' mit seiner ähnlichen Situation alle die Ängste, Animositäten und Versagungen, das blinde Vertrauen und der böse Argwohn seiner Kindheit wieder mobilisiert werden. Das erklärt, warum so viele Patienten auf überraschend infantile Beziehungsformen zu ihrem Arzt oder ihren Ärzten zurückgreifen, wie völlige Unterwerfung, blindes Schwören auf das Wort des Arztes, oder aber unrealistische, fast irrsinnige Auflehnung, Lächerlichmachung und Entwertung von allem und jedem, was der Arzt vorschlägt; und schließlich die besonders lästige Methode, den einen Arzt geschickt gegen den anderen auszuspielen" (Seite 137).

Wichtig ist auch die Verbindung, die Balint (z. B. Seite 344 bis 357) zwischen der Grundstörung, auftretenden Konflikten und der (Um-)Organisierung bzw. Konvertierung der Problematik in eine Krankheit herstellt. Balint stellt eine Verbindung her zu den Primär- und Sekundärgewinnen der psychoanalytischen Theorie, wenn er die Erkrankung als eine willkommene Erleichterung für Menschen mit einer geringen seelischen oder biologischen Ökonomie ansieht bzw. als den Ausweg, um ein verletztes Selbstwertgefühl auszugleichen. Ganz wichtig ist aber seine Formulierung, daß die Krankheit eine Lebensform darstellt (z. B. Seite 347), die Verbindung zwischen Krankheiten und Krankheitsgewinnen wie z. B. Rückzug, Introversion, Regression, aber auch sekundären Krankheitsgewinnen (wie z. B. in der Rentenneurose). Sehr interessant ist auch der Hinweis auf den Zusammenhang zwischen bestimmten Störungen und der psychoanalytischen Theorie der erogenen Körperzonen (Seite 348), oder der Hinweis auf die subjektiven Krankheits- und Schmerzbeschreibungen der Patienten, die eine erstaunliche Zunahme des Körpergefühls während der Krankheit zum Ausdruck bringen (Seite 353), aber auch die Phantasien des Patienten, über die sich in ihm vollziehende Prozesse aufzeigen lassen. Im Hier und Jetzt konstellieren sich die Verhaltensmuster, die in der Vergangenheit erworben wurden, im Hier und Jetzt liegt aber auch die Möglichkeit, die dabei entstandene Lebensform zu korrigieren und in eine befriedigendere umzuwandeln.

7. Welche Dimensionen des Menschen berücksichtige ich besonders in meiner Beratung und Therapie?

Wir haben bereits an anderer Stelle darauf hingewiesen, daß es notwendig ist, das Individuum aus verschiedenen Perspektiven zu sehen, aus der kognitiven, psychischen, somatischen, aber auch aus der aktionalen. Die folgenden beiden Zitate von Balint zeigen aber zusätzlich auf, wie wichtig es ist, mit dieser umfassenden Perspektive subtil umzugehen. Insbesondere ist dies gegeben, wenn man berücksichtigt, daß jede Krankheit auch das „Vehikel" für eine Bitte um Liebe und Beachtung darstellt, wie dies Balint ausdrückt (Seite 370).

„Manche Menschen erkranken, um sich die Aufmerksamkeit und Fürsorge zu verschaffen, deren sie bedürfen, und die Krankheit ist zugleich Anspruch, Rechtfertigung und Buße für den geforderten Mehrbetrag an Zuwendung. Diese Binnenbeziehungen sind oft ganz durchsichtig; es ist aber sinnlos, den Patienten vorzeitig zu zwingen, das zu erkennen und darauf zu verzichten. Sein Bedürfnis nach Liebe, Fürsorge, Sympathie und vor allem Ernstgenommen-Werden muß anerkannt und durch die Behandlung bis zu einem gewissen Grade befriedigt werden, bevor man von ihm erwarten kann, daß er versuchsweise einmal zu anderen Methoden greift, um sich die Liebe und Beachtung zu verschaffen, nach der er strebt" (Seite 370).

Auf der nächsten Seite weist Balint darauf hin, wie schwer es für den Menschen ist, Probleme in ihrer wahren Gestalt wahrzunehmen.

„Wenn der Arzt diese Menschen mit der Tatsache konfrontiert, daß ihnen körperlich nichts fehlt, so bedeutet dies ja, daß sie ihre mühsam aufgebauten Phantasievorstellungen wieder aufgeben und die bittere Wirklichkeit und ihre Konflikte anerkennen müssen. Dies führt oft genug zu einem Ringen zwischen Arzt und Patient; der eine besteht darauf, daß die Ideen real nicht begründet sind, der andere ist außerstande, die objektive Wirklichkeit als Kriterium anzuerkennen und klammert sich verzweifelt an seine Phantasien" (Seite 371).

Diese Beispiele mögen genügen, um zu zeigen daß die von J. H. Schultz geforderte Psychologisierung des Arztens, die von Balint genial und eigenständig in eine lehr- und lernbare Form gebracht wurde, nicht nur eine Perspektivenerweiterung, sondern auch eine Einstellungsänderung des Therapeuten erfordert. Ja noch mehr, eine Verhaltensänderung, die der subtileren Materie der Patient-Therapeut-Beziehung als echter Begegnung gerecht werden kann. Auf weitere Ausführungen, insbesondere zur Interaktion zwischen den Beziehungspartnern, wird unter dem Punkt 9 noch einzugehen sein.

8. In welcher Weise berücksichtige ich den jeweiligen Lebenskontext?

Wir haben schon an anderer Stelle darauf hingewiesen, wie wichtig die Berücksichtigung des jeweiligen Lebenskontextes für das Verständnis der Einzelsymptomatik ist. Hier soll noch in anderer Weise auf den Kontext eingegangen werden. Zum Beispiel die therapeutische Atmosphäre, für die nicht nur der Patient, sondern in besonderer Form der Therapeut verantwortlich ist. Dieser kann sich z. B. entscheiden, mit seinen Interventionen aufzuhören, sobald ein ausreichend positiver Modus vivendi gefunden wurde, oder er kann unter Umständen auch zum Elternsubstitut werden und an ihn gerichtete Bedürfnisse des Patienten zu erfüllen trachten. Oder – im günstigsten Fall – zeigt der Therapeut dem Patienten, daß er dessen Bedürfnisse wahrnimmt, aber doch nur bis zu einem gewissen Grad erfüllen kann (Seite 254). Recht amüsant ist in diesem Zusammenhang auch die Ärztetypologie, die Balint (Seite 316 ff.) in ihrer Effektivität auf die gesamte Behandlungsatmosphäre aufzeigt. Besonders wertvoll ist der Gedanke, den Balint im Zusammenhang mit der langjährigen Beziehung zwischen Arzt und Patient (sicherlich auch auf längere Beziehungen zwischen Therapeut und Patient im allgemeinen übertragbar) ausführt. In dieser gemeinsamen Geschichte kann es zu Mißverständnissen, Erfolgen und Mißerfolgen kommen.

„Auf dieser gemeinsamen Grundlage der gegenseitigen Befriedigungen und Versagungen bildet sich jene einzigartige Beziehung zwischen dem praktischen Arzt und denjenigen seiner Patienten, die ihm treu bleiben. Man kann diese Beziehung nur schwer in psychologischen Begriffen beschreiben. Es ist nicht Liebe, nicht Respekt voreinander, keine wechselseitige Identifikation, nicht Freundschaft, obwohl etwas von allem drinsteckt. Wir haben es, mangels eines besseren Ausdrucks – die ‚Investierungsgesellschaft auf Gegenseitigkeit' genannt. Wir meinen damit, daß der praktische Arzt nach und nach ein sehr wertvolles Kapital in seinem Patienten anlegt und daß umgekehrt auch der Patient wertvolles Kapital erwirbt, das in seinem Arzt angelegt ist."

Durch seine Gesamtdiagnose erwirbt der Therapeut das Verständnis für den Stellenwert, den das Leiden des Patienten in seinem Lebenszusammenhang hat. Aus diesem Verständnis heraus kann der Therapeut all diese Beziehungsmomente in die momentane Zweierbeziehung zum Patienten einbauen und so auch im eigentlichen Sinn systemisch arbeiten.

9. Welche Prozesse – bewußt, unbewußt, intraindividuell, sozial … – berücksichtige ich besonders in der Beratung und Therapie?

Balint geht es insbesondere um den Wechselwirkungsprozeß zwischen dem Patienten und dem Therapeuten. Es geht ihm um die Frage, wie die Angebote des Patienten vom Therapeuten angenommen bzw. durch Gegenangebote beantwortet werden. Hier kann es zu einer Sprachverwirrung kommen, wo jeder der Beteiligten seine Sprache spricht, die der andere nicht versteht und nicht verstehen kann, so daß es zwangsläufig zu Widerspruch, Enttäuschung, Auflehnung oder Kämpfen und Kontroversen kommt (Seite 48). Dabei ist aber die Art und Weise, wie der Therapeut auf die Präsentier-Symptome des Patienten reagiert, ein wichtiger Faktor für das Schicksal der sich entwickelnden Krankheit respektive der sich entwickelnden therapeutischen Beziehung (Seite 61). Dazu kommt noch als entscheidender Faktor der Sinn für richtige Proportionen. Es geht um die ausgewogene Verteilung von Geben und Nehmen.

„Der Patient hat dem Doktor viel gegeben: Sein Vertrauen, einige eifersüchtig gehütete Geheimnisse, die einem Außenseiter zwar gelegentlich unbedeutend, selbst kindisch erscheinen mögen, die ihm aber ungeheuer viel bedeuten. Wenn nun nicht genug geschieht, um das Gleichgewicht wieder herzustellen, muß der Patient sich beraubt und betrogen vorkommen. Sehr oft muß er hinterher entwerten oder zurücknehmen, was er seinem Doktor gegeben hatte, oder er läuft mit einem Gefühl der Entrüstung, Demütigung, selbst des Hasses davon" (Seite 190).

Und Balint führt (auf Seite 194) weiter dazu aus, daß es auf die rechte Dosierung der Droge „Arzt" ankomme:

„Wenn sie zu konzentriert gegeben wird, kann der Patient sie nicht vertragen; aber die beabsichtigte therapeutische Wirkung ließe sich vielleicht ohne ernstliche Risiken erreichen, wenn das Medikament in refracta dosi gereicht wird" (Seite 194).

Auf Seite 299 spricht sich Balint für die Besonderheit der Therapeut-Patient-Beziehung in diesem dialogischen Ansatz aus. Er unterscheidet diese Beziehung von der körperlichen Untersuchung, in der es nur eine Subjekt-Objekt-Beziehung gibt.

„Man kann fast behaupten, daß der Patient wie ein bloßes Objekt untersucht werden kann, ähnlich wie ein Auto, bei dem man nachsieht, ob der Vergaser genügend Benzin zugeführt bekommt. Mit einiger Übertreibung kann man sagen, daß eine körperliche Untersuchung auch nicht viel anderes erfordert. Bei einer psychischen Untersuchung muß der Arzt eine menschliche Beziehung zu seinem Patienten herstellen, wodurch eine ganz andere Sphäre betreten wird, die andere Methoden und eine andersartige persönliche Beteiligung erfordert."

Eine ähnlich maßhaltende Dosierung und Vorsicht für das richtige Maß der Selbstentdeckung hat Balint ja auch für die Seminararbeit immer wieder gefordert.

10. *Sucht der/die Rat- und Hilfesuchende die Wurzeln, den Stamm, die Krone oder darüber hinaus die Antworten auf die Fragen: Woher lebe ich? Wohin strebe ich?*

So fernab diese Fragestellung auch von der Verhaltensdimension zu liegen scheint, so ist sie doch die Grunddeterminante für das Verhalten des Patienten bzw. auch das Verhalten des Therapeuten. Balint bleibt im Bereich der Psyche bzw. des Soma und deren mannigfaltigen Wechselwirkungen, er findet seinen eigenständigen Weg zwischen einer zu stark körperbezogenen (organismischen) Psychotherapie und einer philosophischen Neubestimmung der Therapie. Daher beschränken sich seine Antworten bewußt auf das Diesseits von Leib und Seele. Sein Hauptanliegen gilt daher nicht den fundamentalen Fragen der Existenz, auch nicht der vollen Entfaltung der reifenden Persönlichkeit, sondern – um im Bild des Baums zu bleiben – insbesondere dem Stamm, wobei aber auch die Wurzeln berücksichtigt werden. Das heißt, im Hier und Jetzt der leidensmotivierten Begegnung zwischen Patient und Therapeut wird das Dort und Dann kindlicher Erlebnisse, ursprünglicher Mangelzustände etc. mitberücksichtigt, es werden die frühen Wurzeln gegenwärtiger Probleme bis in den gestörten „Grund" verfolgt. Am meisten aber widmet sich Balint dem „Stamm", d. h. einer die Ich-Stärke des Patienten, seine Angebote und seine mögliche Beitragsleistung respektierenden Haltung des Therapeuten. Es ist aber auch eine Haltung, in der Verantwortung übernommen wird. So wehrt sich Balint gegen die „Anonymitätsklausel", an der sowohl die Therapeuten als auch die Patienten kräftig mitarbeiten: „Jedermann gibt sich Mühe, verschwendet nutzlose Energien, niemand ist für den Gang der Dinge, für die Behandlung oder Mißhandlung des Falles verantwortlich" (Seite 119). Dabei zeigt sich sehr oft, daß die Therapeuten persönlich-affektiv stärker beteiligt sind als sie es wünschen und für die Behandlung nützlich ist. Ebenso zeigt sich, wie der Patient innerhalb seiner unbewußten Verhaltensschemata diesen Geheimpakt (Verzettelung der Verantwortung auf viele beratende Fachärzte, Therapeuten …) herbeiführt. Andererseits warnt Balint den Arzt davor, Amateurpsychiater zu spielen. Der Therapeut muß sich der Gefahr bewußt sein, die eine ungerechte Verletzung der Intimsphäre des

Patienten oder eine vorzeitige Konfrontierung mit einem zu großen Problem mit sich bringt.

„Ebenso gefährlich ist es, einen Patienten zu drängen, ihm nicht genügend Zeit zur Herausarbeitung seiner eigenen Lösung zu gönnen und seine Widerstände zu überrennen, vor allem die Barrieren der Scham, Schüchternheit und Schuldgefühle. Dies alles erfordert Takt, Geduld und Zeit" (Seite 369).

Diesen Respekt vor der Person des anderen muß der Therapeut auch sich selbst gegenüber aufbringen, was auch in eine psychohygienische Maßnahme mündet. Der Therapeut muß das Werkzeug der Psychotherapie, nämlich sich selbst, in einwandfreier und verwendungsfähiger Verfassung erhalten.

„So wie es sehr schwer wäre, mit einem stumpfen Messer zu operieren, mit einem fehlerhaften Gerät scharfe Bilder zu erhalten oder mit einem ausgedienten Stethoskop etwas zu hören, so kann auch der Arzt nicht richtig ‚zuhören', wenn er in schlechter Form ist. Es bedeutet ferner, daß er lernen muß, sich selbst so geschickt zu benutzen wie der Chirurg sein Messer, der Internist sein Stethoskop und der Röntgenfacharzt seine Röhren. Der Vergleich könnte sogar noch weitergeführt werden. So wie der Chirurg lernen muß, sein Messer rechts und links geschickt zu führen, muß auch der Psychotherapeut lernen, sich in den eigenartigsten Situationen sicher und leicht einzusetzen. Beides sind unerläßliche Erfordernisse, und wer sie nicht beibringen kann, sollte die Hände von der Psychotherapie lassen" (Seite 376 f.).

Diese Pflege des eigenen Werkzeugs ermöglicht es, sich auch der eigenen Verhaltensautomatismen bewußt zu werden. Dabei ist es ganz entscheidend, das Zusammenspiel der Verhaltensweisen des Patienten und des Therapeuten zu betrachten.

„Das Zusammenspiel dieser beiden Verhaltenssysteme, ob und wie sie ineinander passen, entscheiden weitgehend den Behandlungserfolg. Bei kurzdauernden, akuten Krankheiten ist sein Einfluß weniger wichtig, bei chronischen Krankheiten ausschlaggebend. Damit es besser und bei möglichst vielen Patienten ‚klappt', muß der Arzt über eine weite Skala von Reaktionen verfügen, d. h. er muß sich seiner eigenen automatischen Verhaltensweisen bewußt werden und nach und nach wenigstens ein Mindestmaß an Freiheit von ihnen erreichen" (Seite 404 f.).

Konsequenterweise fordert Balint auch vom Verhalten des Gruppenleiters sehr viel. An ihm liegt es, daß die Teilnehmer die richtige Art des Zuhörens lernen, indem der Seminarleiter jedem erlaubt, er selbst zu sein, auf seine Weise und von ihm selbst gewählten Zeitpunkt zu sprechen, indem er den richtigen Augenblick abwartet, das heißt, nur dann spricht, wenn wirklich etwas von ihm erwartet wird, und wenn er seine Hinweise in einer Form macht, die den Ärzten, statt ihnen einen Weg vorzuschreiben, die Möglichkeit eröffnet, selber eine Form zu finden, wie sie mit den Problemen des Patienten fertig werden können (Seite 409).

Beispiele aus dem Spektrum
spezifischer Anwendungsbereiche des Balint-Ansatzes

Therapie als Begegnung – Begegnung als Therapie

Von Ilse Rechenberger, Düsseldorf

Das Wort Begegnung ist kein Terminus der Neurosenlehre und der Psychosomatischen Medizin, es wurde auch nicht von Balint besonders hervorgehoben. Man spricht von einer Stätte der Begegnung. Auch ein Psychotherapie-Kongreß kann für manchen Teilnehmer eine Stätte intensiver Begegnung werden. Das Wort Begegnung kommt in der Lehre der Therapie kaum vor. Die Etymologie, die Lehre vom Ursprung der Wörter, bietet dagegen Erklärungen des Wortes an. Das Wort Begegnung hat den Sinn von: Man kann jemandem begegnen oder jemanden treffen. Manche Menschen können sich einander begegnen. Es kann jemandem etwas zustoßen oder widerfahren. Blicke können sich begegnen. Ein Mißgeschick kann einem begegnen. Man spricht davon, daß es das Unangenehmste ist, was einem begegnen kann. Die Worte „jemandem begegnen" werden auch gebraucht im Sinne des „jemanden behandeln". Man kann jemandem höflich und mit Achtung begegnen. Einer Sache kann man begegnen im Sinne des sie zu verhindern versuchens. Begegnen ist gleichbedeutend mit „auf eine Sache stoßen". Einer Gefahr kann begegnet werden. Jemand kann der Absicht oder dem Plan eines anderen wirksam begegnen. Menschen können einander in einem gemeinsamen Wunsch begegnen. Man sagt, daß man gelegentlich einer Meinung begegnen kann. „Mir ist schon Schlimmeres begegnet", tröstet man sich in mißlichen Situationen. Sich jemandem gegenüber in bestimmter Weise zu verhalten, ist ein fester Begriff, ebenso „es war nur eine flüchtige Begegnung". Man begegnet sich im Wettkampf oder beim Sport. Es kann sich um eine unangenehme, zufällige oder erfreuliche Begegnung handeln. Eine Begegnung kann abweisend sein. Man trifft Gegenmaßnahmen für eine Begegnung. Man kann einer Schwierigkeit begegnen, sich ihr stellen und den Versuch der Überwindung machen. Sprichwörtlich begegnet man dem Mann oder der Frau des Lebens und jemand kann einem mal im Mondschein begegnen.

Therapie als Begegnung

In der Therapie kann es durch Begegnung zur Manifestation von individuellen und kollektiven Bedingungen psychischen Erlebens kommen. Das folgende Beispiel möge dieses verdeutlichen:

Eine Frau im dritten Lebensjahrzehnt wurde in der 32. Schwangerschaftswoche wegen Erbrechens und Frühgeburtsbestrebungen in einer Frauenklinik aufgenommen. Da psychosoziale Schwierigkeiten bestanden, wurde sie nach Besserung der akuten Beschwerden wegen einer Depression auf die Psychosomatische Station verlegt. Die Schwangerschaft entstand im Vorfeld der Scheidung aus einer flüchtigen Beziehung zu einem anderen Mann. Das Ehepaar hatte seine Scheidungsabsichten nicht weiter verfolgt. Statt dessen besuchte der Ehemann seine Frau täglich. Unmißverständlich verbalisierte er, daß er seine Frau wieder haben wollte, nicht aber das fremde zu erwartende Kind.

In täglichen tiefenpsychologisch orientierten Gesprächen setzte die Frau sich mit ihrer Zukunft auseinander. Ältere Söhne aus der Ehe standen unter Vormundschaft. Nach Ansicht der Eltern der Patientin und des Vormundes der Söhne war die Patientin nicht in der Lage, ihre Kinder selbst großzuziehen.

Während des stationären Aufenthaltes kam es für die an der Behandlung Beteiligten und für die Patientin selbst zur Begegnung mit Derivaten archaischer Mütterlichkeit. Dieses archetypische Erleben umfaßt lebensfördernde und destruktive Verhaltensweisen.

Die Psychosomatische Station ist ein Teil der sogenannten Krebsstation. Da die meisten Patientinnen dieser Station sich im Terminalstadium der Krebserkrankung befinden, gelten die psychosomatisch kranken Patientinnen dort als pflegeleicht. Unter der Leitung des Klinikseelsorgers findet wöchentlich eine Balint-Gruppe für das Pflegepersonal statt und hat eine ausgesprochen stabilisierende Funktion.

Für die Schwestern und Ärzte war die Patientin zunächst unauffällig. Man hatte lediglich dem alten Krankenblatt entnommen, daß die Patientin bei einer früheren komplikationslosen spontanen Entbindung in derselben Klinik psychisch auffällig gewesen war. Von den Problemen und der extramatrimoniellen Entstehung der Schwangerschaft wußten die Mitarbeiter nichts. Sie erlebten die Patientin als eine gepflegte, liebenswürdige und um ihr zu erwartendes Kind besorgte Frau. In den Balint-Stunden kamen Phantasien auf, die den dort besprochenen Krebspatientinnen nur schwer zuzuordnen waren. Es entstanden Bilder, in denen es um starke Aggressionen und aktives Zerstören von Leben ging. Parallel zu diesem psychischen Prozeß erlebten die Schwestern die Patientin über Wochen gleichbleibend als eine um ihr werdendes Kind besorgte Mutter. Man sprach vom Stationsbaby. In täglichen tiefenpsychologisch orientierten Gesprächen versuchte die Patientin eine Lösung für ihre Zukunft zu finden. Der Ehemann drohte, sich umzubringen, wenn seine Frau nicht zu ihm zurückkehre. Die Eltern der Patientin und der Ehemann drängten auf Adoption. Als die Patientin verzweifelt zur Mutter sagte: „Ich bringe mich um, wenn mir das Kind genommen wird", sagte die Mutter: „Du mußt jetzt damit fertig werden". Nach der Geburt des Kindes bot der Ehemann und Scheinvater das Kind zur Adoption an. Eine Mitpatientin, die sich wegen unerfüllten Kinderwunsches auf der Station befand und auch optimal geeignet gewesen wäre, hätte das Neugeborene sofort adoptiert. Aber die Patientin gab es nicht frei, so daß das Gericht das Kind unter Vormundschaft stellte. Als die Krankenschwestern diese Sachlage erkannten, verlor die Patientin bei den Schwestern an Sympathie. Die Mitarbeiter der Klinik gewährten der Patientin alle nur erdenklich emotionale und materielle Unterstützung, um schließlich zu resignieren als sie realisierten, wie das Kind wahrscheinlich über wechselnde Pflegestellen einer ungewissen Zukunft entgegengeht.

Für alle Beteiligten war es eine tiefgehende Begegnung mit archaischer Mütterlichkeit, durch die zunächst Leben in die Welt gesetzt wird und dann nach anfänglicher Fürsorge dem Schicksal ausgeliefert ist. Die Teilnehmer der Balint-Gruppe formulierten aus dem Erleben von Geburt und Krebstod: „Leben entsteht und muß zugrunde gehen, damit Platz für neues Leben entsteht." So hat sich während der stationären Therapie der Patientin auf der Krebsstation eine Begegnung mit archaischer Mütterlichkeit konstelliert.

Begegnung als Therapie

Begegnung kann der Beginn einer Therapie sein. Im folgenden Beispiel handelte es sich um eine Patientin im 7. Lebensjahrzehnt, die an einer inoperablen Unterleibskrebserkrankung litt. Es bestand ein ständiger Abgang von Exkrementen, der zu einer schwer erträglichen Geruchsbelästigung führte und die Pflege der Patientin fast unmöglich machte.

Die gepflegte und geistig klare Frau litt sehr unter ihrem Zustand. Durch die Stationsärztin wurde ich um ein psychotherapeutisches Konsil gebeten, da die Patientin fast nichts sagte und eine Interaktion mit ihr kaum möglich war. Bei der ersten Konsultation sagte die Patientin nichts, wendete den Kopf zur Seite und schloß die Augen. Eine Schwester kam herein, um der Patientin die auf dem Nachttisch stehenden Tropfen zu verabreichen. Die Patientin lehnte die Einnahme mit einem stummen Schütteln des Kopfes ab. Als die Krankenschwester das Zimmer verlassen hatte, antwortete die Patientin auf die Frage, warum sie die Tropfen nicht nehmen möchte, mit den Worten: „Tropfen sind Chemie und schaden dem Körper." Dann drehte sie sich wieder zur Wand. Die Haut und die Lippen der Patientin erschienen blutleer und die Patientin wirkte moribund. Es stellte sich die Frage, ob die Patientin nicht doch trotz manifester Ablehnung aller ärztlichen Hilfe leben wollte, denn sonst brauchte sie sich ja keine Gedanken darüber zu machen, daß Medizin = Chemie schade. Plötzlich richtete sie sich im Bett auf, sah mich forschend an und sagte: „Wie stehen Sie zum Tod?" Ich war betroffen. Die Patientin fixierte mich und sagte energisch: „Setzen Sie sich!" In diesem Moment kam eine Krankenschwester herein und die Patientin sagte spontan: „Geben Sie mir die Tropfen." Als die Schwester das Zimmer verlassen hatte, griff ich die Aussage der Patientin „Medikamente sind Chemie und schaden" auf und bemerkte, daß ein Schmerzmittel ihr vielleicht helfen könne, die jetzt notwendigen Eingriffe zu bewältigen. Darauf sagte die Patientin: „Ich halte nichts von Medizin – vor einem Jahr mußte meine Jagdhündin eingeschläfert werden, sie hatte eine Krebserkrankung der Gebärmutter. Es war ein fürchterlicher Todeskampf." Sie gab mir die Hand mit der Bemerkung: „Ich hoffe, Sie kommen wieder." Zwei Stunden später rief mich die Stationsärztin auf dieselbe Station zu einem eigentlich überflüssigen dermatologischen Konsil bei einer anderen Patientin. Beiläufig sagte sie: „Was haben Sie mit Frau X gemacht, sie ist wie umgewandelt?" Als ich am nächsten Tag das Krankenzimmer betrat, eröffnete die Patientin das Gespräch mit der Mitteilung, daß sie früher eine erfolgreiche Chefsekretärin gewesen sei, alle Fäden in der Hand gehabt hätte. Aus dieser Information entwickelte sich ein Gespräch über Charaktereigenschaften und daß ein Charakter sich nicht ändere. Diese Überlegungen der Patientin griff ich auf und bemerkte, daß ich mir vorstellen könne, daß sie mit der gleichen Zielstrebigkeit auch ihre jetzige Situation bewältigen werde. Sie wurde etwas kleinlaut und erwiderte: „Aber ich weiß ja nicht, was mit mir geschieht." Ich antwortete: „Genau darum hat mich die Stationsärztin zu Ihnen geschickt, um mit Ihnen zu reden. Aber ich bin keine Gynäkologin, doch ich denke, daß Sie als Sekretärin, die alle Fäden in der Hand hatte, mit ihrer behandelnden Ärztin selbst ins Gespräch kommen können." Nach diesem Gespräch überschlugen sich die Ereignisse. Die Patientin ließ sich zwei Tage später eine Nieren-Hautfistel und einen künstlichen Darmausgang legen. Postoperativ mußte sie auf die Intensivstation verlegt werden, weil es ihr sehr schlecht ging. Ich dachte, jetzt tritt die Analogie zum Todeskampf ihrer Jagdhündin ein. Aber was ich dachte und was die Patientin erlebte, waren zweierlei. Kaum war sie in die Frauenklinik zurückverlegt, antwortete sie auf meine Frage, wie es ihr ginge: „Es war gar nicht so schlimm." Von nun an entwickelte sich in täglichen Gesprächen eine vertiefte Psychotherapie. Sie bot ihre sie beschäftigenden Fragen zunächst in Bildern an, die sie dann amplifizierte. Beispielsweise schilderte sie, wie ihre bereits kranke Hündin von einem Bulldoggenrüden vergewaltigt wurde. Die Hündin habe fürchterlich geschrien, und sie, die Patientin, habe die ganze Nacht geweint. Am folgenden Morgen sei ihr Mann mit ihr ins Freie gefahren und habe mit ihr den Sonnenaufgang erlebt. Am Abend sei er mit ihr an die gleiche Stelle gefahren, um den Sonnenuntergang zu erleben. Dieses ausdrucksstarke Bild bedarf sicher hier keiner weiteren Ausformulierung.

Begegnung geschieht spontan. Die Betroffenen reflektieren im Moment der Begegnung zunächst nicht darüber. Man läßt sich auf etwas ein, was man vorher nicht wissen kann. Indem man sich auf eine Begegnung nicht einläßt, handelt man möglicherweise vernünftig, aber man verzichtet auf das, was eine Begegnung vielleicht an Neuem und an Weiterentwicklung bringen könnte. Sich auf eine Begegnung einzulassen, hat etwas mit Vertrauen zu tun. Begegnung kann einen großen Spannungsbogen von Gefühlen umfassen – von der Freude bis zum Erschrecken. Begegnungen können hilfreich sein, lebenserhaltend – aber auch existentiell in Frage stellend. Alexander Mitscherlich sprach in einem anderen Zusammenhang von der „Qual des Einblicks". In der Begegnung steht zunächst der Affekt im Vordergrund. Es kann zu einer gefühlsmäßigen Intimität der sich Begegnenden kommen. Das Essentielle in der Begegnung ist zunächst das gefühlshafte Erlebnis, erst danach erfolgt die Verarbeitung und Auseinandersetzung damit. Begegnung ist eine Erfahrung, die man vorher nicht bewußt gemacht hatte. Sie eröffnet neue Perspektiven, aber auch die Unausweichlichkeit, in der neuen Richtung weitergehen zu müssen oder andere Konsequenzen zu ziehen. Man begegnet im anderen auch sich selbst. Es kann sich dabei um Übertragung handeln oder um eine originelle Wahrnehmung etwa im Sinne Sartres, der sagt:„Man erkennt sich im anderen, indem man erkennt, worin man sich vom anderen unterscheidet." Die Begegnung kann wie ein Katalysator wirken, der dem Subjekt eine Funktion ermöglicht, die es im Prinzip selbst hätte übernehmen können, aber bisher nicht wahrnahm. Eine Begegnung kann mehr sein als nur eine Ergänzung durch ein Selbstobjekt. In der Begegnung treffen Identifikation, Erkennen und Antwort zusammen. Eine Begegnung kann etwas geben, auf das zurückgegriffen werden kann, es kann eine Basis entstehen. Begegnung kann das Erleben erweitern, aber auch zur Ernüchterung führen. Begegnung ist zeitlich begrenzt. Die Trennung der sich Begegnenden ist implizit. Begegnung kann Gewißheit geben, daß man nicht allein ist. Jeder der sich Begegnenden muß seinen Weg selbst weitergehen, im günstigen Fall etwas autonomer als vorher. Begegnung ist zeitlich umschrieben; die sich Begegnenden halten auf ihrem Weg vorübergehend an, gehen vielleicht ein Stück gemeinsam. Mit Begegnung ist aber nicht ein längerer gemeinsamer Prozeß gemeint. Begegnung muß wieder gelöst werden. Der Betreffende muß die Aktivität zur Bewältigung seines

Weges selbst aufbringen, vielleicht etwas autonomer als vorher. Führt eine Begegnung zur unausweichlichen Einsicht, autonom handeln zu müssen, so kann etwas eintreten, was auch ein wesentliches Ziel von Therapie ist.

Betrachtet man „Begegnung als Therapie", so kann man sagen, daß Begegnung Veränderung auslöst. Aber manche Begegnung kann auch Pathologie auslösen. Begegnung macht Bewegung. Aber nicht jede Bewegung, die von einer Begegnung ausgelöst wird, ist Therapie. Wenn beispielsweise ein Freund neue Interessen weckt, so ist das nicht Therapie, sondern Leben. Die Formulierung „Begegnung als Therapie" ist auch darum gefährlich, weil sie den Fehlschluß zuläßt: Begegnung allein sei schon Behandlung. Diese Formulierung birgt die Gefahr in sich, normale menschliche Begegnung denaturalisiert zu einer medizinischen Aktion. Die Formulierung des Themas in dieser Form ist abzulehnen. Wohl aber ist es richtig, daß in einer Therapie Begegnung einen wichtigen Stellenwert hat, und daß Begegnung gelegentlich über Krankheit hinweghelfen kann.

Zur Formulierung „Therapie als Begegnung" ist zu sagen, daß Therapie mehr als Begegnung ist. Es handelt sich um eine wissenschaftlich fundierte Vorgehensweise, die Wissen, Psychodynamik und Einsicht umfaßt und einen sinnvollen Umgang damit erfordert. Dabei findet eine Begegnung unausweichlich statt und spielt eine große Rolle. Durch Reflexion wird es möglich, den therapeutischen Aspekt von Begegnung rational zu erfassen, zu beschreiben und die Rücknahme von Projektionen zu ermöglichen. Es kann erfaßt werden, was medizinisch relevant ist und um was es wirklich geht.

Zusammenfassend ist zu sagen, daß die Formulierung „Therapie als Begegnung" zu wenig ist und die Formulierung „Begegnung als Therapie" zu viel.

Begegnung auf dem Land

Erfahrungen eines Hausarztes mit psychotherapeutischer Praxis
im ländlichen Bereich

Von Günther Bartl, Hausbrunn

Einleitung

Michael Balint, selbst Sohn eines Landarztes, war von frühauf vertraut mit den
Problemen in der ärztlichen Praxis. Er hielt bereits in den dreißiger Jahren in
Budapest Seminare, Vorläufer der bekannten Balint-Gruppen, für praktische Ärzte ab, in denen er ihnen ein Grundrüstzeug zum besseren Verständnis ihrer Patienten und zum Nutzbarmachen der „Droge Arzt" (Balint 1965) vermittelte.

Häufig wird der praktische Arzt, und im besonderen der Landarzt, als „Türsteher in der Medizin" entwertet und dabei vergessen, daß er als erste Anlaufstelle für den Patienten fungiert und damit eine zentrale Weichenstellung im diagnostisch therapeutischen Prozeß innehat. Im besonderen trifft dies dann zu, wenn
der Patient auf den Arzt angewiesen ist, sei es durch akute Not und/oder durch
räumliche Gegebenheiten, die ihm einen Arztwechsel verwehren. Als Übersetzer der Klage des Patienten (Bastiaans 1971, 167 f.) ist der Arzt angehalten, sich
jeweils auf die „Wellenlänge der Mitteilungen des Patienten" einzustimmen (Balint 1975, 43). Dieser „Zustand des Eingestimmtseins" färbt das Klima der Begegnung und enthält ein heilvolles Agens, das zum Grundbaustein im Ritual zwischen Arzt und Patient wird. Das „wirkliche Wesen des Krankseins ist eine Not
und äußert sich als eine Bitte um Hilfe" (Weizsäcker 1987a, 13). Der Arzt als
Verbündeter gegen Beschwerden tritt mit dem Kranken in die „elementare Situation zwischen einem anrufenden und einem aufgerufenen Menschen" (Buber
1971, 10) und wird zum Schicksalsgefährten in personaler Gemeinschaft (Jaspers 1986, 18; Gebsattel 1968, 69).

Der psychosomatische Zugang

Mein therapeutisches Beziehungsangebot in der Landpraxis umfaßt sowohl organmedizinische wie auch soziale und psychotherapeutische Aufgaben, da ich
körperlich wie seelisch den Menschen eingebettet in ein Ganzes verstehe und zu
ihm Zugang suche. „Jede Erkrankung, jedes Symptom entsteht aus einem ganzen
Geflecht von Wurzeln, und es ist unsere Aufgabe, die verschiedenen in ihrer
Bedeutung zu erfassen" (Siebeck 1949, 418).

Die fehlende Primärliebe, die vielfach als Strukturdefizit bei frühgestörten Patienten erlebbar wird, soll in der ärztlichen Begegnung durch Wärme, Rhythmus und Konstanz aufgefüllt werden. Dazu bedarf es einer psychosomatischen Grundhaltung, verbunden mit therapeutischen Techniken. Selbstverständlichkeiten im Auftreten und Zuhören auf seiten des Arztes werden vom Kranken als erstes Strukturangebot sofort aufgegriffen. Adäquate Wärme, Rhythmus und Konstanz als Struktur sind es, die Balint (1966) unter primärer Liebe ("primary love") subsumierte. Auch Empathie ist zwar grundlegend von Bedeutung, aber zum Haltfinden zu wenig (Buber u. Rogers 1960). Die therapeutische Strukturlosigkeit und vor allem die Unverbindlichkeit in der Arzt-Patient-Beziehung sind es leider, die heute das wesentliche Potential der Heilung durch die Begegnung vernachlässigen. Dadurch werden Hilfesuchende, die sich mit Konflikten an den Arzt wenden, als vermeintlich grundgestörte Patienten fehldiagnostiziert und behandelt, so daß endlose Therapien als sogenannte „umfassende Versorgung" verstanden werden.

Strukturierung der Zeit

Von Balint (1975) habe ich den strukturierten Umgang mit der Zeit in meiner Praxis gelernt. Um der selbstverständlichen „Verkonsumierung" als Arzt zu entgehen, ist Zeitökonomie trotz Bereitschaft um die Uhr von entscheidender Bedeutung. Diesbezüglich können therapeutische Gruppen als „Auffangräume" geschaffen werden, in denen durch Anleitung zur Selbsthilfe und Kollektivhilfe (Selbsthilfegruppen) Beziehungsangebote bereitgestellt werden. In existentieller Bedrohung (Blutungen, Unfälle), bei starken Ängsten verwende ich als Akutmaßnahme die ärztliche Hypnose. Dabei muß der Not gehorchend ge- und behandelt werden. In Konfliktsituationen genügt die selbstverständliche Präsenz des Arztes, der die Übertragung des Patienten auf primäre Bezugspersonen zur Heilung nützt. Das Bedürfnis nach dem Urmutterschoß, nach Wärme, Rhythmus und Konstanz (Bartl 1983, 1984, 1989 b) wird damit erfüllt, und mit möglichst vielen Sinnesmodalitäten wird diese Präsenz vermittelt.

Therapeutische „Auffangräume"

Ich habe in meiner Praxis eine Autogene Trainingsgruppe (AT-Gruppe) installiert, die das ganze Jahr über zur selben Zeit, sogar auf den Tag genau, den Patienten offen steht. Sie ist für jeden zugänglich, der sich einmal in meiner Sprechstunde nach eingehender Beratung und Untersuchung entschlossen hat, daran teilzunehmen. In der Regel sind es Konflikte, die die Notwendigkeit, den Arzt zu besuchen, auslösen. „Herr Doktor, mir fehlt etwas", heißt für mich, der Patient sucht primär Halt in einer Konfliktsituation. Diese Haltlosigkeit drückt sich oft in körperlichen Beschwerden aus, die nur auf diese Weise vermittelbar ist. Unbewußt können auch Infektionen als Weg zur Kommunikation mit dem Arzt gewählt werden. Ausrutscher und Unfälle als deutbare Zeichen dieser Art wurden schon von Freud (1901 b) beobachtet. Es werden in der letzten Zeit die Stimmen von Psychoonkologen immer lauter, die die Tumorentstehung als Bedürfnis nach Halt interpretieren.

Diese AT-Gruppe vermittelt dem einzelnen durch Ritualisierung, streng nach den Regeln der Abstinenz von J. H. Schultz (es wird nicht vorgesprochen), schrittweise Stabilität. Es sucht jeder im AT seine Wärme und seinen Rhythmus selbst. Die Monotonie und der eigene Rhythmus im Urschoß der „Mutter Gruppe" beruhigen und geben Sicherheit durch Halt in der schweigenden mitleidenden Gemeinschaft.

Ich verlasse jetzt die Ebene der Erstversorgung und komme zur Beschreibung der in meiner Praxis eingerichteten Strukturen als stabilisierende Übertragungsangebote. Da die Diagnose ein Anliegen von Arzt *und* Patient ist und das Benennen-Können der krankmachenden Symptome beide beruhigt (Balint 1965, 66), wird erst nach körperlicher Untersuchung und diagnostischer Abklärung der Patient in Einzel- oder Gruppentherapie genommen. Ich sensibilisiere einen strukturbildenden Prozeß, der durch selbständiges Üben (zu Hause) stabilisiert wird. Es wird das Auffüllen von narzißtischen Defiziten (inadäquates Klima, Dysrhythmie, Inkonstanz) sowie die Differenzierung der sinnlichen Wahrnehmung intendiert. Die AT-Gruppentherapie ermöglicht mit erwähntem Strukturangebot wachsende Verläßlichkeit als Grundpfeiler narzißtischen Erlebens (Bartl 1983, 1984, 1989 a) und reaktiviert bzw. im gegebenen Fall korrigiert fehlendes Urvertrauen ("corrective emotional experience" – Alexander u. French 1946). Bei unsicheren und ichstrukturell gestörten Patienten fungiert der Arzt als AT-Gruppenleiter – wie in jeder Psychotherapie –, als Projektionsfigur für Übertragungsphänomene und ist auch „steuerndes Objekt" (König 1981). Die konflikthafte körperliche Auseinandersetzung beim Erlernen der einzelnen Übungen, die sich beispielsweise in Nicht-Spüren, Schmerzhaftigkeit oder Mißempfindungen darstellt, ermöglicht im Laufe der Gruppentherapie durch dialogische Auseinandersetzung mit dem ärztlichen Gruppenleiter eine Konfliktlösung und kathartische Entlastung. Dabei werden die klassischen psychoanalytischen Arbeitsschritte „Erinnern, Wiederholen und Durcharbeiten" (Freud 1914 g) realisiert. Einfälle, leibseelische Erlebnisse, bildhafte Assoziationen und Imaginationen, die während der Übungen im AT auftreten, werden eingehend besprochen, mit Deutungen angereichert sowie differenziert bearbeitet und in den lebensgeschichtlichen Kontext eingebettet. Zudem werden die Teilnehmer angeregt, sich zu Hause neuerlich an ihre Erfahrungen und Empfindungen im AT zu erinnern und diese gestaltend (Malen, Zeichnen, Modellieren etc.) zum Ausdruck zu bringen oder zumindestens schriftlich festzuhalten, um eine Intensivierung der therapeutischen Arbeit möglich zu machen (Wallnöfer 1972).

Diese Gruppe wird als offene Gruppe geführt und ist zeitlich nicht begrenzt. Der einzelne Teilnehmer (Patient) wird jedoch nach sieben (acht) Übungsabenden (zu 1,5 Std.) zum selbständigen Weiterüben und zur Vertiefung seiner in der Gruppe gewonnenen Erfahrung motiviert. Die kontinuierlich weiterlaufende AT-Gruppe in der Praxis bleibt ihm jedoch als Zuflucht stets weiter offen (auch kostenlos zur Verfügung), so daß Fragen, allfällige Störungen und Mißempfindungen jederzeit bearbeitet werden können. Vom Arzt werden dann solche Fortgeschrittenen zur Erfahrungsvermittlung und Stützung von neuen Patienten angeregt. Mit diesem Setting ist es den Patienten weitgehend möglich, sich selbständig zu stabilisieren bzw. sich im Bedarfsfall im vertrauten Gruppenmilieu wieder aufzutanken und/oder allfällige Störungen zu bearbeiten.

Nur die Konflikte, die sich hier nicht stabilisieren, sei es, weil der Grundstörungsanteil zu sehr in Unruhe geraten ist oder daß das Defizit in diesem Bereich nach Ergänzung und Sättigung, nach narzißtischer Ganzheit drängt, werden der Einzeltherapie zugeführt. Dabei bevorzuge ich das Katathyme Bilderleben (KB), das mit dem Einsatz der Imagination dem Therapeuten eine sehr effiziente Bearbeitung am Symbol ermöglicht. Die Tagtraumtechnik des KB, ein von Leuner (1955) in Göttingen entwickeltes Verfahren, hält den Patienten an, sich in entspannter Haltung mit geschlossenen Augen ein Motiv, wie z. B. die Wiese, als Ausgangspunkt für die Imagination vorzustellen. Besteht keine massive Abwehr, entwickeln sich vor dem inneren Auge des Patienten sehr rasch Farben, Formen und Gestalten, als stimmungstragendes Abbild, den Gesetzen des Traumes gehorchend. Entweder entsteht eine friedliche Stimmung in gedeihlicher Atmosphäre oder es treten gefahrvolle und angstvolle Szenen in den Vordergrund, als Ausdruck einer Regression in den Konflikt (Alexander 1956). Diese Imaginationen sind symbolisierte Beziehungsmuster und können ohne Kenntnis der Bedeutung als solche direkt zur Bearbeitung (Be-handlung) herangezogen werden. Während der Patient seinen Tagtraum verbalisiert, wird er zur detaillierten Beschreibung der bildhaften Szenen und zur differenzierten Wahrnehmung mit allen Sinnesmodalitäten angeregt, d. h. wie die Bilder aussehen, was er hört, fühlt, tastet, riecht und schmeckt und welche Farben und welche Formen die Objekte aufweisen. Es entsteht dadurch ein emotional angereichertes dialogisches Beziehungsmuster, in dem der Therapeut eine „Schuhlöffelfunktion" zum Einstieg in die differenzierte Objektbeziehung bietet und damit Katalysatorfunktion innehat, die ihrerseits erst die Objektbeziehungsmöglichkeit gewährleistet. Es ist dies der wesentliche Beitrag eines kurztherapeutischen Verfahrens. Durch diese zeitökonomische Schulung in der Selbst- und Fremdwahrnehmung gelingt es rasch, den einzeltherapeutischen Prozeß durch Gruppentherapie zu ersetzen. Dabei biete ich die Oberstufengruppe des Autogenen Trainings an (Roßmanith u. Bartl 1990, 1991). Hier ist Einzeltherapie in der Gruppe möglich, die den Übergang zur analytischen Gruppentherapie bildet. Diese Gruppen werden in meiner Praxis halboffen geführt. Zusätzlich hat sich als nützlich und notwendig noch die Paargruppe erwiesen (4–5 Paare), in der hauptsächlich partnerschaftliche Probleme und Konflikte bearbeitet werden. Durch das Ansprechen der Probleme bei anderen als den betroffenen Gruppenteilnehmern können diesen heilende Einsichten ohne tiefgehende Erschütterung und schamhaftes Sich-zur-Schau-stellen-Müssen vermittelt werden. Diese paartherapeutische Methode hat sich sehr bewährt und wird von den Teilnehmern auch als schonend und respektvoll erlebt. Die Gruppen dienen schon immer den Menschen in Not als wichtige Abwehr gegen ein übermächtiges Schicksal.

Schlußbemerkungen

Die Zeitökonomie spielt in der Landpraxis eine Hauptrolle. Ohne hier eine Struktur einzuführen, wird man, wie Berichte von Kollegen zeigen, ein Opfer der bürokratischen Arbeit. Fraglos leidet dadurch die Qualität des ärztlichen Tuns. Als junger Mediziner schon lernte ich durch jahrelange Teilnahme an Balint-Gruppen den bedürfnisgerechten Zugang zum Patienten. Meine Ausbildung in psychotherapeutischen Methoden in Selbsterfahrung und Supervision ermöglichten mir das Finden dieser Struktur in der Landpraxis.

Literatur

Alexander, F.: Zwei Formen der Regression und ihre Bedeutung in der Therapie. Psyche 9, 668–678 (1955/56).
– French, Th. M. 1946. Psychoanalytic therapy, principles and application. New York, Ronald Press 1946.
Balint, E., Norell, S. (Hrsg.): Fünf Minuten pro Patient. Frankfurt/M., Suhrkamp 1975.
Balint, M.: Der Arzt, sein Patient und die Krankheit. Stuttgart, Klett 1965.
– Die Urformen der Liebe und die Technik der Psychoanalyse. Stuttgart, Klett 1966.
Bartl, G.: Der Umgang mit der Grundstörung in der Allgemeinpraxis. Ärztliche Praxis und Psychotherapie 3 (3), 3–18 (1983).
– Der Umgang mit der Grundstörung im Katathymen Bilderleben. In J. W. Roth (Hrsg.): Konkrete Phantasie. Neue Erfahrungen mit dem Katathymen Bilderleben. Bern, Huber, 1984, S. 117–119.
– Strukturbildung im therapeutischen Prozeß. In Bartl, G., Pesendorfer, F.: Strukturbildung im therapeutischen Prozeß. Wien, Literas Universitätsverlag 1989 a, S. 15–20.
– Das therapeutische Beziehungsangebot in einer Landpraxis. In Ringel, E., Roßmanith, S. (Hrsg.): Die Arzt-Patient-Beziehung, Wien, Maudrich 1989 b, S. 75–94.
Bastiaans, J.: Die Übersetzung der Klage. Z. Psychother. Med. Psychol. 21 (5), 167–181 (1971).
Buber, M. (1951): Geleitwort. In Trüb, H.: Heilung aus der Begegnung. Stuttgart, Klett 1971, 3. Aufl. S. 9–13.

– Rogers, C.: Dialogue between Martin Buber and Carl Rogers. Psychologia 3, 208–211 (1960).

Freud, S. (1901 b): Zur Psychopathologie des Alltagslebens. GW Bd. IV. Frankfurt/M., Fischer.

– (1914 g): Erinnern, Wiederholen und Durcharbeiten. GW Bd. X, Fischer, Frankfurt/M., 1946, S. 126–136.

Gebsattel, V. v. (1964): Imago hominis. Beiträge zu einer personalen Anthropologie. 2. Aufl. Salzburg, O. Müller 1968.

Jaspers, K.: Der Arzt im technischen Zeitalter. München, Piper 1986.

König, K.: Angst und Persönlichkeit: das Konzept vom steuernden Objekt und seine Anwendungen. Göttingen, Vandenhoeck u. Ruprecht 1981.

Leuner, H.: Experimentelles Katathymes Bilderleben als ein klinisches Verfahren der Psychotherapie: Ergebnisse. Z. Psychother. med. Psychol. 5, 233 (1955).

Roßmanith, S., Bartl, G.: Das Autogene Training (AT) und seine Integration in die ärztliche Praxis. Ärztliche Praxis und Psychotherapie 4 (12), 9–13 (1990).

– – Autogenes Training (AT): Eine tiefenpsychologische Methode. Ärztliche Praxis und Psychotherapie 1 (13), 3–18 (1991).

Schultz, J. H. (1932): Das autogene Training. Stuttgart, Thieme, 14. Aufl. 1973.

Siebeck, R.: Medizin in Bewegung. Klinische Erkenntnisse und ärztliche Aufgabe. Stuttgart, Thieme 1949.

Wallnöfer, H.: Aufdecken durch Gestalten vor und nach dem autogenen Training. In Langen, D. (Hrsg.): Hypnose und psychosomatische Medizin. Stuttgart, Hippokrates 1972.

Weizsäcker, V. v. (1929): Kranker und Arzt. In Gesammelte Schriften, Bd. 5. Frankfurt/M., Suhrkamp 1987 a, S. 221–244.

Aspekte der Balint-Arbeit in der Kinder- und Jugendlichentherapie

Von Gisela Gerber, Wien

> „Wir müssen uns klar darüber sein,
> daß es der größte Wunsch eines jeden Patienten ist,
> *verstanden* zu werden ..."
>
> Michael Balint

Seit Jahren führe ich als Mitarbeiterin am Institut für Sonder- und Heilpädagogik und der Klinik für Neuropsychiatrie des Kindes- und Jugendalters unter dem Seminartitel „Praktikumsbegleitendes Seminar", Arbeitsgruppen für Studenten durch, um deren Beziehungen zu den Menschen, die sie während ihres Praktikums betreuen, oder zu den Institutionen, in denen sie hospitieren, zu reflektieren. Ist das Pflichtpraktikum auch offiziell auf 80 Stunden beschränkt, so machen viele Studenten dennoch empfehlungsgemäß langfristigere Praktika über mehrere Semester, z. T. an unterschiedlichen Institutionen.

Die Gruppe dieser Studenten ist halboffen, d. h., es entstand eine Stammgruppe, zu der jedes Semester einige neue Studenten hinzukommen können. Eine Teilnehmerzahl von mehr als 15 hat sich hierbei als ungünstig herausgestellt, da u. a. die Gruppe im Halbjahr nur 12 Stunden zur Verfügung hat und die Intensität der Gruppenarbeit unter einer größeren Teilnehmerzahl leiden würde. Von Großgruppen (nach dem Modell Luban-Plozzas), die früher (1983–1985) einige Semester stattgefunden hatten, sind wir im Rahmen dieser Veranstaltung abgekommen. Weitere Gruppen im Sinne von Balint-Arbeit finden an anderen Institutionen, auf Seminaren und in unserer freien Gemeinschaftspraxis statt.

Wenn sich herausgestellt hat, daß auch ein einmaliges Zusammensein einer Gruppe über einige Stunden etwas „bringt", wie die Teilnehmer versichern, so sehen wir jedoch vor allem in der Kontinuität über einen gewissen Zeitraum die großen Chancen des begreifenden Tuns, des therapeutisch Tätigseins mit den entsprechenden Reflexionen darüber in der Gruppe, um dann erneut „modifiziert" oder klarer (von Klären) tätig sein und handeln zu können.

Unsere Studentengruppen sind zumeist heterogene wie auch die anderen Gruppen. Häufig befinden sich unter ihnen bereits seit Jahren in unterschiedlichen Berufen tätige Ergotherapeuten, Physiotherapeuten, Psychologen, gelegentlich Ärzte, viele LehrerInnen, KindergärtnerInnen, ErzieherInnen, Pädagogen etc. Andererseits sind aber meist Studierende nach der Matura darunter, die in diesem Praktikum erstmals Kontakt zu kranken oder/und behinderten Menschen haben.

Wollen erstere meist durch das Studium ihrer beruflichen Tätigkeit mehr Fundament durch theoretisches Wissen verleihen, so suchen letztere zur universitären Ausbildung den Praxisbezug (Arbeitsgruppe 1989). Allen gemeinsam sind allerdings in etwa folgende prinzipielle Fragestellungen, die latent oder manifest in jedem von ihnen im Laufe der Zusammenarbeit mit ihrem Klientel auftauchen (Roßmanith 1989, 113):

1) Wer bin ich – wer ist der andere?
2) Was für Vorstellungen und Bilder habe ich in mir über:

   a) mich als Person? (Selbstbild)
   b) mich in meiner jeweiligen Rolle? (z. B. als Therapeut: Berufsbild)
   c) über mich und meine Rolle? (Identität)
   d) das Du, welches mir begegnet? (Menschenbild)
   e) die Institution, an der ich arbeite oder hospitiere? (Realbild – Idealbild der Institution)
   f) zu erreichende Ziele? (Realbild – Idealbild der eigenen Möglichkeiten)
   g) den Weg, dies zu erreichen? (Kompetenzbild).

3) Welche Handlungen setze ich, aus welchen dieses Tun bewußt oder unbewußt leitenden Motive, Theorien, Bilder und Vorstellungen heraus?
4) Welcher Dialog – ob verbal oder nonverbal – begleitet dieses Tun mit welchen Reflexionen und welchem Verstehenshintergrund?

Alle diese Themenbereiche sind miteinander gekoppelt und verschränkt. Jede Auseinandersetzung mit einem Du (einer Institution) führt unweigerlich in einem „Regelkreisprozeß" auf das Ich zurück, führt zur Konfrontation, zur Auseinandersetzung mit der eigenen Differenziertheit, dem Verstehen oder Nicht-Verstehen von Phänomenen der personalen und objektalen Welt, in der weiteren Folge zur Integration (oder Abspaltung!) und zu einem neuen, anderen Verständnis und Zugang im Sinne einer prozessualen Identität des Therapeuten (und Klienten).

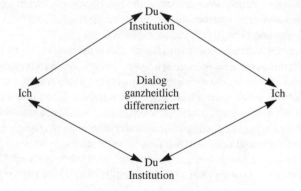

Nur in dieser Be-zogen-heit aufeinander kann im Sinne Balints „Therapie als Beziehung – Beziehung als Therapie" (Badgastein 1990) in ihrer dialektisch – gegenseitigen Bedingtheit verstanden werden. Der Gruppenleiter im Sinne Balints geht dabei zwar von Grundaxiomen aus, läßt aber neue Möglichkeiten offen und überantwortet dem sich fragend an ihn wendenden Therapeuten (der seinerseits im ständig fragenden Dialog mit sich durch den anderen ist) die (vielleicht nur momentan) gültige Antwort – *seine* Antworten und *seine* Bedeutungen zu finden. Zu den Grundannahmen des Gruppenleiters im Sinne Balints (1988) gehören u. a. ein Wissen um:

– Tiefenpsychologische Dimensionen wie Übertragung und Gegenübertragung, Widerstand, Unbewußtes, Verdrängung etc.,
– Psycho-somatisch-soziale Zusammenhänge der Menschen,
– Individualität und Subjekthaftigkeit des Therapeuten *und* Klienten,
– das Eingebundensein in einen historischen Kontext von Vergangenheit, Gegenwart und Zukunft,
– die Möglichkeiten, das „Hier und Jetzt" mit neuen ungeahnten Dimensionen zu transzendieren ...

Einige Gedanken zu unserem Menschenbild

Wir gehen in unserer Arbeit von einem ganzheitlichen Menschen aus, der sich als bio-psycho-geistig-soziale Einheit begreift und sich gemäß seiner Ontogenese prozeßhaft entwickelt, wobei Entwicklung nie abgeschlossen ist, sondern ein Kontinuum neuer, offener Möglichkeiten darstellt, was wir u. a. als „Freiheit" der Zukunft, des Noch-nicht-Gewissen, -Sicheren, des Möglichen, erst zu Schöpfendem begreifen. Hier sehen wir auch – im kreativen Akt – die unverwechselbare Einmaligkeit des Subjektes, welchem wir uns im Verstehen nur annähern können, welches wir aber niemals sind, deckungsgleich interpretieren oder vollends erklären könnten. So hat jedes Subjekt seine Wirklichkeit, seine Möglichkeiten und Grenzen (Watzlawick 1976).

Nachdem das Verstandenwerden (Balint 1970) durch den Therapeuten ein Grundbedürfnis der Patienten ist, müssen wir von unserer „Wirklichkeit" zur anderen „Brücken" bauen, die eine mehr oder weniger große Annäherung ermöglichen. Brücken haben unterschiedliche Eigenschaften, genau wie wir und die Hilfen, die wir nutzen können, um Beziehungen herzustellen. Diese Brücken als Hilfen für Beziehung können genügend oder ungenügend tragfähig, passend oder unpassend, stabil oder instabil, flexibel oder starr sein, wenn wir uns auf ihnen bewegen, um uns anderen Ufern zu nähern. Wir können auch Methoden, Therapieformen, Theorien (wie z. B. Erkenntnistheorien) als Hilfsbrücken bezeichnen, die verinnerlicht, nicht als kognitiver Überbau, sondern in Fleisch und Blut übergegangen, die Identität des Therapeuten – seine Haltung und Sichtweise – ausmachen. Denn jede Therapiemethode ist so differenziert wie der Therapeut, der sie ausübt. Balint (1970, 220) hat in seinem Buch „Therapeutische Aspekte der Regression" das 26. Kapitel in diesem Sinne „Überbrückung der Kluft" genannt.

Theorien, (Therapie-)Methoden können somit Hilfen für den Therapeuten sein – Brücken –, um „Wirklichkeiten" besser verstehen oder begreifen zu können. (Sie sind nicht die Wirklichkeit selbst!)

Mit diesen Aussagen unternehmen wir den Versuch, unsere Erklärungen zu erklären, unseren Verstehenshintergrund explizit und transparent zu machen. Die Brücke, die uns u. a. dient, auszuweisen, oder auch um unsere Brille, mit der wir die Welt betrachten, begreifbar zu machen. So können wir Brücke (etwa starre Eisenkonstruktion) mit Brücke (vielleicht Holzbrücke) oder Brille (etwa mit rosa Gläsern) mit Brille (mit schwarzen oder blauen Gläsern) vergleichen und unterschiedliche Weltbetrachtungen und damit Wahrnehmungsmodi deutlicher machen.

Zur Praxis unserer Arbeit

Im vorher dargestellten Sinne, daß Theorien und Ansätze Hilfskonstruktionen sind, um sich unterschiedlichen „Wirklichkeiten" besser annähern und verstehen zu können, dienen uns in unserer Arbeit u. a. folgende therapeutische Methoden:

– Die Funktionelle Entspannung nach M. Fuchs, die sich als tiefenpsychologisch fundierte psycho-somatische Körpertherapiemethode begreift,
– das Autogene Training, insbesondere die Oberstufe, nach I. H. Schultz,
– das Katathyme Bilderleben nach H. C. Leuner, welches Imaginationen, Vorstellungen und Bilder fokussiert, die alle in das von uns entwickelte ontogenetisch-diagnostisch-therapeutische Modell „Spüren-Fühlen-Denken" (Reinelt/Gerber 1985) eingebettet und auf der Basis von tiefenpsychologisch-individualpsychologischen Erkenntnissen (A. Adler) angewandt werden.

Innerhalb des weiten Spektrums des genannten Modells „Spüren-Fühlen-Denken" arbeiten wir. Auf einer ersten ontogenetischen Ebene wird hierbei der Leib mit allen seinen Sinnen als Dialogpartner im Prozeß der Erkenntnis begriffen („Spüren"), auf einer nächsten Ebene werden die daraus gewonnenen subjektiven Erfahrungen der Welt in Bilder, Vorstellungen und Symbole umgesetzt („Fühlen"), über die auf einer weiteren Ebene des („Denkens") reflektiert und

nachgedacht werden kann – mit allen Aspekten des zwischen- und inner-
menschlichen Dialogs, in der Dialektik von Ein- und Ausdruck.

Wenn auch jeweils nur eine Ebene fokussiert wird, so werden alle anderen
Ebenen mitbegriffen als zum Menschen gehörend und somit der Mensch als ein
Ganzes betrachtet. Wenn der Schein einer Lampe auf ein Detail fallen mag, um
es sichtbarer zu machen, so wird dennoch das weniger Helle mitbeachtet und
das in der Dunkelheit Unsichtbare mitgedacht.

Ausgehend von einem Begriff der „Ganzheit", wird das Detail als ein Teil des
Ganzen und nicht als das Ganze selbst und im Teil das Prinzip, obschon es nicht
das Prinzip selbst ist, gesehen. Reinelt (1989) spricht in diesem Zusammenhang
von dem qualitativen Mehr einer durchgliederten Ganzheit. Dieses Ganze ist
prozeßhaft ständig in Fluß, die Einzelteile bilden gleich Mosaiksteinen Systeme
– „Gestalten" –, die wie ein Kaleidoskop ein Bild zeigen, welches im nächsten
Moment zerfällt, um sich dann wiederum neu zu konstituieren.

Zur Gruppenarbeit mit Kinder- und Jugendtherapeuten/innen

Kinder- und Jugendtherapeuten (aber auch Erwachsenentherapeuten!) werden
in ihrer Arbeit mit entsprechenden Phasen ihrer Kindheit und Jugend (und Problematik) konfrontiert, die sich bewußt oder unbewußt aktualisieren. So erscheint
es notwendig, daß gerade sie die Kindheit mit allen Nuancen lebendig in ihr

„Hier und Jetzt" integrieren. Im Kontinuum von „Einst" und einem gedachten „Morgen" konstituiert sich das „Jetzt" und gelangt zur Entfaltung. Alfred Adler (1933) hat diese Tendenzen in seinen Begriffen „Lebensplan" und „Lebensstil" gefaßt.

In das Handeln fließen somit diese verdichteten (zum Teil vergessenen und/oder verdrängten) Erlebnisse, aber auch daraus entstandenen Gefühle, Vorstellungen, Bilder, Phantasien und Zukunftsideale mit ein, die in der Gegenübertragung auf den Patienten, aber auch in der eigenen Übertragung des Therapeuten, Wirksamkeiten entfalten. Um verstehen zu können, muß der Therapeut in sich Ähnliches *und* Anderes entdecken können. In der individuellen Begegnung werden potentielle Möglichkeiten, die durch damalige Lebensumstände nicht zum Tragen gekommen waren, lebendig. Die intrapersonelle, innermenschliche Beziehung hat somit in hohem Maße mit der interpersonalen Beziehung – zum Du – zu tun. In dieser oszillierenden Dialektik von Patient und Therapeut relativieren sich Hierarchien und Machtaspekte. So können Begegnungen stattfinden, die partnerschaftlich sind.

Frühe Kindheitserinnerungen, im Sinne der „spontanen Altersregression" durch das Katathyme Bilderleben (Barolin 1982) lebendig gemacht, sind ein Einstieg, um den „Lebensstil" und „Lebensplan", der sich im Kind bereits formt, ein Stück weit transparent zu machen.

So gehen wir innerhalb dieses weitgefaßten Bezugsrahmens und Hintergrundes, in dem das Individuelle genauso wie das Prinzipielle ihren Stellenwert haben, in der therapeutischen und Balint-Arbeit mit Kindern und Jugendlichen folgendermaßen vor (Horn 1990):

1. Beziehungsaufnahme des Therapeuten zu seiner eigenen Kindheit

Während mehrerer Gruppeneinheiten versetzen sich

– die Gruppenteilnehmer in die Kindheit zurück und stellen sich Bilder, Bildabfolgen und Szenen(„bilder") ihrer Kindheit vor, im Sinne einer „spontanen Altersregression" im „Katathymen Bilderleben" (Barolin et al. 1982, 111–118).
– Sie stellen sich ihre Idealbezugspersonen vor, die sie als Kind gerne gehabt hätten.
– Sie „bilden" ihre Phantasien einer Idealmutter, eines Idealvaters, eines Idealtherapeuten von heute.
– Nach jeder Szene oder Bildabfolge werden diese oder einzelne Sequenzen, die besonders betroffen gemacht haben, materialisiert durch Malen, Zeichnen oder Modellieren, um etwas in der Hand zu haben, was dadurch „handhabbar" wird.
– Die Inhalte werden in der Gruppe besprochen.

2. Beziehungsaufnahme der Gruppe zum Patientenkind (Jugendlichen) eines einzelnen Therapeuten

In weiteren Gruppenstunden folgen erste Erzählungen der Teilnehmer über Kinder oder Jugendliche, mit denen sie arbeiten, ob dabei nun Schwierigkeiten realisiert wurden oder nicht. Erfahrungsgemäß differenzieren sich allerdings die Aspekte der jeweiligen Beziehungen, so daß schließlich latent vorhandene, nur diffus formulierbare Probleme transparent werden und die Fremd- in Verbindung zur Eigensituation gebracht werden kann. *Beispiel:*

Eine Psychologin berichtet von einem 7jährigen Buben mit massiven Einschlaf- und Schulängsten, den sie betreut.

– In der Folge „bildern" die Gruppenteilnehmer sich selbst – sofern möglich – im Alter von 7 Jahren mit ähnlichen oder anderen Schwierigkeiten, im Sinne einer „kontrollierten" Altersregression (Barolin et al. 1982).
– Sie versetzen sich in die Situation des 7jährigen Buben mit seinen Ängsten,
– fühlen den Ängsten *psychisch* nach und
– spüren, wie und wo sich diese Ängste *physisch* niederschlagen und manifestieren.
– Sie reflektieren und besprechen ihre eigenen *psycho-somatischen* Erlebnisse, um schließlich die Situation des Buben mit dem *eigenen* Verstehenshintergrund in der Gruppe bearbeiten zu können.

3. Beziehungsaufnahme der Gruppe zu einzelnen psycho-(somatischen) Phänomenen

Am Beispiel *Angst,* etymologisch von der Sprachwurzel „Enge" (Duden 1989, 36) herkommend, spüren die Teilnehmer über Vorstellungen und Erinnerungen von „Angst"-Erlebnissen den Auswirkungen körperlicher Natur nach. Sie berichten über Herzsensationen, einen „Knödel" im Hals, über Druck im Magen, feuchte Hände, Harndrang, Verspannungen im ganzen Körper, Kopfschmerz, Augenflimmern etc.

Angst ist nicht gleich Angst, sondern hat subjektive Bedeutung und individuelle Auswirkungen. Diesem „Organdialekt" (Adler 1914/1973) wird nun nachgegangen.

4. Beziehungsaufnahme der Teilnehmer zu den jeweiligen somato-(psychischen) Phänomenen

Am Beispiel der genannten „Herzsensation" werden Bilder und Bedeutungen für *Herz* assoziiert: Es werden Vorstellungsbilder geschildert – wie: „Herz" – geschnitzt im Baum als Liebesschwur, „Herz" – als Inbegriff für Wärme, Liebe, „Herz" – als technisches Wunderwerk, „Herz" – als anatomische Zeichnung, „Herz" – als Präparat im Spiritus des pathologischen Institutes. Mit vielen unterschiedlichen Farbgebungen, die durch das Malen besonders deutlich und sichtbar werden, werden damit verbundene Gefühle transparent.

Diese spontanen Assoziationen der Teilnehmer stellen jeweils andere und unterschiedliche bio-psycho-soziale Bezugssysteme in unterschiedlichen Kontexten vor. In der Begegnung mit dem Patienten wollen diese Ausdrucksformen in ihren individuellen Bedeutungen und in ihrer „Organsprache" verstanden werden (Groddeck 1984). *Herz* ist nicht nur objektivierbares Organ, sondern Symbol mit individuellen Bedeutungen.

5. Beziehungsaufnahme zur Sprache als „Metapher"

Wie wir durch die vorausgegangenen Beispiele zu verdeutlichen versucht haben, müssen seelische, körperliche und soziale Dimensionen vielfältig betrachtet werden können. Die Wortsprache, Körpersprache, Klangsprache, Organsprache, Mimik und Gestik etc. sind nicht nur Ausdruck an sich, sondern individuelle Kommunikationssymbole, welche der „Verdolmetschung" durch den Therapeuten bedürfen. Balint hat in seinem Beitrag „Das Problem der Sprache in der Erziehung und in der psychoanalytischen Behandlung" (1970) darauf ausdrücklich hingewiesen und hierzu Stellung bezogen.

6. Beziehungsaufnahme zur Gruppe und damit zum sozialen Umfeld

Die Gruppe hat vielfältige Funktionen und dient unterschiedlichen Bedürfnissen. So kann im Sinne eines „Urmutterschoßes" (Bartl 1989) Unmögliches möglich, Unsagbares sagbar und Fehler zugestanden werden. Die notwendige Atmosphäre von Wärme und Geborgenheit fängt auf, läßt Kritik und Konfrontation aushaltbar werden. Die Gruppe ist ein „Spiegel" und hilft bei

– der Analyse von Übertragung und Gegenübertragung in der Patient-Therapeuten-Beziehung (und in der Gruppenbeziehung),
– der Reflexion eigener Übertragungen, die der Therapeut aus seiner frühen Kindheit ins „Hier und Jetzt" mit hinein bringt,
– der prozeßhaften Gestaltung von „Gruppenwirklichkeiten",

- der Transparenz subjektiver Wahrnehmungen und Reaktionsmuster,
- einer Bearbeitung der eigenen Kindheit durch die Reinkarnation familiärer Muster.

Schlußbemerkungen

Haben wir eingangs Balints Satz zitiert, daß wir uns klar darüber sein müssen, „daß es der größte Wunsch eines jeden Patienten ist, verstanden zu werden"..., so möchten wir diesen weiterführend formulieren, daß es wohl ein prinzipieller Wunsch eines jeden Menschen ist.

In diesem Beitrag haben wir *Beziehung* als Voraussetzung für *Verstehen* und *Verstehen* als Voraussetzung für *Beziehung* als prinzipielle Elemente analysiert. Beide bedeuten konkret ein ganzheitliches In-Beziehung-Treten zu sich selbst und zum Du intra-, inter- und in transpersoneller Hinsicht „bio-psycho-sozial".

Verstehen heißt zudem aber auch, daß man weder sich noch den anderen je ganz verstehen wird können, denn menschliche Freiheit enthält die offenen, ungeahnten Möglichkeiten des „Morgen", die das „Jetzt" transzendieren.

Literatur

Adler, A. (1933): Der Sinn des Lebens. Frankfurt/M., Fischer 1980.
- (1912): Über den nervösen Charakter. Frankfurt/M., Fischer 1980.
- Furtmüller, C. (Hrsg.): Heilen und Bilden. Frankfurt/M., Fischer 1973. S. 114–122.
Arbeitsgruppe: Berufsbild/Berufsfeld der Studenten der Sonder- und Heilpädagogik, Universität Wien SS 1989. Fragebogenaktion und Ergebnis.
Badgastein (1990): 21. Internat. Seminar für Autogenes Training und Allgemeine Psychotherapie der öGATAP unter dem Thema „Beziehung als Therapie – Therapie als Beziehung". Michael Balint zum 20. Todestag.
Balint, M.: Therapeutische Aspekte der Regression. Stuttgart, Klett 1970.
- Der Arzt, sein Patient und die Krankheit, Stuttgart, Klett-Cotta 1988/87.
Barolin, G. S., Bartl, G., Krapf, G.: Spontane, kontrollierte Altersregression im Katathymen Bilderleben. Psychother. Psychosom. Medizin, Psychol. 32/4, 111–118 (1982).
Bartl, G.: Die Auswirkungen körperlicher Berührungen auf Beziehung und Deutung. In Reinelt, T., Datler, W. (Hrsg.): Beziehung und Deutung im psychotherapeutischen Prozeß aus der Sicht verschiedener therapeutischer Schulen. Berlin, Heidelberg, New York, 1989, S. 307–312.
Duden, Band 7: Das Herkunftswörterbuch. Mannheim, Bibliographisches Institut 2. Auflage 1989.
Fuchs, M.: Funktionelle Entspannung. Theorie und Praxis einer organismischen Entspannung über den rhythmisierten Atem. Stuttgart, Hippokrates, 4. Auflage 1989.
Gerber, G.: Gesundheit – Krankheit. Ein Beitrag zur Rehabilitationspädagogik. In Wintersberger B. (Hrsg.): Ist Gesundheit erlernbar? Wien, WUV-Verlag 1991, S. 221–243.
- Beziehung und Deutung im Katathymen Bilderleben. In Reinelt, T., Datler, W. (Hrsg.): Beziehung und Deutung im psychotherapeutischen Prozeß aus der Sicht verschiedener therapeutischer Schulen. Berlin, Heidelberg, New York, Springer 1989, S. 346–348.

Groddeck, G.: Krankheit als Symbol. Frankfurt/M., Fischer 1984.

Horn G.: Selbsterfahrung des Therapeuten durch Regression in das Kindes- und Jugend-
alter. In Leuner, H. C., Horn, G., Klessmann, E. (Hrsg.): Katathymes Bilderleben mit
Kindern und Jugendlichen. München/Basel, Reinhardt 1990.

Leuner, H.: Lehrbuch des Katathymen Bilderlebens. Bern, Stuttgart, Huber 1985.

Montessori, M.: Die Entdeckung des Kindes. Freiburg/Br., Herder, 6. Aufl. 1980.

Reinelt, T.: Mensch und Sexualität. Entwicklung und Fehlentwicklung aus interdisziplinärer
Sicht. Berlin, Heidelberg, New York, Springer 1989.

– Gerber, G.: Der Beitrag der Funktionellen Entspannung zur Analyse und zum Wandel
des Lebensstils. Zeitschrift für Individualpsychologie, 16. Jg., 125–129 (1991).

– – Die Bedeutung von Spüren, Fühlen, Denken für die Theorie, Lehre und Praxis der
Sonder- und Heilpädagogik. Fachzeitschrift d. Österr. Ges. f. Sonder- und Heilpädagogik, 9–15 (1985).

Rossmanith, S., Frischenschlager, O. (Hrsg.): Wege zu einer neuen Medizin. Wien,
Facultas 1989. S.113.

Schultz, I. H.: Das Autogene Training. Stuttgart, Thieme 1971.

Watzlawick, P.: Wie wirklich ist die Wirklichkeit? München, Piper 1976.

Wintersberger, B. (Hrsg.): Ist Gesundheit erlernbar? Wien, WUV-Universitätsverlag 1991.

Das Eggenburger Modell
Begegnung und Beziehung als Therapie

Von Friedrich Pesendorfer, Eggenburg

Als ich als junger Assistent des Gerichtsmedizinischen Institutes der Universität Wien meine ersten medizinischen Gehversuche machte und mich dann aus Gründen der besseren Begutachtertätigkeit in die Turnusausbildung begab, konnte ich nicht ahnen, daß auch diese Zeit für meinen Weg in die Psychosomatik von großer Wichtigkeit sein sollte. Ich begegnete dort sozusagen dem „anderen Ende" der Medizin, das für mich wenig Lebendiges, wenig Erfreuliches (sieht man vom „reinen wissenschaftlichen Betrieb" und vom „Erfolg" ab), wenig Heilendes bot. Hier habe ich eben die Begrenzungen, das Endliche, das Verzweifelt-Verstrickte, das Tödliche, das Kriminelle menschlicher Existenz erfahren – und dafür bin ich heute dankbar.

Seither sind fast 25 Jahre vergangen und ich habe am Gegenpol Stellung bezogen. In der Ausbildung zum praktischen Arzt und zum Facharzt für Innere Medizin habe ich meine Mängel und meine Unzufriedenheit kennengelernt in einem System, das sich zwar bemüht, aber dem Kranken sehr einseitig begegnet war. So machte ich mich bald auf und suchte Menschen, die mich auf den anderen, ganzheitlichen Weg führen sollten. Und ich fand sie auch.

Ich lernte damals auch, daß die Begegnung mit diesen Menschen allein nicht genügte. Ich mußte einsteigen und all das, was ich den kranken Menschen um mich geben wollte, in mühsamer Arbeit an mir selbst erfahren, erlernen, erfühlen. Ich mußte auch hier nach anfänglicher Euphorie Begrenzungen, Enttäuschungen und Niederlagen in fachlicher und menschlicher Hinsicht ertragen.

So begann ich vor fast 15 Jahren in Eggenburg meine psychosomatische Arbeit. Eine große Abteilung in einem kleinen Krankenhaus. Voller Illusionen, mit Enthusiasmus, unerfahren und doch das Gespür für das Richtige. Ich begegnete dem unvoreingenommenen Kranken, einem willigen, unverdorbenen Personal, Kollegen, die verunsichert waren usw. Ich fand mich plötzlich in einer politischen Szene, deren Vertreter rasch „positive Zahlen" sehen wollten, die mich unterstützten, aber auch bremsten, zum Teil berechtigt, zum Teil engstirnig …

Medizin betreiben mit dem Instrument der Begegnung? Das war neu. Und ich mußte mir – auch von Kollegen – große Skepsis, zum Teil auch direkte Ablehnung gefallen lassen.

Ich begann das Gespräch mit den Patienten und den Mitarbeitern. Bald war ich an der Leistungsgrenze angelangt. So errichtete ich mit Hilfe der Caritas eine Lebensberatungsstelle im Krankenhaus, die nun mit einem Psychologen, einem

Sozialarbeiter, einem Juristen, einem Priester und mir als Arzt nun viel mehr abdecken konnte an notwendigsten Dingen – wie Alkoholikerbetreuung – einzeln und in Gruppen –, das Erheben biographischer Anamnesen, Psychotherapie, sozial dringend zu lösende Probleme, z. B. Arbeitsplatzsuche, Wohnungsvermittlung, finanzielle und rechtliche Nöte und Sorgen. Freilich, einmal in der Woche eine Beratungsstunde oder Therapie, das wurde bald zu wenig. So entstand die Idee einer Tagesklinik.

Zur gleichen Zeit, als die Beratungsstelle eingerichtet wurde, begann ich das Experiment einer Balint-Gruppe für praktische Ärzte in Eggenburg. Ich hatte bei W. Stucke, 1. Vorsitzender der Allgemeinen Ärztlichen Gesellschaft für Psychotherapie in Deutschland, bei G. Bartl, 1. Vorsitzender der Österreichischen Gesellschaft für Autogenes Training und Allgemeine Psychotherapie, bei W. Wesiack, Vorstand des Institutes für medizinische Psychologie und Psychotherapie in Innsbruck, bei K. H. Rechenberger, Leiter einer Psychotherapeutischen Klinik in Düsseldorf, sowie bei Luban-Plozza, dem unermüdlichen Veranstalter der Balint-Treffen in Ascona, erlernt, wie diese Art der Begegnung in einer Gruppe geeignet ist, psychosomatisches, aber auch psychotherapeutisches Denken zu vermitteln. So wagte ich den Sprung. Ich war ja weit weg von einem stützenden Vater. Heute, nach 15 Jahren Balint-Arbeit in Eggenburg, weiß ich, daß es sich gelohnt hat.

Ich begann aber auch mit einer Balint-Gruppe im Krankenhaus, zunächst gemeinsam mit Schwestern und Ärzten. Das mißlang. Die Ursache dafür war darin zu suchen, daß trotz bestem Bemühen die Kluft zwischen dem Arzt und der Schwester damals noch zu groß war; die Schwestern den Ärzten „Arroganz", „unverständliche Sprache" sowie Unverständnis mit den Problemen des Pflegepersonals vorwarfen … So mußte ich mit den Ärzten allein weiterarbeiten.

Zugleich führte ich eine Gruppe „balintoid" mit den Mitarbeitern des „Jonathan", das war und ist das (Tages-)Zentrum für körperliche und seelische Rehabilitation Eggenburg, in dem wir damals Alte und Behinderte, Alkoholkranke sowie psychosomatisch Kranke behandelten. Ich hatte dieses Zentrum 1983 ins Leben gerufen mit folgender Idee: Wir beginnen die ganzheitliche Arbeit bereits im Krankenhaus am stationären Patienten. Als erstes war Motivationsarbeit zu leisten: der Patient sollte aufmerksam gemacht werden, daß seine Krankheit mit seinem Leben etwas zu tun hat in dem Sinne: Krankheit (und Gesundheit!!) ist nicht Zufall, sondern Ereignis, das mit meiner Vorgeschichte zu tun hat, das mit meiner jetzigen Situation zusammenhängt – nämlich in der Folge mein Leben zu überdenken und einen Wandel einzuleiten. Ein Ereignis, das auch meine Zukunft betrifft, insofern als meine Krankheit Sinn haben soll und mich zur Heilung führen will und kann.

In der Pionierzeit des „Jonathan" arbeiteten wir fast ein Jahr lang ohne Bezahlung. Wir, das waren eine Sozialarbeiterin, eine Musiktherapeutin, freiwillige Helfer aus der Stadt. Später kamen hinzu eine Ergo-Bewegungstherapeutin sowie ein Psychologe, eine Sekretärin und ein Kleinbus-Chauffeur. Ich war als ärztlicher Leiter tätig.

Neben dem Aspekt der Betreuung stationärer Patienten stand von Anfang an die Erst- und Weiterbetreuung im ambulanten Setting gleichwertig zur Verfügung. Wenn ein Patient sinnvoll „betreut" werden sollte, war es mit dem Krankenhausaufenthalt allein nicht getan! Besonders bei chronisch Kranken, wie eben Alkoholikern und „Psychosomatikern". Es mußte und muß also eine Weiterbehandlung nach dem Spital stattfinden. So entstanden ambulante Abstinenzgruppen, Psychotherapie-, Musiktherapie-, Bewegungstherapie-Gruppen und auch Einzel-Behandlungen. Ebenso für die stationären Patienten, deren Behandlungsangebot erweitert wurde durch tägliche Morgengruppen, Kreatives Gestalten, Gymnastik usw.

Die Arbeit im „Jonathan" war immer bedroht durch finanzielle Unsicherheit, die dadurch entstand, daß „man" (= Land, Gemeinde, Bund …) zwar das Projekt als Pioniertat, als einmalig, als nachahmenswert pries und das auch ehrlich meinte, aber bei der Finanzierungsfrage war „man" wesentlich zugeknöpfter und stiller … Daran hat sich bis heute nichts geändert. Ohne eine solche Art der übergreifenden-überlappenden Betreuung ist jedoch wirklich „integrierte Psychosomatik" nicht zu verwirklichen!

Ich hatte mir also viel vorgenommen! Unterstützt wurde ich durch Thure von Uexküll, dem Gründer und langjährigen Vorsitzenden des Deutschen Kollegium für Psychosomatische Medizin, der mich mit W. Wesiack und anderen Mitgliedern des DKPM zusammenführte und immer wieder ermunterte, den eingeschlagenen Weg und das vorgenommene Ziel weiterzuverfolgen! Auch half mir in jeder Not Günther Bartl, der mich zum Teil ausbildete, supervidierte, beriet und auch als Freund immer zur Seite stand. Ich lernte ihn bei einem Seminar kennen und war dabei, als er den 1. Vorsitzenden der Österreichischen Gesellschaft für Ärztliche Hypnose und Autogenes Training (später Öst. Ges. f. Autogenes Training und Allgemeine Psychotherapie) übernahm. Seither kämpfen wir immer noch mit vielen Gleichgesinnten für eine fundierte Psychotherapie-Ausbildung der Ärzte und Psychologen. Nach dem Inkrafttreten des unglückseligen Psychotherapiegesetzes ist dies alles zeitweise unerquicklich geworden.

Mit Peter Gathmann, der mich mit Erwin Ringel „zusammenbrachte", verband mich sehr früh eine enge Freundschaft, auch wenn wir – bis heute – in mehreren Fragen entgegengesetzter Meinung sind. Zu jener Zeit war er junger Assistent bei Ringel. Voller Enthusiasmus stürzten wir uns in „die Psychosomatik", die wir uns erst mühsam aneignen mußten. Aber wir halfen uns gegenseitig, wenn die Widerstände von außen und innen für einen zu groß wurden.

Nun zu den einzelnen Bereichen:

1. Begegnung im Krankenhaus

Der Grundgedanke lautet: *jeder* Patient ist ein „psychosomatischer"! Das heißt: sein Symptom, seine Krankheit, sein Leiden ist *immer* im gesamten Zusammenhang zu sehen – vom Somatisch-Organischen her, vom sogenannten Psychischen her, vom Sozialen her. Nicht, daß wir sofort der Frage nachgehen: ist dein Zustand psychogen? Diese Art des Umganges würde den Menschen, der meist mit einem „leiblichen" Schmerz zu uns kommt, verängstigen und verschrecken, ja verärgern. Wir betrachten und beachten das akute Symptom (z. B. Herzinfarkt, Lumboischialgie etc.), haben aber immer *auch* den psychologisch-sozialen Aspekt mit drinnen. Zum Beispiel: eine 25jährige Frau kommt wegen einer schweren asthmoiden Bronchitis nach einem Infekt. Beim Hausarzt wurden Medikamente verordnet, die angeblich nichts genützt hätten.

Es wird nun eine Therapie mit Antibiotika, Bronchodilatoren etc. eingeleitet. Gleichzeitig fragen wir, wie es der Patientin in der letzten Zeit gegangen ist und ob sie etwa schwerere Belastungen mitgemacht hätte. Sie zögert, und sagt nur, ihr zweijähriger Sohn habe eine Anal- und Rectum-Atresie gehabt und sehr viel mitmachen müssen (ihr eigenes Leid verschwieg sie zunächst). In der Folge erfuhren wir von der ungeheuren Belastung dieser jungen Frau, die seit der Geburt nicht eine Nacht durchgeschlafen hatte, fast ein ganzes Jahr mit dem Kind nur in Krankenhäusern verbringen mußte usw., usw.

Was Wunder, wenn diese Frau einmal erschöpft ist und erkrankt. Und wie wohltuend war es für sie, diesen Ballast für einige Zeit jemandem anvertrauen zu können und vielleicht eine neue Art des Umganges mit ihrem schweren Los zu erlernen ... Ihre Ängste, zu ersticken und ihre Familie erst recht dadurch im Stich zu lassen, hatte sie nicht erwähnt ...

Die Diagnoseerhebung und die Therapiebehandlungen im ganzheitlichen Sinne sind also gleichzeitige Geschehnisse. Was bedeutet dies im klinischen Alltag? Beide Betrachtungsweisen – das Organisch-Leibliche und das Sozial-Seelische – sind immer gleichzeitig gegenwärtig bei Ärzten und Pflegern. Diese „integrative" Form des Umganges mit Patienten erfordert Kenntnisse im „schulmedizinisch-technischen Bereich" ebenso wie im „psychosozial-psychosomatisch-psychotherapeutischen Bereich". Das ist in einer normalen Internen Abteilung (noch) nicht möglich, da das Medizinstudium unseren Studenten (noch) zu wenig Ausbildung im zweiteren Bereich bietet und die postpromotionelle Ausbildung in diesen Themen erst anläuft. An meiner Abteilung begeben sich fast 90 Prozent der Turnus- und Assistenzärzte in eine Psychotherapieausbildung neben ihrer (Fach-)Arztausbildung. Sie erkennen rechtzeitig, daß der ganzheitliche Umgang mit dem Patienten sonst stückhaft und letztlich frustrierend ist (für Arzt und Patient!) Zugleich entstand das Gefühl: mit der Entlassung ist der Verlauf der Genesung sehr oft nicht abgeschlossen. Gerade die psychosomatisch-soziale Dimension bedarf noch weiterer Auseinandersetzung. Und so gründete ich letztlich den „Jonathan", ein (Tages-)Zentrum für körperliche und seelische Rehabilitation. Wir betreuten dort einerseits die auf der Internen Abteilung liegenden Patienten („integrierte Psychosomatik!"), andererseits die von dieser Abteilung entlassenen Menschen, sowie primär ambulante, die mit zunehmender Bekanntheit immer mehr zunehmen. Wir hatten also die Möglichkeit, den Kranken und Leidenden umfassender zu behandeln.

Um eine menschliche, humane (ich ringe mit den Worten! Welche Art der Begegnung hat sich denn im Laufe der Zeit in den Krankenhäusern eingenistet, daß man nicht einmal einen richtigen Ausdruck für die „richtige", „entsprechende Begegnung" in diesen Institutionen findet!), echte Begegnung zu gewährleisten, mußte die Visitenform geändert werden. Die gängige „Visite" mit weißen Mänteln, einem Rattenschwanz von Ärzten, Schwestern, Diät-Physiko-Assistentinnen usw., gespickt mit medizinischen Vokabeln, das Gespräch mehr untereinander als mit dem Patienten ... dies wurde von mir sehr bald abgeschafft. Vor der eigentlichen Visite findet eine sogenannte Sitzvisite statt. Hier werden sämtliche Befunde, offene Fragen der Diagnose und Therapie, selbstverständlich auch biographische, soziale und psychologisch-psychosomatische besprochen. Das Gespräch *über* den Patienten also! Dazu ergänzend findet einmal in der Woche früh morgens ein Gruppengespräch gemeinsam mit dem „Jonathan" statt unter dem Titel: „Der psychosomatische Patient". Im Mittelpunkt steht die gemeinsame Arbeit mit dem Patienten, die biographische Anamnese, Diagnose und Therapie aus ganzheitlicher Sicht.

Nach der Sitzvisite, bei der natürlich auch die Schwestern vertreten sind, gehen wir in die Krankenzimmer. Wir sitzen alle im Kreis und reden *mit* dem Patienten, oft in sehr persönlicher Form. Dabei klären wir ihn auch auf, oft mit Bleistift und Papier, immer unter Bedachtnahme auf seine speziellen Umstände und seine Lebensweise usw. Natürlich findet hier auch die Untersuchung durch den Chef statt. Sie hat ja nicht nur den bedeutungsvollen Aspekt der Kontrolle und Kompetenz in Richtung Ausbildung der Ärzte, sondern sie ist psychologisch auch für den Patienten von äußerster Wichtigkeit! *Jeder* Patient muß vom Chef untersucht werden, jeder von ihnen muß die Gelegenheit haben, von der obersten Au-torität gesehen, ge- und behört zu werden, wie auch befühlt und behandelt zu werden. Das gibt dem Patienten Vertrauen und Sicherheit, das gleiche gilt auch für Ärzte und Pflegepersonal! Im übrigen stimme ich mit Wesiack überein, daß die diagnostische Untersuchung ja bereits die erste therapeutische Handlung ist. Die Patienten eines Krankenzimmers verstehe ich immer gleichzeitig *auch* als „Gruppe". Nicht, daß wir immer eine psychotherapeutische Gruppe im Zimmer installieren – das wäre sicher eine Übertreibung und Überforderung der Patienten, aber sie geht in Richtung gemeinsames Erleben von Krankheit, Leid und Sterben, gemeinsames Ertragen von Angst, aus der ja viele Schwierigkeiten auf den Stationen entstehen …

Ein wichtiger Punkt ist auch der Umgang mit dem Tod: Sterben als Prozeß von Geburt an, ist nicht immer „Thema" auf Abteilungen. Wir bringen aber diesen Aspekt immer mit ein – allerdings in sehr unterschiedlicher Weise – „liebend". Bei schwer und chronisch Kranken, bei bald sterbenden Menschen, Krebskranken usw. führen wir das „Lebensgespräch", nicht Sterbegespräch, denn wir unterhalten uns übers Leben, und in ihm ist ja der Tod enthalten, über den Abschied, die Trennung, das Versöhnen.

Wir müssen das Wort Tod oder Krebs oft gar nicht aussprechen, wenn der Patient dies (vermeintlich) nicht „aushält", oft weiß und spürt er sehr genau, wie es um ihn steht. Wichtig ist, daß er sich verstanden und begleitet fühlt auf seinem schweren Weg. Man kann diese „Lebensgespräche" auch in der Gruppe führen, wenn der Kranke lieber in der Geborgenheit seines Zimmers reden möchte. Dies hat den Nutzen, daß viele Mitpatienten für sich etwas mitnehmen können. Ähnlich ist dies bei den Gruppengesprächen im Zimmer vor allem bei Suchtkranken.

Die Visite ist – wie das Essen – ein zentrales Ereignis im Leben eines Krankenhauspatienten. Daher müssen wir noch viel, viel mehr Wert auf diese Art der Begegnung legen und nicht die Dinge, die ohnedies „von selbst" ablaufen, so ins Zentrum rücken! Visite heißt Besuch, ein besonderes, persönliches Ereignis also!

2. Balint-Gruppe im Krankenhaus

Die Vermittlung eigenen psycho-somatischen Erlebens und Denkens, sowie der Versuch, *alle* Mitarbeiter in den ganzheitlichen-psycho-somatisch-sozialen Ablauf von Diagnose-Therapie-Annahme des Heilungsangebotes-Prozesses einzubinden, führte zur Gründung der ersten Balint-Gruppe im Krankenhaus. Daran waren unter meiner Leitung Ärzte der Internen und Chirurgischen Abteilung und Schwestern der Internen Abteilung beteiligt, später und kurzzeitig auch Ärzte aus anderen Krankenhäusern. Diese Gruppe hielt über fünf Jahre. Die Problematik: der Chef führt eine Balint-Gruppe, wurde von Anfang an gewußt, zuletzt aber auch geäußert und von mir sehr gefördert, so daß ein neuer Leiter gesucht wurde. Leider verließen nach einem Jahr alle Teilnehmer die Gruppe, da sie durch den Stil des Analytikers sehr irritiert wurden.

Die zweite Balint-Gruppe wurde mit den Mitarbeitern des „Jonathan" getrennt geführt. Hier wurde von Anfang an der Selbsterfahrung viel breiterer Raum gegeben, so daß öfter sehr ergreifende Situationen entstanden. Dies hinderte die Zusammenarbeit jedoch in keiner Weise, im Gegenteil, es entstand ein gutes Zusammengehörigkeitsgefühl. Diese Gruppe wurde nach dem Leiterwechsel der Ärztegruppe mit dieser zusammengelegt. Sie löste sich also auch mit ihr auf.

3. Balint-Gruppe mit praktischen Ärzten

1979 lud ich etwa 15 Praktische Ärzte der näheren und weiteren Umgebung von Eggenburg ein, mit mir eine Balint-Gruppe zu gestalten. Der Ablauf der Gruppe war von Beginn an etwas atypisch, was vielleicht auch für ihr langes Leben und auch die immer neuen Impulse aus der Gruppe verantwortlich ist.

Phase 1
Wir trafen uns – bis alle eingelangt waren – in meiner Wohnküche. Hier fanden die ersten – oft standes„politischen" – Gespräche statt. Hier wurde auch geraucht und gelegentlich ein Glas Wasser oder Bier getrunken. Um 21 Uhr begann dann die Sitzung. Nach meist 3–4 Stunden setzten wir uns wieder in der Wohnküche zusammen und diskutierten bei Brötchen, Bier und Wein oft bis in die späte Nacht. Man hat mir gelegentlich bei Vorträgen den Vorwurf der „Nicht-genügenden-Abstinenz" gemacht. Den kann ich gerne auf mich nehmen. Ich glaube, es ist wie bei den Patienten: den inneren notwendigen Abstand muß ich in jedem Falle wahren, aber selbst bestimmen. Mittlerweile sind ja aus dieser langen Gruppenarbeit Freundschaften entstanden, alle Mitglieder sind per Du – und trotzdem (eben deshalb?) geht die Arbeit zusammen sehr gut. In dieser Phase stellten wir als Gruppe in einer Ärzte-Fortbildung das Wesen der Balint-Arbeit vor.

Phase 2
Bei einem Treffen, das bei einem Arzt in seinem wunderbaren Mühlen-Haus stattfand, führten wir anläßlich der Gruppenarbeit ein Rollenspiel Arzt-Patient durch, das erstmals Selbsterfahrungs-Elemente in expliziter Form einbrachte. Von da an diskutierten und überlegten wir, ob wir nicht mehr Selbsterfahrung in der Gruppe erleben sollten. Das mündete dann in die Abhaltung eines Autogenen Trainingskurses-Grundstufe. Die Sitzungen wurden öfter durchgeführt (alle drei Wochen), die Abende selbst geteilt in AT und Balint-Arbeit. Dies verlängerte die Dauer natürlich. Erstaunlich war, daß die Gruppenmitglieder plötzlich sehr pünktlich und sehr regelmäßig kamen! Das gemütliche Beisammensein entfiel sehr oft ... Nach der Grundstufe begannen wir mit der Oberstufe. Das war natürlich ein etwas tiefer gehendes Ereignis, so daß die Gruppe innerlich einen

deutlichen Wandel vollzog. Ich spürte direkt leiblich den Wunsch und zugleich auch die Angst, sich wirklich mit-zu-teilen. Ich forcierte dies in keiner Weise. Im Gegenteil. Ich versuchte sehr behutsam, jedem Teilnehmer möglichst viel Raum vor seiner „Burg" zu geben.

Phase 3

Mitten in dieser Zeit begann ich im Rahmen der Ärztekammer gemeinsam mit dem Psy-Beirat, Curricula für die Erwerbung der Diplome „Arzt für psycho-soziale Medizin" und „Arzt für psycho-somatische Medizin" zu entwerfen. Nun merkte ich schon lange, daß ein großer Wissensdurst nach „psycho-somatischem Know-how" in der Luft lag. So schlug ich ein Experiment vor, nämlich: wir machen in der Gruppe die Theorie des Curriculums „Arzt für Psychosomatische Medizin"! Nach einiger Überlegung wurde dieses Angebot gerne angenommen.

Und da geschah für mich etwas sehr Eigenartiges: der Kollege, der am meisten dieses „Know-how" gefordert hatte, verließ die Gruppe mit der Erklärung: „Ich werde sowieso nie ein solches Diplom beanspruchen." Die Gruppe konnte ihn nicht überzeugen, daß es ja auch ohne Diplom ginge ... Nun mußten wir umstrukturieren. Einige in der Gruppe hatten ja schon längst mehr Straffheit verlangt. Nun, wir begannen mit einer Einführungsübung, geleitet von einem Arzt, der schon Erfahrung mit körperbezogenen Methoden hatte, dann folgte mein Vortrag (Thema Entwicklungspsychologie). Das Interessanteste waren die Gespräche dazu. Anschließend wurde noch „Balint" gemacht. Manchesmal tauschten wir, zuerst „Balint", dann Theorie.

Ich lud nun „meine" Gruppe zum ersten Psy-Wochenende ein, und mein Erstaunen war groß: alle kamen! Ich freute mich sehr, vor allem als ich sah, mit welcher Begeisterung sie mittaten. Da bei diesen Seminaren auch sehr viel Selbsterfahrung stattfindet, und einige davon sehr berührt waren, schlugen diese vor, im nächsten Jahr ähnliches in die Gruppensitzungen einzubauen. Und, falls wir uns darauf einlassen – und ich zweifle nicht daran –, dies wird dann die Phase 4 einleiten.

4. Balint-Gruppe mit Ärzten und Patienten

Vor 14 Jahren fand das 1. Psychosomatik-Symposion Eggenburg statt. Damals noch getragen von großen Vortragenden und Diskussionen. Sehr bald führte ich Gruppenarbeit ein. Da ich immer sehr interessiert war, daß Ärzte und Patienten miteinander reden, baute ich sie auch ins Miteinander-Reden ein. Wir schufen die Balint-Gruppe Arzt + Patient. (Für Arzt kann auch stehen Psychologe, für Patient auch Interessierter oder Betroffener.) „Das geht nicht gut!" sagten die einen; „Interessant!", die anderen. Mittlerweile sind acht Psychosomatik-Symposien über die Bühne gegangen. Beim letzten in Stift Altenburg wurden die meisten Psychotherapiemethoden vorgestellt und eben auch die Balint-Gruppe, aber nicht als Zur-Schau-Stellung, sondern als Erleben. Wie bei den vorherigen Gruppen dieser Art fiel folgendes auf: meist beginnt eine Patientin oder ein Patient. Die Ärzte oder Experten fallen anfangs durch Fremdworte auf, oder durch besonders rasche Deutungen. Das legt sich bald , da sich die meisten Patienten davon unbeeindruckt zeigen, im Gegenteil: manchesmal muß man achten, daß „Mitpatienten" nicht zu stark „deuten". Das Erstaunliche jedoch ist, mit welchem Ideenreichtum die Gruppen arbeiten, im aktuellen Geschehen ist plötzlich völlig unwichtig, wer Arzt ist oder Patient. Die gemeinsame Lösung ist das Zentrum. Auch wenn Ärzte oder Experten sich mit einer Geschichte einbringen, haben die Patienten keine Scheu, an diesem „Fall" mitzuarbeiten und ihre Einfälle zu sagen. Freilich sorge ich immer auch dafür, daß ein gewisser Teil an Selbsterfahrung mit dabei ist, damit die Gruppe nicht nur „redet" oder „deutet".

Der Spiegel, den sich die Gruppenmitglieder gegenseitig vorhalten, ist das entscheidende Moment. Die Erfahrung, die ich mache, wenn mir ein Patient seine Leidensgeschichte – oft nicht ohne Vorwurf – erzählt, und ich jetzt aber nicht als sein Doktor mit Labor und Rezeptblock bewaffnet ihm gegenübersitze, sondern sozusagen incognito im Kreis oder neben ihm sitze. Ich bin plötzlich *auch* Patient, nicht nur Arzt; und der Patient ist plötzlich *auch* Arzt, nicht nur Patient. Und jetzt gibt es gar nichts anderes, als eine gemeinsame Sprache zu finden, sonst verstehen wir uns ja selbst nicht mehr! … Aber das will ja auch geübt sein, diese gemeinsame Sprache, das In-den-anderen-Hineinschlüpfen und ihn plötzlich erfühlen müssen! Dieser teilweise Rollentausch ist es, der diese Gruppen so spannend macht für jeden, der mittut.

Die Arbeit an den Psychosomatik-Symposien hat auch zu einer besonderen Art von Begegnung geführt. Ein Arbeitskreis zur Vorbereitung dieser Veranstaltung wurde geschaffen, der mehrheitlich aus Patienten besteht. 1990 wurde der Arbeitskreis in einen Verein für integrierte Psychosomatik Eggenburg (IPSE) umgewandelt. Dieser hat in vielen Sitzungen nicht nur das 8. Symposion organisiert, sondern auch ein Übergangswohnheim in Eggenburg für psychosomatisch Kranke geschaffen. Gemeinsame Arbeit Patient + Arzt!

5.Ausblick

Im Frühjahr 1991 wurde von der NÖ. Landesregierung der Beschluß gefaßt, das allg. öff. Krankenhaus Eggenburg in ein Sonderkrankenhaus für Innere Medizin mit Schwerpunkten Pulmologie und Psychosomatik umzuwandeln.

Noch vorher wurde per 31. 12. 1991 das Zentrum „Jonathan" wegen fehlender Geldmittel geschlossen. Das war für alle Beteiligten und Betroffenen, v. a.

Patienten, ein harter Schlag. Wir haben jedoch sofort ein Notprogramm erarbeitet, in dem alle Ärzte des Krankenhauses Eggenburg beteiligt sind, v. a. die der Internen Abteilung, die ja zumeist, wie erwähnt, in psychotherapeutischer Ausbildung stehen bzw. diese auch schon abgeschlossen haben. Es finden also täglich Patientengruppen statt, mehrmals in der Woche ausgesprochene Psychotherapie-Gruppen, Einzelgespräche, Bewegungstherapie, Jogging und Abstinenzgruppen. Daneben finden auch Gruppen im Übergangswohnheim statt, die nunmehr von dem Team dort selbt übernommen worden sind (Psychologen, Sozialarbeiter). Im Krankenhaus führt dies natürlich zu einer enormen Mehr-Belastung der Ärzte, und es stellt eine Art Nagelprobe für ein Experiment dar, das allgemein bewundert, dennoch geschlossen werden mußte. Wir sind nun im Versuch, ähnliche Projekte auf die Beine zu stellen, die jedoch eine Umstrukturierung des Teams zur Folge haben werden.

In allernächster Zeit forciert die Landesregierung die Idee, die Mitarbeiter, die im „Jonathan" arbeiten könnten, in das Krankenhaus zu integrieren, nämlich in eine psychosomatische Ambulanz, die dann als eigene „Station" ambulante und stationäre Aufgaben wahrzunehmen hätte. Da die Vernetzung zwischen Interner Abteilung, pulmologischem und psychosomatischem Department incl. Kinder, eine sehr attraktive Aufgabe darstellt, wird sich dieses Modell als eine neue Form disziplinärer Zusammenarbeit im Krankenhaus etablieren.

Zusammenfassung

Das Eggenburger Modell versucht, einen integrativen Ansatz im Krankenhaus durchzuführen. Die Krankheit ist immer eine psychosomatische, und zwar jede. Dem gerecht zu werden wurde die Arbeit verändert – die Visiten, das Erheben biographischer Anamnesen, Lebensgespräche mit Schwerstkranken und Sterbenden, das Zentrum „Jonathan" wurde vor acht Jahren gegründet und ist wesentlich am Aufbau einer integrativen Psychosomatik in Eggenburg beteiligt. Die Balint-Gruppen-Arbeit im Krankenhaus, mit dem „Jonathan" und mit niedergelassenen Ärzten wird geschildert. Die verschiedenen Entwicklungsphasen der Ärzte-Gruppe zeigt, daß die „klassische" Balint-Gruppen-Arbeit seit Jahren modifiziert wurde und noch immer wird. Im Rahmen der Psychosomatik-Symposien Eggenburg wird seit Jahren eine Balint-Gruppe Ärzte + Patienten durchgeführt, die die gemeinsame Sprache und das gegenseitige Sich-Einfühlen fördert. Die Schwierigkeiten, eine integriert-psychosomatische Institution zu etablieren und am Leben zu erhalten, wird am Zentrum „Jonathan" aufgezeigt, allerdings auch ein Ausblick, wie eine neustrukturierte, interdisziplinäre Zusammenarbeit in einem Krankenhaus organisiert werden könnte.

Literatur

Balint, M.: Der Arzt, sein Patient und die Krankheit. Berlin, De Gruyter 1980.

Bartl, G.: Diagnose und Therapie psychosomatischer Erkrankungen in der Allgemeinpraxis. Ärztliche Praxis und Psychotherapie, 4. Wien, Literas 1981.

Pesendorfer, F.: Der psychosomatisch Kranke und seine Behandlung. Wien, Literas 1991.

Uexküll, Th. v.: Psychosomatische Medizin. München-Wien, Urban & Schwarzenberg 1990.

Wesiack, W.: Psychoanalyse und praktische Medizin. Stuttgart, Klett-Cotta 1980.

Zabransky, D., Pesendorfer, F.: Modell eines Tageszentrums für körperliche und seelische Rehabilitation. 1. Teil: Ein Jahr Erfahrungen im Eggenburger Tageszentrum „Jonathan". Ärztliche Praxis und Psychotherapie 4. Wien, Literas 1985.

Weitere Wege im Kontext der dialogischen Therapie

Die Krankheit, die Angst und der Arzt

am Beispiel von Neurologie und Neuro-Rehabilitation

Von Gerhard S. Barolin, Rankweil

Vorbemerkung

1. Die Villacher „Abteilung für Neurologie und Psychosomatik" hat zu einer Tagung mit dem Thema „Angst" eingeladen. Hier zeigt sich insofern ein (wie wir glauben) fortschrittliches Konzept, als nämlich die betreffende Abteilung unseres Wissens die einzige jener „Doppel-Widmung" im deutschen Sprachraum ist. Es wird damit entgegen einem allgemeinen Separatistentum in der Medizin vermehrt wiederum **der integrative Ansatz** in die Medizin eingebracht. – So wichtig das Spezialistentum einerseits zur wissenschaftlichen Vertiefung und Ausbau des Faches ist, so wichtig ist es gleichzeitig, den integrativen Ansatz nicht zu verlieren, denn nur dieser kann patientengerecht sein.

Eine ähnliche Wegweiserfunktion glauben wir unserem Neuro-Rehabilitationsinstitut zusprechen zu dürfen. Denn auch für Neurorehabilitation gibt es bis dato keine direkt dafür gewidmete wissenschaftliche respektive universitäre Institution im deutschen Sprachraum*, und auch dabei spielt der integrative Ansatz eine wesentliche Rolle. Wir meinen damit das Erfassen des ganzen Menschen mit seinen Stimmungen und Verstimmungen, mit seinem sozialen Umfeld etc. (Tabelle 1). Unsere Beteiligung an der Tagung will somit auch eine gewisse Sinnesverwandtschaft anzeigen, die nicht zuletzt auf langjährige ersprießliche Zusammenarbeit zurückgeht.

2. Wenn im folgenden von konkreten Behandlungsstrategien die Rede sein wird, so wird ein maßgeblicher Teil davon psychotherapeutische Dimensionen betreffen. Es wird hiermit einmal mehr klargestellt, daß **Psychotherapie auch in der Behandlung körperlicher Störungen** einen maßgeblichen Anteil hat.

Dies muß um so mehr betont werden, da wir leider in Österreich kürzlich ein Psychotherapie-Gesetz übergestülpt erhalten haben, welches die Psychotherapie ausschließlich für „psychosoziale Störungen" reserviert und damit eigentlich die Anwendung für körperliche Störungen ausschließen würde.

---

* Inzwischen erfolgte eine Neugründung an der Wiener med. Fakultät.

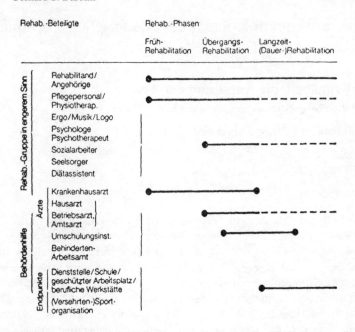

Tabelle 1. Die Anerkenntnis der von uns sogenannten „großen Rehabilitations-Gruppe" ergibt folgendes:

1. Kommunikative Zusammenarbeit (Vorleben statt Anordnen).
2. Kontinuität in den überlappenden Bereichen
3. Kenntnis des phasenspezifischen Einsatzes führt zur Optimierung.

Psychotherapie heißt jedoch bekanntlich „Therapie mit psychischen Mitteln", keineswegs jedoch Therapie der Psyche. Ebenso wie Hydrotherapie ja heißt, mittels Wasser zu behandeln, nicht etwa das Wasser. Anläßlich der aufgezeigten Fehlentwicklungen (daß es sich dabei um Fehlentwicklungen handelt, wird unter anderem in den folgenden Ausführungen noch klarer werden) scheint es leider notwendig, diese altbekannten Banalitäten, welche wir seit Jahrzehnten im akademischen Unterricht zu vermitteln versuchen, neuerlich auch im Wissenschaftsraum in Erinnerung zu bringen.

Begleitdepression

Es gibt zwar (wie wir folgend noch zeigen können) Angst isoliert und in verschiedenen Zusammenhängen. Ein Hauptzusammenhang besteht jedoch klinisch mit Depressivität, deren eines Kardinalsymptom die Angst ja bekanntlich darstellt.

Wir haben den **plakativen Ausdruck der Begleitdepression** geprägt, welcher das Zusammentreffen von körperlicher Erkrankung mit Depressivität aufzeigt und damit sich ebenfalls wiederum gegen ein patientenabträgliches Konzept des „Entweder-Oder" wendet, daß man nämlich entweder (nur isoliert-psychiatrisch) die Depressivität erkennt und angeht, oder (isoliert-neurologisch) nur die körperliche Erkrankung erkennt und angeht. Der Mensch mit seinem Beschwerdenkomplex sollte vielmehr integrativ und nicht separatistisch angegangen werden.

Tabelle 2 zeigt, daß sich derartige Begleitdepressionen besonders im chronischen und geriatrischen Krankengut finden, somit besonders im neurologischen Bereich, dort wieder mit Betonung im Bereich der Zerebralschädigung. Will man nach der Kielholzschen Nosologie einteilen, kann man ein **Zusammenwirken von psychoreaktiven und somatogenen Faktoren** in der Entstehung solcher Depressivität bei körperlich Kranken annehmen. Die dritte Möglichkeit der Ausklinkung einer endogenen Phase kommt in Ausnahmefällen in Frage. Häufiger wird man eine gewisse **endogene Prädisposition** zum depressiven Reagieren annehmen können.

Neben der Neurologie sind Innere und Orthopädie (die viel mit älteren und chronischen Patienten zu tun haben) ein Hauptgebiet für die Begleitdepression.

Es sollte besonders hervorgehoben werden, daß die Schwere des Krankheitsbildes bezüglich Depressions-Auftreten weniger eine Rolle spielt als das höhere **Lebensalter und die Chronizität.** Auf den Akutabteilungen (HNO, Augen, Unfall), wo Patienten mit akutem Extremitätenverlust oder akutem Verlust der Sinnesqualitäten liegen, sehen wir zwar fallweise Kurzschluß- und Panikreaktionen, aber wesentlich seltener die angesprochene Begleitdepression.

```
"BEGLEITDEPRESSION": DEPRESSIVITÄT BEI KÖRPERLICHER ERKRANKUNG
(INSBESONDERE WICHTIG: "REHABILITATIONS-HOSPITALISMUS")
```

ALLGEMEIN-VERTEILUNG	IN DER NEUROLOGIE
NEUROLOGISCHE ABTEILUNG	APOPLEXIE (N = 200) 30 %
(65 BETTEN + AMB. 1200/J)......20 %	KOPFSCHMERZ(N = 544) 24 %
STATIONÄR > AMBULANT	RADIKULÄRE (N = 197) 16 %
INTERNE ABTEILUNG (62 BETTEN)..14 %	MS (N = 70) 30 %
(+ HNO, AUGEN, CHIR., GYN., ETC.)	
"SCHWERE D. ERKRANKUNG" IRRELEVANT	
CHRONISCH > AKUT	

Tabelle 2. Der unsererseits in die Literatur eingeführte Ausdruck „Begleitdepression" will plakativ darauf hinweisen, daß Depressivität und körperliche Krankheit kein Entweder-Oder, sondern viel öfter ein Sowohl-Als-auch sind. Besonders betroffen ist das neurologische und neuro-rehabilitative Krankengut mit Schwergewicht auf zerebralen und chronifiziert-geriatrischen Patienten.

Aus der Begleitdepression in unserem Rehabilitationskrankengut entsteht häufig das, was wir als **Rehabilitationshospitalismus** bezeichnet haben. Das heißt, der Patient entwickelt sich im Rehabilitationsprofil wesentlich schlechter als es seinen körperlichen Möglichkeiten entspricht.

Und was hat die Angst darin zu suchen? Das möge das folgende Beispiel illustrieren.

Ein 56jähriger Patient mit Rechts-Enzephalomalazie machte sehr schlechte Rehabilitationsfortschritte mit seiner Links-Hemiparese. Es bestand ein gleichgültig-depressives Psychosyndrom, auch ohne wesentliches Ansprechen auf Psychopharmaka. Er war mürrisch, machte bei der Physiotherapie nur widerwillig mit. Bei einer Visite berichtete der Stationspfleger, daß er gestern die Freundin des Patienten rasch in der Toilette hatte verstecken müssen, da die Gattin unerwartet zur selben Zeit kam.

So etwas kann man als pikante Anekdote abtun oder darauf reagieren. Für uns war es ein willkommener Einstieg zu intensivierten, recht konkreten psychotherapeutischen Gesprächen, bei denen sich herausstellte, daß der Patient seit vielen Jahren in einer nur mehr auf dem Papier bestehenden Ehe lebte. Seit Jahren konnte er mit seiner Freundin nur auf vielfachen Geschäftsreisen zusammensein. Er war nun überzeugt, nach seinem Schlaganfall nicht mehr reisen zu können und daher ausschließlich dem ungeliebten Heim ausgeliefert zu sein. Wir konnten ihm sagen, daß bei seiner Links-Hemiparese und bei guter Mitarbeit durchaus Chancen bestünden, daß er wieder selbständig werde reisen können (dies natürlich nicht nur als einzelnen Satz, sondern eingebettet in mehrere längere Gespräche). – Von da an arbeitete der Patient wie ein Berserker in der Physiotherapie mit und verließ uns 6 Wochen nach dem Zerebralinsult mit nur leichter Rest-Hemiparese ohne Stock gehend.

Hier mag auch klargestellt sein, daß wir es nicht für unsere Aufgabe und auch nicht für machbar erachteten, den seit über einem Jahrzehnt verfahrenen Ehe- und Familienkarren des Patienten jetzt etwa mit Mühe wieder zum Gehen zu bringen respektive weitschweifige familien- und einzeltherapeutische Verhaltensänderungen herbeiführen zu wollen. Wir glauben, daß zu einer rationellen Psychotherapie auch die Anerkenntnis des bestmöglich Machbaren und Durchführbaren gehört, und in diesem Sinne betrachten wir es als Erfolg, wenn wir durch klare Gespräche dem Patienten aus seiner Resignation und dem damit verbundenen Rehabilitationshospitalismus heraushalfen.

Hier hat es sich also um eine ganz rational begründete Angst gehandelt, Angst vor Verlust einer aufgebauten menschlichen Beziehung, Angst vor Unselbständigkeit. Die rationale Besprechung und „Wegargumentierung" der Angstverursachung konnte zum Heilungsprozeß wesentlich beitragen.

Verallgemeinernd ist dazu zu sagen, daß beim Rehabilitationspatienten relativ oft Zukunftsängste, Ängste vor Verunselbständigung, auch Sexualängste vorliegen. – Neben unseren Erfahrungen in der Neuro-Rehabilitation hat das Halhuber besonders für Herzrehabilitationspatienten mehrfach dargestellt. Solche Ängste können Teil einer Begleitdepression sein oder, wie im vorliegenden Beispiel gezeigt, sogar ihr Hauptinhalt.

Was kann man dagegen tun?

1. Die schon aufgezeigte, aufklärende Besprechung mit **klarer Prognose-stellung.**

In einer Podiumdiskussion mit Rehabilitationspatienten wurde uns Ärzten eindrücklich gesagt, daß eine möglichst klar und bald ausgesprochene Prognostizierung dasjenige ist, was der Rehabilitationspatient sich besonders wünscht. – Dementgegen stehen (leider) häufig schwammige beiläufige Auskunftserteilungen von Ärzten, die sich der Wichtigkeit ihrer diesbezüglichen Auskünfte für die gesamte psychische Verfassung des Patienten oft gar nicht bewußt werden. – Es gehört also zu derlei ärztlichen Gesprächen eine beträchtliche fachliche Kompetenz und genaue Überlegung.

2. Aber auch dort, wo wir nicht so klare „gute" Prognosen wie bei unserem Beispielsfall geben können, gibt das **empathische Sprechen** mit dem Patienten diesem häufig schon beträchtliche Erleichterung und Besserung.

3. Hat es sich im Vorgesagten um reale rational anzugehende Ängste gehandelt, so zeigt uns die Abbildung 1 die wesenlose Angst eines Depressiven (Kopfschmerzpatienten). Dabei wird man von einer Begleitdepression überwiegend endogener Prägung sprechen können und die Methode der Wahl wird die **Additivverabreichung rationell eingesetzter Antidepressiva** sein.

a) Hier wird ausdrücklich das Wort „rationell" gebraucht, denn es muß die Dosierung und die Dimension: Antriebssteigerung gegen müde machenden Effekt, gezielt angewandt werden (Abbildung 2).

b) Wir sprechen jedoch auch ausdrücklich von „Additivverabreichung", denn daneben hat die gezielte Behandlung auch auf allen anderen möglichen Ebenen – medikamentös und nicht medikamentös, psychotrop und somatotrop – weiterzugehen, um mit dem „integrativen Ansatz" an das für den Patienten optimale Ziel zu gelangen. – Vor allem auch keine Psychopharmaka als Gesprächsersatz!

Der unheilbar Kranke

Daß beim unheilbar Kranken eine Fülle von Ängsten mitspielen, liegt auf der Hand.

Hier sei betont, daß wir ausdrücklich vom Umgang mit unheilbar Kranken sprechen und den derzeit in der Literatur häufig vorkommenden Terminus „Umgang mit Sterbenden" ablehnen. Denn der ärztliche Umgang und die Befassung mit der Problematik des unheilbar Kranken hat natürlich lang vor dem Sterbevorgang einzusetzen, das heißt, eigentlich beim ersten Arztkontakt überhaupt.

Tabelle 3 gibt die typische Phasengesetzmäßigkeit an, der praktisch jeder Patient mit unheilbarer Erkrankung unterliegt. Dieses Schema ist in Anlehnung an Kübler-Ross unsererseits aus der Erfahrung modifiziert, und es ist nur als didaktisches Gerüst aufzufassen. Die Phasen liegen teilweise gleichzeitig überlappend und/oder in fallweise chronologischem und antichronologischem Wechsel vor.

Abbildung 1. Neben realen Ängsten des Rehabilitations-Patienten spielen bei der Begleitdepression auch die wesenlosen irrationalen Ängste der überwiegend endogenen Depressionskomponente mit.

Was kann man dabei ärztlich tun?

- Wegrationalisieren kann man die begründeten Ängste sicher nicht.
- Soll man durch Psychopharmaka den Affekt dämpfen?
- Soll man biographisch orientierte therapeutische Gespräche führen, welche den Patienten über Wiedererleben früherer Zeiten Trost und Halt geben?
- Soll man die gegenwärtige Situation und die Familie mit ihm besprechen (etwa auch im Sinne der „Sinngebung", welche vor allem die Franklsche Logotherapie in den Vordergrund stellt)?

All das kann und soll Platz greifen, je nach Fall und Persönlichkeit (sowohl des Patienten als auch des Arztes). Wichtig ist jedoch, daß man sich

a) der Notwendigkeit derartiger psychotherapeutischer Zuwendung bewußt ist;
b) sich über die Phasengesetzmäßigkeit im klaren ist und den Patienten hilft, möglichst von einer in die nächste Phase überzutreten bis zur Akzeptanz und Strategienfindung.

Das unterscheidet sich grundlegend von einigen typischen Fehlverhalten im ärztlichen und pflegerischen Bereich, welche die schwere Situation einer unheilbaren Krankheit wesentlich verschärfen können.

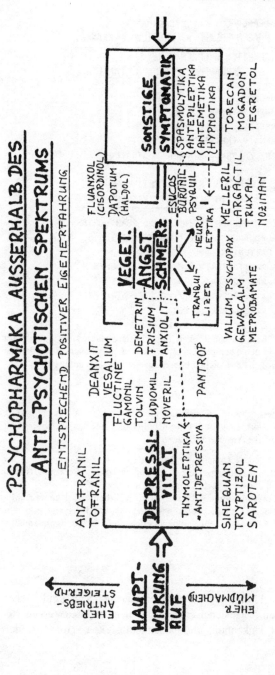

Abbildung 2. Unser an Zielsymptomen orientiertes Psychopharmaka-Schema will mehrlei aufweisen.

1. Antidepressiva sind am Zielsymptom der Depressivität zu orientieren, insbesondere sind nicht fälschlich statt dessen Tranquilizer zu geben (Abususgefahr).

2. Die Dimension Antriebssteigerung gegen müdmachenden Effekt soll gezielt eingesetzt werden.

3. Für Psychopharmaka und Gesprächstherapie gilt wiederum: Kein Entweder-Oder, sondern gezieltes Sowohl-Als-auch. Respektive: Psychopharmaka, die als Gesprächsersatz angewendet werden, sind mißbräuchlich verwendet.

```
PATIENT UND ANGEHÖRIGE GLEICHERMAßEN
TYPISCHER PHASENVERLAUF B. UNHEILB. ERKRANKG.
ALLE MÖGLICHKEITEN GEGEBEN VON:
VERMISCHG. U. ÜBERLAPPG./ ZEITL. U. INHALTL.
  1. VERLEUGNUNG
  2. AUSEINANDERSETZUNG
     A) AGGRESSIV
     B) REGRESSIV (MEIST DEPRESSIV)
  3. AKZEPTANZ / INHALTSFINDUNG / STRATEGIE

     DIE ROLLE DES ARZTES DABEI:
   EHRLICHKEIT + EMPATHIE + "POSITIVIEREN"
  1. GESPRÄCH MEHRFACH BEGINNEN UND BEANTWORTEN
     NICHT AUFDRÄNGEN / HOFFNUNG RELATIVIEREN
     A) MIT PATIENTEN:
        - WAHRHEIT (TAKTV.) / POS. HERVORHEBEN
     B) MIT ANGEHÖRIGEN:
        - NEGATIV-AUSWIRKG. / POSITIV-STRATEGIE
  2. ZUR BEGLEITUNG BEREIT SEIN
```

Tabelle 3. Es ist wichtig, die Gesetzmäßigkeit des Phasenverlaufes bei unheilbarer Erkrankung zu kennen und in den Therapieplan entsprechend einzubauen. Besonders zu betonen ist, daß die Angehörigen der gleichen Phasengesetzmäßigkeit unterworfen sind.

Den Begriff des „Positivierens" geben wir hier nur plakativ wieder. Wir haben ihn an anderer Stelle ausführlich erklärt. Es geht um die Möglichkeit, in allen auch scheinbar ausweglosen Situationen positive Aspekte aufzuzeigen.

1. Überhaupt nicht darüber reden, Gespräche mit dem Patienten scheuen.
2. „Die barmherzige Lüge": ihm Heilungschancen vorgaukeln, die es nicht gibt. Patient stürzt dann um so tiefer ab und verliert das Vertrauen zum Arzt.
3. Eine derbe und abrupte Konfrontation mit der schweren Wahrheit („Holzhammer-Methode"), ohne zusätzliche Gesprächshilfen anzubieten und ohne auf die erst langsam heranreifende Bereitschaft des Patienten (entsprechend aufgezeigter „Phasengesetzmäßigkeit") Rücksicht zu nehmen.

Die Angst des Arztes

Das Vorgesagte mag banal klingen, sollte es eigentlich auch sein. Leider sehen wir aber im medizinischen Alltagsleben einen weitgehend anderen Verlauf. Sowohl Zeitdruck, als auch Unkenntnis und Gedankenlosigkeit verhindern vielfach die ja so notwendige ärztliche Zuwendung. Es kommt aber noch etwas dazu, das ist nämlich die Angst des Arztes vor der Situation des unheilbar Kranken. Wie das?

1. Der Arzt fühlt seine (wie er meint) „Ohnmacht" dem schicksalhaft fortschreitenden Krankheitsverlauf bei unheilbarerer Erkrankung gegenüber.

2. Er kann dem „Heilungsanspruch", der ihm als Hauptmaxime anerzogen wurde, nicht entsprechen, wird daher mit seinem eigenen Versagen konfrontiert.

3. Häufig ist er auch in seiner eigenen Persönlichkeitsentwicklung weit entfernt davon, sich mit der Vergänglichkeit des Lebens (auch seines Lebens) auseinandergesetzt zu haben. Er ist ein Vorwärts-Strebender, Erfolgsorientierter und verdrängt weitgehend die Gedanken an die Vergänglichkeit.

All das macht Angst.

Dies wird durch ein **Ausbildungssystem** gefördert, welches den Heilungsanspruch für den Arzt in den Vordergrund stellt.

Im eigenen Wirkungsbereich versuchen wir hingegen, dem Studenten (und dann auch den Ärzten in der Fortbildung) immer wieder zu vermitteln: „Keiner von uns hat je ein Leben gerettet. Wozu wir jedoch da sind und was wir auch möglichst pflegen sollen, ist a) den Tod für unsere Patienten hinausschieben und b) die Zwischenzeit bis zum Tode möglichst zu optimieren." In einer derartigen Auffassung ist somit das **Begleiten bereits als klare Aufgabe deklariert,** eine Auffassung, die in unserem akademischen und postpromotionellen Ausbildungsgang sonst weitgehend fehlt.

Damit kommen wir zur wichtigen Frage einer **Verbesserung der Ausbildung und Fortbildung** nicht nur für die Ärzte, sondern überhaupt für alle Gesundheitsberufe. Wir plädieren dafür, daß eine **allgemeine Kommunikationsschulung** vom ersten Anbeginn des Studiums mehrstufig bis in die Fortbildung und Ausbildung ständig einstrahlen sollte. Diese Schulung hat auch den Umgang mit dem unheilbar Kranken zu beinhalten (neben dem Umgang miteinander und einer ganzen Menge anderer Punkte, auf die wir teilweise noch kurz eingehen).

Wir wenden uns damit jedoch ausdrücklich gegen das, was heute – in überschießendem Ausschwingen des Pendels nach der anderen Seite – teilweise als „Sterbeseminare" und ähnliches angeboten wird. Ebenso wie es falsch erscheint, die unheilbare Erkrankung und das Sterben aus der Ausbildung des Gesundheitsberufes völlig auszuschließen (siehe obige Gründe dafür), erscheint uns die isolierte Behandlung falsch. Teilweise haben wir bei derartigen Seminaren den Eindruck, daß sich eine merkwürdige Nekrophilie plötzlich entwickelt hat, während man sich vorher überhaupt gescheut hat, darüber zu reden.

Wir haben auch schon Negativausblühungen derartiger Seminare erlebt, wo dann Angehörige der Gesundheitsberufe statt eines behutsamen langsamen psychotherapeutisch gekonnten Drauflosgehens auf die Problematik die „Holzhammermethode" anwandten, dem Patienten (der sich noch in einer völlig anderen Phase befand) einfach sagten: „So ist es! finde dich ab damit!" und ähnliches.

Ängste bei Angehörigen

Es ist zu betonen, daß auch die Angehörigen durch eine analoge Phasengesetz-mäßigkeit **bei unheilbarer Erkrankung** durchgehen wie die Patienten selbst. Ärztlicherseits müssen wir

1. klarstellen, daß die Miterfassung der Angehörigen ein wesentlicher Faktor allgemein ist und
2. daß es dabei ebenfalls gewisse Gesetzmäßigkeiten und Erfahrungswerte gibt (siehe Tabelle 4).

Es mag erwähnt werden, daß in unserer Abteilung der ausdrückliche Auftrag an die mitarbeitenden Ärzte ergeht, sich fallweise innerhalb der Besuchszeiten ebenfalls auf den Stationen zu zeigen, ein bißchen zu beobachten, welcher Patient Angehörigenbesuch hat, welcher nicht, wie die ganze Atmosphäre ist etc.

Es steht das im Gegensatz zu einer weit verbreiteten Routine, daß der Krankenhausarzt in der Besuchszeit „flüchtet" (wiederum aus Ängsten, weil er nämlich Dinge gefragt wird, die er beim Patienten nicht weiß, weil es „nicht sein Patient" ist u. ä.).

Neben dem Gespräch mit den Angehörigen (fallweise Dreiecksgespräch mit Angehörigen und Patienten gemeinsam) ist die **Angehörigenschulung** ein ganz wesentliches Instrument zur Angstverminderung, damit besseren Akzeptanz des chronischen (Rehabilitations-)Patienten, somit ein zusätzlicher Heilungsfaktor.

Diese Angehörigenschulung gehört bei uns zur absoluten Routine im Übergang von der Krankenhauspflege zur Heimpflege. Die Angehörigen müssen vor unseren Augen (oder vor den Augen des Physiotherapeuten) die einzelnen heilgymnastischen Übungen, das Toilettentraining, die Hilfestellung beim Essen, das Aufsetzen, Wieder-Niedersetzen etc., etc. mit dem Patienten machen. Wir sehen davon folgende wesentliche Vorteile:

ANGEHÖRIGEN-PROBLEMATIK (IM THERAPEUTISCHEN
DREIECK MIT ARZT UND PATIENT), INSBESONDERE
IN DER REHABILITATION

1. ALLGEMEINE ABLEHNUNG GEGEN DEN PATIENTEN.
2. ÜBERPROTEKTIVITÄT
3. ÜBERHÖHTE ANFORDERUNGEN: "REIß DICH ZUSAMMEN!"
4. ÜBERSTARKER SELBSTVERSCHLEIß DER ANGEHÖRIGEN
   ⟶ "ZUSAMMENKLAPPEN".
5. ANGEHÖRIGENANGST UND UNWISSENHEIT ÜBER DIE NEUEN
   AUFGABEN ⟶ GEFÜHL DER ÜBERFORDERUNG.
6. IN ALL DIES HINEINSPIELEND MANIFESTE ODER LATENTE
   KONFLIKTSITUATIONEN.
7. TAUZIEHEN UM DEN PATIENTEN ("DIE ERBEN").

Tabelle 4. Die Einbeziehung des Angehörigen in den Therapie- und Rehabilitations-Plan des chronisch Kranken ist eine wesentliche Forderung, die in unserer heutigen Krankenhausroutine weitgehend vernachlässigt wird. Dazu gilt es auch, typische Reaktionsmuster zu kennen, sie gezielt anzusprechen und sie in die weiteren Strategien einzubeziehen.

1. Die schon angesprochene Entängstigung der Angehörigen, indem wir sie zu „Experten" machen.
2. Die Vorbereitung des heimischen Milieus.
3. Als positiver Nebeneffekt sollte nicht übersehen werden, daß damit die Angehörigen in der Besuchszeit auch etwas Vernünftiges mit dem Patienten zu tun haben, statt daß sie den (häufig sowieso übergewichtigen) Patienten aus Verlegenheit und Langeweile mit Cremeschnitten überfüttern.

Ängste der Ärzte im Umgang miteinander

Die Kommunikationsschulung der Ärzte (und der Gesundheitsberufe allgemein) hat sich – wie schon vorgesagt – keineswegs nur auf den Umgang mit den Patienten zu beziehen, sondern auch auf den Umgang miteinander.

Negativbeispiele aus der allgemeinen Krankenhausroutine:
– Der Oberarzt sagt bei der Visite: „Dieses Medikament würde ich nicht geben, aber er ist der Boß, also lassen wir es."
– Es wird prinzipiell bei der Oberarzt-Visite alles umgesetzt, was der Chef angesetzt hat.
– Es wird prinzipiell bei der Chef-Visite alles umgesetzt, was der Oberarzt angesetzt hat, unter Umständen mit abfälligen Bemerkungen über ihn.
– Das leider in manchen Abteilungen noch immer übliche Beschimpfen und Blamieren der nachgeordneten Ärzte durch ihre Vorgesetzten vor dem Patienten.
– Das Stehen am Bett des Patienten und Reden „über ihn", statt zu ihm.

Was hat das alles mit der Angst zu tun? Sehr viel, meine ich!

Der jüngere „nachgeordnete" Arzt hat gewisse Ängste vor seinem Vorgesetzten, der ja wesentlich die Karriere mitsteuert oder -behindert, versucht seine Ängste zu überkompensieren, seine Position mit ungeeigneten Mitteln zu festigen.

Der vorgesetzte „Chef" trägt seine Pensionierungs- und „Senioren-Ängste" (siehe noch folgend) in sich. Er sieht die junge Generation nachkommen, die teilweise in Spezialgebieten bereits wesentlich besser beschlagen ist als er selbst. Es herrschen Ängste, verdrängt zu werden und/oder daß man ihm Patienten wegnimmt. Wiederum werden ungeeignete Mittel zur Positions-Stärkung vor dem Patienten angewandt.

Beide übersehen, daß sie dabei dem Patienten unerhörte Ängste machen, denn dieser will sich ja auf seine behandelnden Ärzte verlassen können, und es sind ja beide, der Vorgesetzte und der Nachgeordnete, seine Behandler. Er befindet sich also wie zwischen den Mühlsteinen, und dann wird noch über ihn unverständlich hinweggeredet. Er schnappt ein bißchen etwas auf, einiges versteht er nicht, die Ängste werden erhöht.

Natürlich ist bei diesen diversen Fehlverhalten keineswegs nur die Angst als Motor anzusehen. Genannt seien: das Machtstreben, die Aggression aus Sympathie oder Antipathie etc. Aber auch bei dem, was in der analytischen Literatur als „Überkompensation" genannt wird, spielt bereits wieder die Angst eine große Rolle; und Angst (insbesondere natürlich die uneingestandene und unerkannte) hat in derartigen Fehlverhalten eine zentrale Position.

All das hier Gesagte gilt nicht nur für Ärzte, sondern hinsichtlich des gesamten Pflegepersonals und des medizinischen Assistenzpersonals. Denn es handelt sich ja um allgemein-menschliche Gesetzmäßigkeiten. Sie kommen jedoch durch die Besonderheit in der Arzt-Patienten-Beziehung und allgemeiner in der Regressionssituation des kranken Menschen besonders stark zum Tragen (siehe noch Folgeabschnitt „Begegnung und Gespräch").

Also neuerlich die dringende Forderung, diese Dinge in Fortbildung und Ausbildung im Sinne einer **Kommunikationsschulung und psychodynamischen Selbstreflexion** verstärkt anzugehen. Dazu bieten sich heute zwei wesentliche Instrumente an, nämlich

1. **Balint-Gruppen**, das sind Gruppen von im Gesundheitsberuf stehenden Menschen, die ihre beruflichen Probleme gemeinsam besprechen, dabei aber auch Selbstreflexion auf ihre eigene Psychodynamik vollziehen.

2. **Die psychodynamische Supervision** (ist insbesondere anläßlich der tragischen Vorfälle der Lainzer Patientenmorde erfreulicherweise mehr in den Vordergrund getreten). Das heißt: Es wird den Angehörigen der Gesundheitsberufe Gelegenheit gegeben, außerhalb der Hierarchie ihre Problematik einzeln oder in Gruppen zu besprechen.

Es sei ausdrücklich betont, daß diese beiden Möglichkeiten auch für Führungskräfte sehr zu empfehlen sind. – Das Problem dabei ist allerdings zumeist, daß es schwierig ist, außerhalb der Hierarchie und Konkurrenzsituation entsprechende Möglichkeiten zu schaffen.

Es ist evident, daß zwischen den beiden Prinzipien der Balint-Gruppe und der psychodynamischen Supervision fließende Übergänge bestehen. – Betont muß allerdings werden, daß für derartige Supervisortätigkeiten nur sehr qualifizierte, langjährig psychotherapeutisch Geschulte in Frage kommen sollten. Weder der Arzt direkt von der Schulbank, noch etwa der Psychologe direkt von der Schulbank ist dafür geeignet und ausgebildet. Insbesondere ist aber auch eine **„Supervision der Supervisoren"** dringend vonnöten, das heißt: auch diese sollten die Möglichkeit haben, die auftretenden Probleme in einer Gruppe miteinander aufzuarbeiten.

3. Bedarf es aber ausgesprochener **Schulung im Sinne von Lernen und Lehren.** Nicht alles ist nur psychodynamisch, in Selbstreflexion und in Selbsterfahrung zu „erfühlen". Es gilt, auch klare Gesetzmäßigkeiten (wie sie hier in einzelnen Problemkreisen angedeutet sind) einfach kennenzulernen, ja auswendig zu lernen, um sie dann in das eigene Verhalten einzubauen.

4. Es sollte jedoch auch **„Belohnung" (wir sagen Meritierung)** für kommunikatives Engagement im Krankenhausbetrieb gegeben sein. Das sei am Rande bemerkt. Es wurde unsererseits schon oft aufgezeigt, daß wir gegenteilig leider ein System haben, das derartiges Engagement eher zum zeitvergeudenden Privatvergnügen werden läßt, statt zu einer wesentlichen Leiter auch zu einer besseren Karriere.

PAT.-FRAGEBOGEN ⌐% IN └ 2 ERFAHRUNGEN →→→	ANSCHREI-BUNG 1984/85	SPONTAN-ABGABE 1987/88	1989 - 1991
RÜCKLAUFQUOTE	49 %	5 %	
POSITIV-BEWERTG. ÄRZTL. BETRG.	98 %	96 %	GLEICH
PFLEGE	100 %	93 %	
VERWALTUNG TRANSPORT	96 %	49 %	96 %
ESSEN			64 %

Abbildung 3. In mehrfachen Patientenbefragungen wurde uns bestätigt, daß die in unserer Abteilung gepflegte starke kommunikative Zuwendung (auch und insbesondere bei körperlicher Erkrankung) als ein stark entlastendes und zustandsverbesserndes Positivmerkmal empfunden wird. Daß das Essen eine sehr große Rolle in der Abteilungs-Beurteilung spielt (im Gegensatz zur ärztlichen Qualität, die von Patienten nicht bewertet werden kann) ist allen Insidern bekannt.

Wenn wir hier besonderen Wert auf die ständig gute Kommunikation (auch in Kleinigkeiten, siehe noch später) im Krankenhaus legen, so wurde uns das in drei Patientenbefragungen jeweils deutlich als richtig bescheinigt (Abb. 3). – Es wurde dort nämlich (neben der Güte des Essens – so ist der Mensch nun einmal) die ständige Gesprächsbereitschaft und das ständige gute kommunikative Klima von den Patienten als das zweitpositivste Merkmal hervorgehoben.

5. In einer derartigen Schulung muß auch die besondere **Wichtigkeit der scheinbaren Unwichtigkeiten** betont und gelehrt werden. Die Vorgabe von einfachen Verhaltensnormen und Ablaufschemata ist dazu nicht zu verachten, kann vielmehr hilfreich sein („Dienstanweisung", „Gutes Benehmen" – siehe noch Folgeabschnitt „Begegnung und Gespräch").

Ängste der Senioren

Wir haben zu den ersten gehört, die die systematische Seniorenpsychotherapie schon vor Jahrzehnten begonnen haben, als die „klassische" Psychotherapie noch auf dem Standpunkt stand: „Der Zug ist abgefahren, da kann die Psychotherapie nichts mehr leisten". – Inzwischen ist man erfreulicherweise auch in größeren Kreisen der Psychotherapeuten draufgekommen, daß das „hic et nunc" des Seniors genauso eine Problemsituation darstellt, wie etwa die Problemphase der Pubertät, der Partnerfindung etc.

TYPISCHE INVOLUTIONS-PROBLEMATIK

1. BERUFS-PROBLEMATIK
2. PENSIONS-PROBLEMATIK
3. DIE JÜNGERE GENERATION
   A) HERANWACHSEND
   B) VEREINSAMUNG
   C) SCHWIEGERKINDER

4. PARTNER-BEZIEHUNG
   ALLGEMEIN/SEXUELL
5. MULTIMORBIDITÄT
   LEBENS- (TODES-) ANGST

Tabelle 5. Die Involution als wesentliche lebenskritische Phase wurde erst in den letzten Jahrzehnten von der Psychotherapie „entdeckt". Wir waren unter den ersten, die sich damit systematisch befaßt haben. In vieljähriger systematischer Gruppenpsychotherapie mit Senioren haben sich die hier aufgezeigten Problemkreise als seniorenspezifisch abgezeichnet. – Auch für die einfache Gesprächsführung ist es wichtig, sie zu kennen und gezielt einzubeziehen.

In unseren psychotherapeutischen Erfahrungen hat sich eine spezielle „typische" Seniorenproblematik herauskristallisiert laut Tabelle 5. Dabei spielen Ängste eine wesentliche Rolle.

– Die Angst vor der eigenen Multimorbidität und Verunselbständigung.

– Die Angst im Beruf vor der nachdrängenden Jugend und gleichzeitig vor der eigenen zunehmenden Insuffizienz.

– Aber auch im familiären Bereich macht die nachdrängende Jugend gewaltige Ängste, – wie das?

Die *„böse Schwiegermutter"* ist zwar ein beliebtes Witzblatt-Sujet. Im Sinne besserer psychodynamischer Einsicht sollte man aber sehen, daß die betreffende „Bösigkeit" überwiegend eine Angstabwehr darstellt. Hier bricht in ein mühsam aufrechterhaltenes Familiengefüge plötzlich ein neuer junger Mensch von außen ein und nimmt noch dazu (es sind ja meistens die Mütter der Söhne die besonders „bösen" Schwiegermütter) den letzten Geliebten (Sohn) weg.

In unserem kleinräumigen Bundesland haben wir die Chance, häufig mehrere Generationen getrennt voneinander in Behandlung zu bekommen. Wir konnten mehrfach erfahren, daß durch unsere Gruppentherapie mit Senioren (siehe Tabelle 6) auch für die jüngere Generation ganz entscheidende Fortschritte auf indirektem Weg erzielt werden konnten.

Was geschieht in solchen Gruppen?

Wir können viel von der eigenen Gruppendynamik der Gruppenmitglieder lernen. Es wird nämlich kaum konfrontiert, kaum Hartes ausgesprochen, es wird sehr behutsam „empathisch mitschwingend" die Problematik der Gruppenmitglieder von den anderen Gruppenmitgliedern angesprochen. Selten werden direkte Ratschläge und Rezepte ausgearbeitet. Aber dieses mitfühlende, empathische Eingehen scheint ein wichtiger Faktor zu sein, der dem Senior in seinen „typischen Ängsten" wesentlich zu helfen in der Lage ist.

7 JAHRE GRUPPENTHERAPIE: JEWEILS 3 QUARTALE /GESCHLOS-
SENE GRUPPE / EINMAL WÖCHTL., 2 STD,,/ AT + ANALYT.GE-
SPRÄCH /ALTERNIERENDE FÜHRUNG,/PSYCHOGENE + SOMATOGENE

	ANZAHL	POSITIV	NEGATIV	ABBRUCH
MITTL. LEBENSALT.	63	47 %	7 %	47 %
SENIOREN	69	73 %*	8 %	20 %*

*STATISTISCH SIGNIFIKANTER UNTERSCHIED

Tabelle 6. Eine systematisch nachuntersuchte Psychotherapie-Serie zeigte besonders gutes Ansprechen der Senioren, dies trotz eines (verglichen mit jüngeren Patienten) wenig dramatisch, sondern eher konventionell anmutenden Therapieverlaufs.

Begegnung und Gespräch

Wir haben vordem schon mehrfach darauf hingewiesen, was an konkreten Verbesserungen der Situation möglich ist. Hier sei nochmals besonders die Begegnung im Gespräch besprochen.

Die vermehrte **Kommunikations- und Gesprächsschulung** sollte die Ausbildung jedes Angehörigen der Gesundheitsberufe von den ersten Anfängen bis zu den letzten Leitern der Karrieresprossen begleiten.

Die Abbildung 4 will schematisch die **Vielfach-Determination des Gespräches** zeigen. Diese ergibt sich besonders aus dem Rollenverständnis.

a) Der Patient begibt sich in eine kindhafte Regressionssituation mit daraus resultierenden Ängsten (zusätzlich zu den schon mitgebrachten Ängsten hinsichtlich seiner Erkrankung).

b) Der Arzt muß die Rolle des Führenden und „Übermächtigen" annehmen und als gegebenen Heilfaktor anwenden, ohne dabei in falsche Machtdünkel zu verfallen.

In dieser menschlichen Begegnung hat das Gespräch an sich drei wesentliche Dimensionen – auch entängstigende – nämlich

– die empathisch einhüllende, welche die nonverbale positive Zuwendung ergänzt,
– die informative,
– die zusätzlich mögliche Gesprächsdimension als Psychotherapie an sich.

Einige einfache Gestaltungsmöglichkeiten, auch im äußeren Rahmen, helfen diese Möglichkeiten zu optimieren.

WIRKFAKTOREN DES ARZT-PATIENTEN-GESPRÄCHS
VERBAL + NONVERBAL

PATIENT		ARZT
ERWARTUNG, VERTRAUEN/ MIßTRAUEN, ÜBERWERTUNG, ANGST, REGRESSION	PRIMÄR-VORGABEN (SITUATIV)	EMPATHIE + KOMPETENZ + METHODIK + ZEITDRUCK
EVT. POTENZIERT DURCH: WIEDERHOLUNG, ERSATZ, ETC.	"BEGEGNUNG"	CAVE "GEGENÜBERTRAGUNG"
A) GEBORGENHEIT DURCH ZUWENDUNG		A) EINFACHE MENSCHLICHE ZUWENDUNG (AUCH IM ADMINISTRAT.)
B) ENTÄNGSTIGUNG DURCH AUFKLÄRUNG	GESPRÄCH	B) INFORMATIONSVERMITTLUNG ("AUFKLÄRUNG")
C) PSYCHOTHERAPEUTISCHE DIMENSIONEN		C) THERAPEUTISCHES GESPRÄCH 1. KATALYSE V. AUSSPRECHEN ("KATHARSIS") UND BEWUßT-WERDEN ("ANALYTISCH") BEIM PATIENTEN 2. SUGGESTIV/AUTORITÄR

Abbildung 4. Das Arzt-Patienten-Gespräch ist von einer Reihe situativer und rollenspezifischer Vorgaben geprägt. Durch Unkenntnis dieser kommt es vielfach (in der klinischen Routine) zu Therapie-abträglichen „Mißverständnissen".

So ist es in unserer Abteilung Dienstanweisung, daß jeder aus unserer Arbeitsgruppe, **der den Patienten zuerst sieht, ihn sofort anspricht,** sei dies nun eine Hilfsschwester, ein Pfleger, ein Assistent oder der Primarius. Der Patient wird begrüßt, es wird ihm die Hand gegeben, es wird kurz gefragt, weshalb er kommt, es wird ihm dann mitgeteilt, daß dann und dann sich jemand um ihn näher bemühen würde, daß er aus dem und dem Grund noch etwas warten müsse oder ähnliches. – Wiederum scheint es sich hier um eine Banalität zu handeln.

Wie aber schaut es in der Realität aus?

Mit den Worten eines Patienten: „Der weiße Schwarm strömt ständig an einem vorbei, es wird weggeschaut, keiner kümmert sich um einen, man kommt sich ganz verloren und allein vor."

Das Sich-Vorstellen (einschließlich der ausgeübten Funktion) gehört ebenso wie das **Anklopfen**, wenn man in ein Zimmer hineingeht, unbedingt mit dazu.

Unmittelbar nach der ersten Untersuchung wird dem Patienten klar gesagt, was man von seinem Krankheitsbild hält, **was nun geplant ist** und wie etwa das weitere Programm im Krankenhaus aussehen wird.

Hier geht also die Dimension der „nonverbalen empathischen Kommunikation" in die **Dimension des „Informationsgespräches"** über.

Eine klare Information ist aber durchaus geeignet, einen wesentlichen entängstigenden Effekt zu haben. Und der Patient ist, wie gesagt, ja von vornherein in der kindhaften Regressionssituation plus Angst vor seiner Krankheit plus Angst vor dem neuen ungewohnten Krankenhaus in mehrfacher Angstsituation.

Hier wurde also eine Lanze für die **Wichtigkeit der scheinbaren Unwichtigkeiten** gebrochen.

Noch ein paar einfache Beispiele aus „banalen" Arzt-Patienten-Gesprächen zur Illustration.

Die Lumbalpunktion bei einem Patienten hat einen normalen Liquorbefund ergeben. Der Arzt kommt nun zur Visite und sagt dem Patienten: im Liquor war alles negativ. – Für den Patienten ist das natürlich eine „Negativ-Aussage". Wir pflegen zu sagen: „Ihre Lumbalpunktion hat erfreulicherweise für Sie gezeigt, daß Sie weder eine Entzündung noch eine Blutung des Gehirns haben. Sie sehen, wie wichtig es ist, daß wir das gemacht haben, denn wir können jetzt in eine andere Richtung behandeln und können Ihnen diese erfreuliche Mitteilung gleichzeitig machen."

Auch bei der Virologie (die bekanntlich in mehr als der Hälfte der Fälle keine relevanten positiven Befunde liefert) ist es besser, dem Patienten nicht zu sagen: „Es ist bei Ihnen alles negativ, wir wissen nicht genau, woher Ihre Erkrankung kommt" (wie uns das oft von Patienten aus anderem Mund berichtet wurde). Vielmehr sollte die Information ungefähr folgendermaßen lauten: „Eines ist sicher, Sie haben eine Virus-Meningo-Enzephalitis. Diese haben aber üblicherweise leichte Verläufe und sind gut zu behandeln. Ein besonders gefährliches Virus konnte bei der virologischen Untersuchung nicht nachgewiesen werden und ist daher auch unwahrscheinlich."

So wird versucht, dem Patienten jeweils zwar die Wahrheit zu sagen, aber eben das Positive herauszustreichen. Bei dem Gespräch mit dem unheilbar Kranken haben wir das besonders betont, es gilt aber im allgemeinen Gesprächsverhalten zwischen Arzt und Patient („Positivieren").

Gleichzeitig muß der Arzt sich aber auch über die **psychodynamischen Dimensionen** klar sein, die in seiner Begegnung mit dem Patienten (denn es ist mehr als nur ein Gespräch, es ist eine komplexe menschliche Begegnung) einfließen. Seine eigenen Sympathien und die des Patienten (analytisch gesprochen:

Übertragung und Gegenübertragung) können sehr wohl das wechselseitige Verhalten stark kontraproduktiv mitbeeinflussen.

Deswegen ist es ja nur mit Vorsicht durchzuführen, daß ein Arzt seine eigenen Anverwandten behandelt, denn aufgrund der positiven Übertragungssituation kann sehr leicht die Objektivität verlorengehen.

Ebenso kann aber ein primär unbewußt wirkendes Signal starke Antipathien zwischen Arzt und Patient auslösen, welche dann beziehungsstörend werden, wenn sie nicht durchschaut und damit rational aufgelöst oder zumindest durch eine gute Verhaltensschablone ausgeglichen werden.

Daß sich überdies aus unheilbarer Erkrankung mit ihrem Phasenverlauf sich unter Umständen Aggressionsphasen für den Patienten ergeben, wurde schon gesagt. Das kann zu unkontrollierten, unhöflichen, querulatorischen Verhaltensweisen des Patienten dem Arzt und Pflegepersonal gegenüber führen. Es soll dann aber auch als rein krankheitsbedingt erkannt und nicht mit Gegen-Aggression beantwortet werden. – Das heißt selbstverständlich wiederum nicht, daß man sich jedwede Grobheiten von unmanierlichen Patienten immer gefallen lassen muß. Aber es muß erkannt und unterschieden werden. Das wurde schon gesagt, sei hier noch einmal aufgezeigt, denn es ist besonders nötig, alle jene psychodynamischen Mechanismen gut zu kennen, um ihnen nicht zum Opfer zu fallen.

Das Wort einer „Verhaltensschablone" wurde schon gesagt, man kann es auch einfacher aussprechen, nämlich **„gute Manieren"**.

In unserer Progressiv-Plastik-Tele- und Konsumüberflutungsgesellschaft wird fallweise von der vorwärts stürmenden Jugend in überschießendem Elan manches an Kindern (und auch Eltern) mit dem Bade ausgegossen. Man sieht „das gute Benehmen" als eine leere, aus der Vergangenheit mitgeführte Hülse an, übersieht dabei, daß in derartigen Verhaltensschablonen sehr viele Sicherheitsfaktoren eingebaut sind, die überschießende und damit unter Umständen kontraproduktive Emotionalität abschirmen, damit auch entängstigend sind.

Denn ebenso wie unreflektierte und ausagierte Antipathie zwischen Arzt und Patient kann auch überstarkes menschliches Positiv-Engagement letztlich kontraproduktiv werden, dann nämlich, wenn dadurch der Arzt (zwangsläufig) irgendwann einmal frustriert wird, sich dann entweder wieder überstark aggressiv zurückzieht, oder sich in eine unmenschlich-überkalte „Jobmentalität" flüchtet etc., etc. Aber auch überstarke persönliche Attachierung des Patienten an den Arzt kann, wenn sie nicht planvoll durch diesen in Maßen gehalten und in erfüllbare Grenzen zurückgedämmt wird, zu schweren Enttäuschungserlebnissen und emotionalen Abstürzen des Patienten führen, weil gewisse überhöhte Erwartungen nicht erfüllt werden konnten.

Es geht also die hier angeführte Gesprächsschulung sehr wohl Hand in Hand mit psychodynamisch-relevanten Inhalten.

Die Möglichkeit des Einbaus in **Balint-Arbeit** wurde schon vordem erwähnt und mag aus dem hier Gesagten noch klarer in ihrer Wesentlichkeit aufgezeigt sein.

Das gezielte psychotherapeutisch ausgerichtete Gespräch ist keineswegs an den geschulten Psychotherapeuten gebunden. Vielmehr ist es in gewissen Basisbereichen Aufgabe aller Angehöriger der Gesundheitsberufe. Tabelle 7 zeigt das Schema aus unserer „Dienstanweisung" für sämtliche Ärzte. Teilweise kann damit bereits wesentliches Therapeutisches erreicht werden, teilweise kann damit der Weg für eine notwendige weiterführende und spezialisiertere Psychotherapie eröffnet werden.

Hypnoid-Therapie

An weiteren psychotherapeutischen Maßnahmen schätzen wir besonders die **organismischen Therapien** für die hier besprochenen körperlich Kranken. Unsere Erfahrung bezieht sich vor allem auf das Autogene Training und das respiratorische Feedback. Es geht aber weniger um die Methodenwahl, als darum, daß eine der Methoden überhaupt angewendet wird. Tabelle 8 zeigt unsere neurophysiologisch fundierte Auffassung der Wirkmechanismen bei dem, was auch anderweitig als „körperbezogene Therapien" bezeichnet wird.

Wir erachten die **Umschaltung ins Hypnoid und das dynamisierende Wieder-Auftauchen** daraus als die eigentlich wirksame Hauptkomponente. Die muskuläre Entspannung

PSYCHODYNAMISCH ORIENTIERTE BASIS-EXPLORATION

1. AKTUALPROBLEMAT.   5. FREIZEIT-GESTALTUNG
   ERKRANKG.,BEHINDG.   6. SEXUAL-SITUATION
   BESCHW., EREIGN.   7. BIOGRAPHISCHE DATEN
2. BERUFS-SITUATION   FAMILIE/ETHNISCHER
3. FAMILIEN-SITUATION   HINDERGRUND
4. WOHN-SITUATION

PSYCHOTHERAPEUTISCHES BASIS-GESPRÄCH
EHRLICHKEIT + EMPATHIE + "POSITIVIEREN"

1. KEINE RATSCHLÄGE GEBEN
2. ALTERNATIVEN DURCHSPRECHEN
3. EMPATHISCHE ZUWENDUNG OHNE WERTUNG /
   PARTEINAHME
4. EVENTUELLE SUIZIDALITÄT DIREKT ANSPRECHEN

Tabelle 7. Zur Schulung hinsichtlich „Wesentlichkeit der scheinbaren Unwesentlichkeiten" gehört neben einfachen Verhaltensmaximen des „guten Benehmens", simple Dienstanweisungen auch eine psychotherapeutisch orientierte Gesprächsschulung für jeden (auch nicht psychotherapeutisch spezialisierten) Angehörigen der Gesundheitsberufe. Das bringt an sich schon Gewinn für Optimierung der Arzt-Patienten-Beziehung, kann darüber hinaus den Weg für spezialisiertere Psychotherapie kanalisieren helfen.

WIRKKOMPONENTEN DER PSYCHOTHERAPIE MITTELS
HYPNOID (AT, HYPNOSE, RFB)
SOMATOTROP + PSYCHOTROP

---

1. MUSKULÄRE ENTSPANNUNG
   A) DIREKT-WIRKUNG
   B) SCHIENE ZUM HYPNOID

2. VEGETATIVE UMSCHALTUNG ZUM HYPNOID
   A) DIREKT-WIRKUNG
   B) FÖRDERUNG DER INTROSPEKTION
   "EMOT. INSIGHT"
   C) ERHÖHTE SUGGESTIBILITÄT

3. DYNAMISIERENDES ZURÜCKNEHMEN

4. GEZIELTE ORGAN-BEEINFLUSSUNG

5. EINBAU VERBAL-PSYCHOTHERAPEUT. INHALTE,
   INSBES. "FORMELHAFTE VORSATZ-BILDUNG"

Tabelle 8. Der hypnoide Zustand stellt einen Hauptfaktor bei einer Reihe von psychotherapeutischen Maßnahmen dar (wenn auch terminologisch – wie wir glauben zu Unrecht – die Entspannung in den Vordergrund gerückt wird. Diese sehen wir vielmehr hauptsächlich als Schiene zum Eintritt ins Hypnoid). – Gerade bei der körperlichen Erkrankung und insbesondere in der Rehabilitation haben die körperbezogenen (Psycho-)Therapien einen wesentlichen Angriffspunkt, der auch im Sinne der Angstminderung besonders hervorzuheben ist.

sehen wir vor allem als Weg zu diesem Zustand an. Es ist das deshalb zu betonen, da die betreffenden Therapien vielfach auch als „Entspannungstherapien" bezeichnet werden. Es wird sich wahrscheinlich dieser Ausdruck aus der Literatur nicht mehr verdrängen lassen, obwohl wir alle betreffenden Methoden lieber als „Hynoidtherapien" bezeichnen würden. Jedenfalls sollte aber klargestellt werden, daß die Entspannung daran keineswegs das Alleinige oder Wichtigste darstellt.

Angst als Therapie? Brauchen wir Autorität?

Man weiß, daß in Kriegs-, Kriegsgefangenen- und Konzentrationslagersituationen weit weniger Psychosomatosen und Neurosen zum Ausdruck kamen als in einer saturierten sozial abgesicherten Umgebung. – Ein psychotherapeutischer Kollege (dessen Name mir zwischenzeitlich entfallen ist) nahm Angstpatienten in seinem Sportflugzeug auf dem Rücksitz mit und machte mit ihnen Sturzflüge, um durch überstarke Angsterlebnisse und Auflösung dieser unter einer psychotherapeutischen Führung therapeutisch zu wirken.

Derartige Therapiemethoden können sicher nur als Ausnahmen gelten. Es ist auch nicht unsere Aufgabe, künstliche Kriegssituationen und künstliche KZ herzustellen, um durch größere Ängste die kleineren Ängste zu bekämpfen. Ebenso ist man ja auch in der Kindererziehung von den bedrohlichen Inhalten des Struwwelpeters und der Märchen als Erziehungsmethode weitgehend abgerückt.

Wir glauben also, daß Angst-Machen als Erziehungsmittel weitgehend abzulehnen ist, möchten aber gleichzeitig ausdrücken, daß dies nicht mit der Propagierung einer allgemeinen Disziplinlosigkeit und Grenzenauflösung verwechselt werden sollte. Ebenso wie die antiautoritäre Erziehung im Kindesalter gescheitert ist, muß man auch klarstellen, daß eine **überschießende Pseudodemokratisierung im Krankenhaussystem von Übel ist**. Es ist nämlich der Patient selbst, der sich eine straffe Führung unter einer klaren Linie wünscht und sich darein viel eher (und auch angstärmer) einfügt, als in ein unklares, zerrissenes System.

Wir haben unter diesem Aspekt schon darauf hingewiesen, daß pseudodemokratische Diskussionen am Krankenbett etwa über die Diagnose und über die weitere Therapie

a) mit Demokratie eigentlich nichts zu tun haben,
b) dem Wesen einer Arzt-Patienten-Beziehung widersprechen und letztlich für den Patienten angstvermehrend sein können.

Daß bei der systemimmanenten hierarchischen Führung trotzdem die **Meinungspluralität möglichst zur Geltung** kommen soll, dem kann dadurch Rechnung getragen werden, daß außerhalb Hörweite des Patienten alle Mitarbeiter mit dem Visitenführenden etwa offen ihre Überlegungen, Bedenken, Gegenargumente diskutieren können sollten.

Konklusion

Haben wir also die menschliche Angst als einen Hauptfeind zu sehen, sie allseits und überall zu bekämpfen, sollen wir uns das Ziel stecken, eine angstfreie Gesellschaft zu schaffen?

Schon in der Formulierung dieser Frage wird der Leser ersehen, daß wir sie mit „nein" beantworten wollen.

Die Angst ist sicherlich eine der grundlegenden menschlichen Seins-Dimensionen. Ein gewisses Maß an Angst muß wohl auch als das aufgefaßt werden, was Selye in seiner Streßtheorie als den „Eu-Streß" bezeichnet hat, also als ein Stimulans, welches in einem gewissen Maß notwendig ist, um unsere Geistesletztlich Lebensfunktionen in Gang zu halten. – Wer von uns (Schreiber dieser Zeilen oder Leser) würde tatsächlich ohne jede Rigorosenangst sich in den übergroßen Lernstoff, der uns im Medizinstudium verordnet wird, gestürzt haben? – Auch aus der gesamten Schulerfahrung weiß man, daß zwar die positive Motivation sehr wesentlich ist (und sicherlich in unserem derzeitigen Schul- und Studiensystem viel zu wenig ausgeprägt ist – das sei ausdrücklich vermerkt), daß aber ein gewisses Maß an „Muß" (und dieses verbindet sich mit Angst, falls es nicht erreicht wird) für den menschlichen Fortschritt unabdingbar ist.

Ebenso wie aber laut Selye ein überstarker Streß dann zum Dysstreß und zum gesundheitsschädlichen Streß wird, können wir sagen, daß es unsere Aufgabe ist, das Überschießen der Angst in Bereiche wo Schädlichkeiten daraus resultieren

a) zu erkennen und
b) nach Möglichkeit zu verhindern.

Es gilt dazu das gesamte komplexe ärztliche Wissen aufzubieten, nicht in einer Dimension befangen zu bleiben, es geht um Medikation, es geht um körperbezogene Behandlungen, es geht um psychodynamische Selbsterkenntnis und Kommunikationsschulung, letztlich plädieren wir auch für eine Renaissance des einfachen „guten Benehmens", welches viele Sicherheitsbarrieren gegen kontraproduktiv überschießende Affekte enthält.

Literatur beim Verfasser

Stationäre Psychotherapie im Jahre 2000

Die Klinik für psychoanalytisch-systemische Therapie

Von Peter Fürstenau, Düsseldorf

Ich möchte im folgenden den Leser dazu verführen, einen Blick in die Zukunft zu tun. Dabei soll es um die stationäre Psychotherapie im Jahre 2000 gehen. Ich möchte also über etwas sprechen, was es erst in Ansätzen gibt und von dem ich aufgrund eigener therapeutischer Erfahrungen, mancher Beobachtungen in Fortbildungszusammenhängen, vieler Beratungsgespräche in psychotherapeutisch orientierten Kliniken und einiger sozialwissenschaftlicher Informationen meine, daß es sich entwickeln wird, nämlich: die Klinik für psychoanalytisch-systemische Therapie. Dabei will ich nicht verhehlen, daß ich die Trends, die ich auszumachen meine, auch begrüße und mir im Interesse der vielen Patienten wünsche, daß die Entwicklung in diese Richtung geht.

Beginnen möchte ich damit, daß nach meiner Überzeugung viel zu wenig gesehen wird, welche Vorreiterfunktion die psychotherapeutischen Kliniken für unser Fach haben. Wir sind viel zu sehr gewohnt, Psychoanalyse und psychoanalytische Therapie nach den Modellen und Regularien der ambulanten Therapie zu sehen. Die stationäre Psychotherapie ist meiner Meinung nach fachlich in vieler Hinsicht der Entwicklung im ambulanten Bereich voraus. Sie hat ganz bestimmte besondere Chancen. Diese Chancen hängen damit zusammen, daß sie sich wichtigen Aspekten unseres Faches besonders widmet: Da ist zunächst einmal die Behandlung schwerer gestörter Patienten zu nennen. Es sind doch eben schwer gestörte, meist chronifizierte, zunehmend auch ältere Patienten, die zum Teil auch noch erfolglos vorbehandelt und häufig auch sozial oder kulturell in ungünstiger Lage sind, die durch die Teams der psychotherapeutischen Kliniken behandelt werden.

Eine weitere Vorreiterfunktion besteht darin, daß es sich bei der stationären Psychotherapie um eine zeitlich begrenzte Therapie handelt. Es ist eine besondere Herausforderung, in begrenzter Zeit therapeutisch erfolgreich zu sein. Verfahren und Konzeptionen einer kurzfristigen Psychotherapie entwickelt zu haben ist ein Verdienst der psychotherapeutisch arbeitenden Kliniken.

Weiter hat die psychotherapeutische Klinik die Chance, Patienten mit einem komplexen Behandlungsangebot zu helfen, was in der ambulanten Versorgung nach unserem ärztlichen Berufsrecht und dessen Regularien bisher nicht möglich ist, so daß man also eine sinnvolle Kombination verschiedener Behandlungsangebote, einen komplexen Behandlungsplan bisher nur im stationären oder teilstationären Bereich entwickeln kann. Daß hier also Körpertherapie, gestaltende, kreative Methoden, psychodramatische Methoden und vor allem Milieutherapie mit verbaler Psychotherapie und einer organmedizinischen Versorgung verbunden werden können, gibt der stationären psychotherapeutischen Behandlung besondere Bedeutung.

Hinzu kommt ein letzter Punkt: Die stationäre psychotherapeutische Behandlung ist ohne eine Reflexion auf die häusliche Lebenssituation der Patienten nicht möglich. Denn man will ja die Patienten auch wieder entlassen können. Und manche Patienten kann man bekanntlich schwer entlassen. Irgendwie muß sich also jede psychotherapeutische Klinik auch mit der familiären und beruflichen Situation des jeweiligen Patienten auseinandersetzen.

Sehr häufig werden diese besonderen fachlichen Chancen gerade der stationären Psychotherapie gar nicht angemessen gewürdigt.

Ich möchte nun kurz über verstärkte Herausforderungen etwas sagen, die mit gesellschaftlichen Trends in den nächsten Jahren zusammenhängen. Einmal wird die Frage nach der Effizienz von Psychotherapie, ob der Aufwand für die Therapie auch wirklich angemessen ist, sicher immer dringlicher gestellt werden – ein Punkt, der in der Psychoanalyse ziemlich diskret verhandelt wird. Im Gegensatz zum ambulanten Bereich, der durch eine Richtlinienpsychotherapie sehr eng geregelt ist und kaum Spielräume zuläßt, gibt es im stationären Bereich zunehmend Freiheit, verschiedene Behandlungsangebote und -kombinationen zu entwickeln und auszugestalten. Dadurch gibt es in diesem Bereich auch zunehmend Konkurrenz und die Verpflichtung, die Effizienz der eigenen Konzeption nachzuweisen. Dieser fachliche Konkurrenz- und Rechtfertigungsdruck wird sich verstärken. Dasselbe gilt für die von mir schon kurz angesprochene Patientenselektion: nicht leichte Fälle, sondern die genannten schwerer gestörten Patienten, Ältere und Menschen in ungünstigen sozialen und kulturellen Lagen (Minderheiten) werden zunehmend die Klientel psychotherapeutischer Kliniken bilden. Dabei werden ungünstige wirtschaftliche Bedingungen wie Arbeitslosigkeit und Frühberentung die Rehabilitation von psychogen Kranken weiter erschweren.

Es wird sich ferner der Zug zu dem verstärken, was die Soziologen „Individualisierung der Lebensverhältnisse" nennen. Damit ist gemeint, daß sich die gesellschaftlichen Muster und normativen Vorstellungen, wie ein Mensch leben soll und was gut und richtig ist, in Richtung auf eine große Mannigfaltigkeit individueller Lebensformen und Lebensweisen relativiert. Daraus resultieren schwierige Orientierungsprobleme für die Therapeuten, auf die sie sich in einer zunehmend multikulturellen und von ethnischen Minderheiten mitgeprägten Gesellschaft erst werden einstellen müssen.

Durch all dies wird der Effizienzdruck auf das Personal, nicht nur auf die Psychotherapeuten, sondern auf alle Berufsgruppen im Team zunehmen. Dabei bezieht sich Effizienz nicht nur auf die Ausübung der einzelnen Therapieangebote, sondern besonders auch auf die Kooperation aller mit allen. Denn eine Klinik steht und fällt ja damit, wie die Tätigkeiten der einzelnen Personalgruppen miteinander in Beziehung gesetzt und für die Behandlung der einzelnen Patienten wie der Patientengruppe integriert nutzbar gemacht werden. Das stellt bekanntlich hohe Anforderungen an die Mitarbeiter, die unmittelbar mit den Patienten umgehen, wie an das Leitungspersonal.

Auf dem Hintergrund all dieser Trends wird die Frage der fachlichen Orientierung für die psychotherapeutische Arbeit zu einem wichtigen Problem. Vor den organisatorischen Fragen sind zunächst die Aufgaben der fachlichen Orientierung und Konzeption zu lösen. Die Frage der fachlichen Orientierung wird zunehmend dadurch schwierig und prekär, daß sich immer mehr herausstellen wird, daß die Orientierung an den bisherigen ambulanten Psychotherapiemodellen nicht ausreichend, nicht passend ist für die stationäre psychotherapeutische Arbeit und daß auch die Ausbildung zum analytischen Psychotherapeuten, wie sie in den Ausbildungsinstituten geleistet wird, für die stationäre Psychotherapie keine klare und besonders günstige Vorbildung darstellt. Die bisherigen Ausbildungsgepflogenheiten werden zunehmend in eine Krise kommen, die sich in den Diskussionen der allerletzten Zeit anzudeuten beginnt.

Nach meiner Einschätzung stehen wir vor einer Existenzfrage, was die Psychoanalyse betrifft: Entweder verschwindet sie weitgehend aus der psychotherapeutischen Versorgung und wird zu einer esoterischen Angelegenheit einiger weniger für einige wenige, oder sie bekommt wirkliche Relevanz für die Versorgung. Dazu bedarf sie aber einer fachlichen und dann auch organisatorischen und ausbildungsmäßigen Weiterentwicklung, die mühsam zu erreichen sein wird, aber notwendig und chancenreich ist. Ein Trost kann sein, daß es schon jetzt mannigfaltige Erfahrungen in der Behandlung schwerer gestörter Patienten in verschiedenen Settings gibt und daß psychotherapeutische Kliniken ein wesentlicher Ort waren und sind, wertvolle Erfahrungen dieser Art zu sammeln, auch wenn diese klinische Kompetenz noch nicht sozusagen offiziell so viel Anerkennung, Verbreitung und Würdigung gefunden hat, wie aus fachlichen Gründen wünschenswert ist.

Im folgenden möchte ich diese fachlichen Trends, die für mich zu dem Konzept einer Klinik für psychoanalytisch-systemische Therapie führen, knapp skizzieren. Zunächst ist in dieser Hinsicht die Erkenntnis der Einseitigkeit der Krankheits- und Mangelorientierung in Diagnostik und Therapie zu nennen, der Einseitigkeit der Konstruktion pathologischer Strukturen und Wiederholungszwänge und der Einseitigkeit der Konzentration auf die Bearbeitung, was immer das heißen mag, dieser pathologischen Strukturen. Ich glaube, in der nächsten Zeit werden die psychoanalytischen Therapeuten dem Hinweis der systemischen Therapeuten Beachtung schenken, wie stark die Psychoanalyse mit Pathologie und Mangel, mit der Konstruktion pathologischer Strukturen und der Festschreibung und Fixierung von pathologischen Momenten in der Persönlichkeit der Patienten präokkupiert ist.

Es ist psychologisch nicht verwunderlich, daß man bezüglich der Absicht, Patienten wirklich zu einer heilsamen Veränderung zu verhelfen, schnell entmutigt wird, wenn man so ausschließlich mit den Mängeln der Patienten beschäftigt ist und diese Mängel als Strukturmomente versteht. Dann ersetzt häufig, genauso, wie es die Psychoanalytiker früher den Psychiatern vorwarfen, die Beschreibung pathologischer Strukturen das eigentliche therapeutische Tun, die Hilfe für die Patienten, gesünder zu werden. So ist mit der psychoanalytischen Haltung häufig eine Resignation in bezug auf therapeutische Kompetenz verbunden. Es tröstet dann wenig, daß man ganz genau weiß, wie die Patienten in ihrer Störung organisiert sind. In den nächsten Jahren wird zunehmend klarwerden, daß, wenn man sich mit Patienten in diesem Sinne beschäftigt, also im wesentlichen diese pathologischen Strukturen herausarbeitet, das auf eine Verfestigung der pathologischen Momente hinausläuft – nach der einfachen sozialpsychologischen Beobachtung: Je mehr ich über etwas Bestimmtes rede und mich damit beschäftige, desto mehr verfestigt es sich. Ich muß über etwas anderes und Besseres reden, wenn ich etwas anderes und Besseres erreichen will.

Dabei wird dann auch klarwerden, daß Psychoanalyse keine Behandlungsmethode ist, sondern eine Behandlungstechnik, die wie eine Operationstechnik in ein methodisches Gesamtkonzept integriert werden muß, um hilfreich zu sein. Dieses methodische Gesamtkonzept hat sehr viel mehr und anderes mit zu umfassen als nur diese betreffende Technik selbst. Das heißt, die psychoanalytische Technik ist nur jeweils in einem bestimmten klinischen Rahmen (Kontext) effizient ausübbar, was bedeutet, daß bei der Ausübung dieser Technik dieser Kontext klinisch subtil berücksichtigt werden muß.

Ein zweiter weitreichender Gesichtspunkt scheint mir zu sein, daß die Rolle des Therapeuten sich in den nächsten Jahren in einem neuen Licht darstellen wird. Die Therapeutenrolle wird nach meiner Einschätzung zunehmend vom Bild eines aktiven Therapeuten bestimmt sein, der zur Übernahme von Verantwortung für die Weiterentwicklung des Patienten und für den Grad der iatrogen induzierten Regression bereit ist. Wenn psychoanalytische Therapie wirklich Behandlung durch und in der Beziehung bedeutet, dann wird gerade beim Umgang mit schwerer gestörten Patienten ein starkes persönliches Engagement im Umgang mit den Patienten erforderlich sein, eine Umgangsform, die den Mut zu persönlich ausgeübtem Einfluß auf andere Menschen mit einschließt und damit eine uralte psychotherapeutische Perspektive für die Psychoanalyse wieder fruchtbar macht.

Das impliziert eine Kritik an einer falsch verstandenen Abstinenz und Distanz, letztendlich an der Spiegelvorstellung und der Vermeidung von Einflußnahme, wie sie theoretisch in der Abgrenzung von „Suggestion" zum Ausdruck kommt. In der vergleichenden Psychotherapieforschung ist seit langem klar, daß Suggestion die Basis jeder Psychotherapie ist und daß eine reflektierte fachliche Ausübung von Einfluß das eigentliche fachliche Problem ist, nicht deren Vermeidung. Auf die Psychoanalytiker kommt also eine neue Auseinandersetzung mit Suggestion zu, angestoßen von der systemischen Therapie, die originell mit Suggestion umgeht. Damit im Zusammenhang steht eine Kritik an Autonomievorstellungen, die implizieren, daß Patienten jederzeit in jeder Verfassung imstande seien, selbst Entscheidungen zu treffen. Das ist deutsche Philosophie des 19. Jahrhunderts, die manche Kollegen noch ins 21. Jahrhundert hinüberretten möchten. Eine fachlich angemessene Form der Förderung von Patientenautonomie erfordert eine klinische Einschätzung dessen, was in einer bestimmten Situation der betreffende Patient wirklich selbst sinnvoll entscheiden kann und welche Schritte ich ihm dosiert in bestimmter Form durch steuernde Aktivitäten meinerseits vorzeigen und anbieten muß, um seine Autonomieentwicklung effektiv zu fördern. Das ist eine Einschätzungs- und Dosierungsaufgabe, die der Therapeut jeweils aktiv zu lösen hat.

In diesen Zusammenhang gehört auch die Förderung einer auf Problemlösung hin orientierten Wahrnehmungseinstellung der Patienten, also eine Lenkung der Patienten von der Präokkupation mit ihren Beschwerden auf die Wahrnehmung von Möglichkeiten, Gelegenheiten und Situationen, in denen sie sich besser fühlen, in denen es ihnen besser geht, eine Schärfung des Blickes dafür, was sie tun können, um diese Situation häufiger herbeizuführen. Das sind deutliche Veränderungen der Rolle des Therapeuten in Richtung auf aktive klinische Einschätzung, Einflußnahme und Übernahme von Verantwortung, die mit der überkommenen Vorstellung vom verständnisvoll zuhörenden und ab und zu kommentierenden Analytiker wenig gemein haben. Allerdings wird damit auch deutlich, daß man, um klinisch angemessen intervenieren zu können, Sensibilität für mannigfaltige menschliche Situationen, d. h. Lebenserfahrung und menschliche Reife in die therapeutische Beziehung einbringen sollte.

Der nächste Gesichtspunkt, den ich hervorheben möchte, ist, daß sich unsere Vorstellungen von Diagnostik weiter entwickeln werden. Diese Erweiterung bezieht sich als Anfangs- und kontinuierliche Diagnostik auf folgendes: zunächst auf die gegenwärtige Lebenssituation des Patienten, in der er entgleist, in der er erkrankt oder mit der er nur unter Symptomproduktion umgehen kann; ferner auf die Muster und Mechanismen, mittels derer der Patient diese Situationen zu bewältigen sucht. Das scheint wichtiger als manche anamnestischen Einzeldaten, mit denen sich viele analytische Therapeuten zu trösten pflegen in ihrem Erkenntnisanspruch. Des weiteren gehört dazu die Eruierung der gesunden Ich-Anteile des Patienten, dessen, was ihm trotz seiner Symptomatik im Leben gelungen ist, was er erreicht hat, und damit seiner Ressourcen. Denn die Therapie arbeitet immer mit den gesunden Ich-Anteilen des Patienten und seinen Ressourcen. Die pathologischen Momente sind nur wichtig, um dem Patienten zu helfen, sie in angemessener Form zu überwinden. Sie sind nicht Selbstzweck der Therapie. Bei einer solchen primären Einstellung auf die Aufgaben der aktuellen Lebenssituation des Patienten und seiner Ressourcen werden Möglichkeiten der Meisterung dieser Aufgaben identifizierbar, die der Patient Schritt für Schritt ausloten kann.

Dazu gehört vor allem auch die Eruierung der gegenwärtigen Beziehungsstruktur des Patienten und seiner Auseinandersetzung mit noch lebenden Repräsentanten seiner Ursprungsfamilie (Systemdiagnostik). Sich darüber ein Bild zu verschaffen, scheint ebenso wichtig wie sich der innerseelischen Verhältnisse des Patienten zu vergewissern. Das bedeutet eine Beziehungsdiagnostik, die den Patienten in die aktuellen Systeme eingefügt sieht, in denen er lebt. Daraus ergibt sich zwanglos eine Einschätzung seines psychosozialen Entwicklungsstandes, d. h. eine Entwicklungsdiagnostik, aus der dann Ansatzpunkt und Orientierung hervorgehen, wohin die therapeutische Reise gehen soll: die Ziele der Therapie als einer Weiterentwicklungshilfe. So gehen aus der dermaßen verstandenen Diagnostik Zielformulierungen und Orientierungen für die Therapie hervor. Schließlich gehört eine Reflexion darüber, welchen Stellenwert der Therapeut bzw. das therapeutische Team für das Beziehungsnetz des Patienten hat, mit dazu, damit der Therapeut oder das Team nicht, wie das in analytischen Kontexten häufig geschieht, unbewußt eine Rolle in diesem Beziehungsnetz spielt, ohne es zu merken.

Kommen wir von der Diagnostik zur Therapie! Schnell stellt sich die Frage, wie diese Weiterentwicklung von Patienten direkt therapeutisch gefördert werden kann, insbesondere dann, wenn die Patienten stärker seelisch gestört sind. Bei einem strukturierten Neurotiker kann ich unterstellen, daß er selbst genug Selbstheilungskräfte und -impulse hat, so daß er viele Funktionen innerhalb der Therapie selbst ausüben kann. Je mehr der Patient aber gestört und eingeschränkt ist, desto stärker muß ich die positive Weiterentwicklung des Patienten ausdrücklich interventionsmäßig (aktiv) fördern und kann mich nicht auf die „Aufarbeitung" der verbliebenen Kindlichkeit beschränken. Das stationäre Milieu mit seinen mannigfaltigen Angeboten bietet besondere Chancen der Anregung gesünderer Weiterentwicklung, sofern den Therapeuten klar ist, welche Bedeutung gute neue Erfahrungen für die Patienten innerhalb der Therapie haben und wie man verhindern kann, daß sich weiterhin überwiegend schlechte Erfahrungen auch in der stationären Behandlung des Patienten immer wieder ereignen und damit die Pathologie verstärken. Das läuft auf die Frage hinaus, wie man gegen das Übertragungsangebot, das die Patienten selbstverständlich auch in das stationäre Milieu einbringen, Voraussetzungen für gute neue Erfahrungen in der Klinik schaffen kann: durch den Umgang mit den Patienten, die Organisation der Station, den Umgang der Teammitglieder miteinander.

Die Akzentuierung guter neuer Erfahrungen im Umgang des therapeutischen Personals mit den Patienten zeigt sich vor allem darin, wie es gegenüber den Patienten interveniert. Um nicht zu weitschweifig zu werden, möchte ich mich hier darauf beschränken, kurz das erweiterte Interventionsrepertoire vorzustellen, das für eine solche entwicklungsfördernde therapeutische Arbeit nach meiner Einschätzung erforderlich ist. Ich unterscheide sechs verschiedene Kategorien von Intervention je nach deren jeweiligem Ziel:

1. Akzeptieren, Bestätigen,
2. Verstärken, Bekräftigen, Ermuntern,
3. Beschreiben, Fokussieren, Konfrontierend Hervorheben, Akzentuieren, Modellieren,
4. In-einen-anderen-Rahmen-(Zusammenhang-)Stellen, Umdeuten, Interpretieren,
5. Eine-Werthaltung-(Position)Deklarieren.
6. Aufgaben-Stellen; Veranlassen, etwas Bestimmtes zu tun; Fragen.

Sie merken, die meisten der unterschiedenen Interventionsweisen spielen in der traditionellen psychoanalytischen Therapie offiziell keine Rolle. Mit dem dargestellten Interventionsinstrumentar können sowohl neue gute bzw. bessere Erfahrungen von Patienten angeregt, verstärkt, geklärt und gefördert werden als auch negative bisherige Erfahrungen in einen neuen Verständniszusammenhang gestellt, eingegrenzt und relativiert werden. Das Interventionsrepertoire erleichtert den Übergang von einer problemorientierten meditativen zu einer lösungs- und entwicklungsfördernden aktiven Haltung des Therapeuten.

Aus dieser letztgenannten neuen Position des Therapeuten resultiert auch eine konsequente neue Umgangsweise mit den Beschwerden, Problemen und Charaktereigenheiten der Patienten, der zweiten Aufgabe innerhalb der Therapie neben der direkten Förderung besserer Bewältigung der aktuellen Lebensaufgaben durch Anregung und Verstärkung neuer Erfahrungen.

Sehr wichtig scheint mir in diesem Zusammenhang, die Klagen, Beschwerden oder anstößigen Verhaltensweisen der Patienten, wenn irgend möglich, zu akzeptieren und zu respektieren, keinen Versuch zu machen, die Patienten davon abzubringen, und Machtkämpfe möglichst zu vermeiden. Dies wird durch die Maxime erleichtert, den Symptomen und Verhaltenseigentümlichkeiten der Patienten positive Motive in bezug auf das jeweilige familiäre System zu unterstellen, in dem die Patienten leben bzw. zum Zeitpunkt der Entwicklung des Symptoms gelebt haben, und dann in diesem Sinne die Symptomatik auch interventionsmäßig für den Patienten „positiv zu konnotieren" – ein zentraler Aspekt systemischer Therapie. Dies Verfahren eröffnet einen verstehenden und kontaktmäßigen Zugang auch zu schwierigen und befremdlichen Patienten und hat die unmittelbare Wirkung, die Selbstachtung der Patienten zu stärken. Zudem wirkt es maligner bzw. übermäßiger Regression entgegen. Praktisch bedeutet es, die Symptomatik der Patienten nicht als mangelhaft, unreif, „triebhaft" oder sonst negativ anzusehen und anzusprechen, sondern als die bestmögliche Lösung, die die Patienten zu der betreffenden Zeit unter den damaligen Umständen innerhalb ihres familiären Lebensraumes, d. h. mit ihren Familienmitgliedern aus Liebe zu ihnen gefunden haben. Ein solcher Zugang zur Symptomatik, der der üblichen Akzentuierung von „Aggression" entgegengesetzt ist, eröffnet für die Patienten die Perspektive, jetzt neue, bessere Lösungen zu finden als zu jener Zeit.

Das heißt: Übertragungsanalyse, Aufarbeitung der verbliebenen Kindlichkeit gewinnen erst in diesem Rahmen Profil und Effizienz. Bis zum Jahre 2000 wird sich nach meiner Einschätzung im psychoanalytischen Lager die Einsicht verbreiten, daß die Beschäftigung mit der Übertragung nicht Selbstzweck der Therapie, sondern nur dann und in dem Maße sinnvoll ist, wie sie der weiteren – gesünderen – Entfaltung des Patienten dient, ihn von Entwicklungshemmungen und -einschränkungen befreit. Dann wird auch breiteren Fachkreisen klar, daß dies durchaus in vielen Fällen mit einem kurz- bzw. mittelfristigen Therapieprogramm erreichbar ist, während langfristige Therapiekonzepte immer mit dem Risiko verbunden sind, zu regressiven Stagnationen und zu einem antitherapeutischen Pakt zwischen dem Patienten und dem Therapeuten zu führen.

Daraus ergibt sich dann weiter, daß Therapeut wie Patient die Vorstellung aufgeben müssen, Psychotherapie bestehe in der immer genaueren Erforschung der Ursachen pathologischen Erlebens und Verhaltens. Statt dessen gilt es, mit dem Patienten einen Pakt zu schließen, daß man ihn begleiten wolle auf dem Wege gesünderer Weiterentwicklung, besserer Lebensmeisterung.

Viele der hier angesprochenen Themen sind in verschiedenen psychotherapeutischen Verfahren, die sich von der Psychoanalyse scharf abgegrenzt haben, entwickelt und ausgearbeitet worden. Als besonders anregend für mich als Psychoanalytiker habe ich die auf der genauen Erforschung von Beziehung (Kommunikation) beruhenden Ansätze der systemischen Therapie in den letzten 20 Jahren erlebt. Daraus sind therapeutisch wichtige Konzeptionen von Kurztherapie im Einzel-, Gruppen- wie Familiensetting hervorgegangen. Im Zusammenhang damit ist es zu einem vertieften Verständnis der Möglichkeiten suggestivtherapeutischen Vorgehens gekommen. Diese Suggestivtherapie hat mit der Hypnose zur Zeit Freuds nichts mehr gemein.

Ich bin überzeugt, daß eine intensive kritische Beschäftigung mit all dem auch für meine psychoanalytischen Kollegen produktiv und entwicklungsfördernd ist, daß sich psychoanalytische und systemische therapeutische Ansätze, recht verstanden, nicht ausschließen, sondern im Gegenteil synergetisch, wie man heute sagt, potenzieren. Ich hoffe sehr, daß diese meine Meinung bis zum Jahre 2000 von vielen Kollegen zum Heile unserer Patienten geteilt wird.

Solch eine intensive Auseinandersetzung der Psychoanalytiker mit der systemischen Therapie wird innerhalb der stationären Psychotherapie sicher dazu führen, bei der Behandlung der jeweils in der Klinik präsenten Patientengruppe den Fokus des Verständnisses und der Intervention auf die Muster und Regeln des familiären Zusammenlebens der jeweiligen Patienten zu legen, d. h. mit der psychoanalytischen Therapie als Beziehungstherapie in einem umfassenderen Sinne als es das Konzept der Übertragungsanalyse vorsieht, Ernst zu machen, statt immer wieder der Versuchung zu verfallen, sich in sogenannten innerseelischen Zusammenhängen der Patienten zu verlieren. Die Kleinianische Objektbeziehungsperspektive in bezug auf alle seelischen Akte kann da hilfreich sein.

Für die psychoanalytisch-systemisch orientierte psychotherapeutische Klinik der Zukunft wird in diesem Sinne eine familien- bzw. systemdynamische Sicht zentral sein, unabhängig davon, ob man sich settingmäßig zu einer Einbeziehung von Familienmitgliedern – in welchem Umfang auch immer – entscheidet. Das ist eine zweite, organisatorische Frage. Primär geht es darum, als Therapeutenteam mit dem jeweiligen Patienten von Anfang an so umzugehen, daß er zu gesünderen, besseren Lösungen seiner persönlichen Einstellung zu den Repräsentanten der eigenen und der Ursprungsfamilie gelangt, die altersgemäß und sozial-kulturell angemessene Rolle in Familie, Beruf und im Freizeitbereich gesünder auffaßt und gestaltet.

Ein solcher Umgang mit den Patienten reduziert das Risiko, daß der Patient in der Klinik regressiv diese aktuellen Lebenszusammenhänge ganz aus dem Auge verliert. Das hat dann auch Auswirkungen auf weitere Probleme, mit denen psychotherapeutische Kliniken heute oft zu tun haben, z. B. das der sexuellen Beziehungen. Dies Problem ist zu einem beträchtlichen Teil eine unbeabsichtigte Nebenfolge der umfassenden Freisetzung, die mit der traditionellen psychoanalytischen Technik verbunden ist. Disziplinär läßt sich dem „sexuellen Agieren" bekanntlich fachlich nicht befriedigend entgegentreten. Mit einer intensiven familiendynamischen Ausrichtung des therapeutischen Umgangs mit dem Patienten reduziert sich dies Freisetzungsrisiko wesentlich.

Nach meiner Erfahrung gibt erst die skizzierte Integration psychoanalytischer und systemischer Momente Psychotherapeuten die Chance, den Beziehungsaspekt voll therapeutisch für die Patienten fruchtbar zu machen. In der zukünftigen Klinik für psychoanalytisch-systemische Therapie bedeutet dies, die Beziehung der Patientengruppe zum therapeutischen Team, die Beziehung der Patienten untereinander und die Beziehung der Patienten zu den Mitgliedern ihrer eigenen und der Ursprungsfamilie sowie am Arbeitsplatz unter dem Gesichtspunkt gesünderer Weiterentwicklung und neuer besserer Erfahrungen so zu reflektieren, daß eine heilsame Weiterentwicklung für die Patienten möglich wird.

Literatur

Fürstenau, P.: Entwicklungsförderung durch Therapie. Grundlagen psychoanalytisch-systemischer Psychotherapie. München, Pfeiffer 1992.

Autorenspiegel

Univ.-Prof. Dr. med. Gerhard Barolin
A-6830 Rankweil/Vorarlberg
Vorstand des Ludwig-Boltzmann-Instituts für Neuro-Rehabilitation und Prophylaxe am
Vorarlberger Landes-Nervenkrankenhaus Valduna. Vorsitzender des Österreichischen
Kuratoriums für ärztliche Ausbildung und Fortbildung.

MR Dr. med. Günther Bartl
A-2145 Hausbrunn 417
Praktischer Arzt in Hausbrunn. Arzt für Psychotherapie. Arbeitsschwerpunkte: „Psycho-
logisierung des Arztens", Integration der Psychotherapie in die praktische Medizin,
Psychosomatik.

Dr. phil. Ernst Falzeder
Kajetanerplatz 3, A-5020 Salzburg
Assistent am Psychologischen Institut der Universität Salzburg. Analytische Ausbildung
im Salzburger Arbeitskreis für Psychoanalyse. Gründungsmitglied der Österreichischen
Gesellschaft für Sexualforschung. Redaktionsmitglied der Zeitschrift „Psychoanalyse".
Lehraufträge Universität Salzburg und Innsbruck. Zahlreiche Vorträge über Freud und die
Psychoanalyse, u. a. Universität Genf, Institut für Wissenschaft und Kunst (Wien), McGill
University Toronto und New England Institute for Psychoanalysis Boston.

Prof. Dr. phil. Peter Fürstenau
Grafenberger Allee 365, D-4000 Düsseldorf 1
Psychoanalytiker und Unternehmensberater, Honorarprofessor im Fachbereich Human-
medizin der Universität Gießen, Leiter des Instituts für angewandte Psychoanalyse in Düs-
seldorf, Lehranalytiker der Deutschen Psychoanalytischen Vereinigung und der Deutschen
Gesellschaft für Psychoanalyse, Psychotherapie, Psychosomatik und Tiefenpsychologie.

Dr. phil. Gisela Gerber
Garnisongasse 15 und Währinger Gürtel 18–20, A-1090 Wien
Assistentin und Lektorin am Interfakultären Institut für Sonder- und Heilpädagogik und
Klinik für Neuropsychiatrie des Kindes- und Jugendalters der Universität Wien. Gesund-
heitspsychologin, Klinische Psychologin und Psychotherapeutin. Individualpsychologin.
Lehrtherapeutin für Funktionelle Entspannung der ÖAFE, Dozentin für Katathymes
Bilderleben und Autogenes Training, Balint-Gruppen-Leitung. Arbeitsschwerpunkte:
Heilpädagogik, Rehabilitation und Psychotherapie in Forschung, Lehre und Praxis.

Univ.-Prof. Dr. med. Dr. h. c. Boris Luban-Plozza
Clinica Santa Croce, CH-6644 Orselina-Locarno
Collina, CH-6612 Ascona
Seit 1966 Leitung der Station für psychosomatische Medizin an der Klinik Santa Croce,
Locarno/Schweiz. Honorarprofessor an der Universität Heidelberg. Über 210 wissen-
schaftliche Arbeiten zur psychosomatischen und psychosozialen Medizin, wesentlich
geprägt durch seine Freundschaft mit Michael Balint, Erich Fromm und Sir John Eccles.
Begründer der Internationalen Balint-Treffen (von WHO und dem Europarat anerkannt als

„Ascona-Modell"), der Monte-Verità-Gruppen und des Balint-Dokumentationszentrums (Ascona). Zahlreiche Ehrungen und Preise.

Primarius Dr. med. Friedrich Pesendorfer
Kremserberg 7, A-3730 Eggenburg
Niedergelassener Internist mit psychotherapeutischer Praxis. Lehrbeauftragter der Universität Wien (Einführung in die Psychosomatik). Begründer der Psychosomatik-Symposien Eggenburg.

Universitätsprofessorin Dr. med. Ilse Rechenberger
Moorenstraße 5, D-4000 Düsseldorf 1
Hautärztin, Psychoanalytikerin und Leiterin der Psychosomatischen Station in der Universitäts-Frauenklinik Düsseldorf. Lehranalytikerin am Institut für Psychoanalyse und Psychotherapie Düsseldorf e. V. Grundlagenforschung Psychosomatik in der Dermatologie.

Prof. Dr. med., Dipl.-Psych., Dr. phil. Ulrich Rosin
Bergische Landstr. 2, D-4000 Düsseldorf 12
Arzt für Neurologie und Psychiatrie, Psychotherapeut und Psychoanalytiker, Leiter der Forschungsstelle für psychotherapeutische Weiterbildung an der Klinik für Psychotherapie und Psychosomatik der Heinrich-Heine-Universität Düsseldorf, Rheinische Landesklinik Düsseldorf. Arbeitsschwerpunkte: Psychoanalytische und psychotherapeutische Weiterbildung; Theorie und Technik der Balint-Gruppen-Arbeit; Fragen des Verhältnisses zwischen Psychoanalyse und Psychiatrie; Zusammenwirken von Psychotherapie und Psychopharmaka.

Mag. DDr. phil. und theol. Franz Sedlak
Färbermühlgasse 13/7/1, A-1235 Wien
Gesundheitspsychologe, klinischer Psychologe und Psychotherapeut in freier Praxis. Lektor am psychologischen Institut der Universität Wien. Leiter der Schulpsychologie in Österreich. Ausbildner und Supervisor. Verhaltenstherapeut, Gesprächstherapeut, Individualpsychologischer Gruppentherapeut, Logotherapeut. Dozent für Katathymes Bilderleben und Autogenes Training, Balint-Gruppen-Leiter.

Prof. Dr. med. Hubert Speidel
Niemannsweg 147, D-2300 Kiel
Nervenarzt, Psychoanalytiker DPV, DGPt, IPA, Lehranalytiker. Seit 1983 Lehrstuhl für Psychosomatik und Psychotherapie an der Universität Kiel und Direktor der Klinik für Psychotherapie und Psychosomatik im Zentrum Nervenheilkunde. Forschungsschwerpunkte: Chronische Krankheiten; herzchirurgische und nephrologische Projekte.

Prof. Dr. med. Werner Stucke
Walderseestraße 4, D-3000 Hannover 1
Arzt für Nerven- und Geisteskrankheiten, Psychotherapie. 1. Vorsitzender der Deutschen Balint-Gesellschaft.
Univ.-Prof. Dr. med. Wolfgang Wesiack
Sonnenburgstraße 16, A-6020 Innsbruck
Seit 1984 ordentlicher Univ.-Prof. für Medizinische Psychologie und Psychotherapie an der Universität Innsbruck.